KB220702

신앙 난제에 답하다 *110*

세계복음화문제연구소
(The World Evangelization Research Center)는
한국 교회가 세계 복음화를 위하여
한 모퉁이를 담당해야 한다는 사명으로 사역하고 있습니다.

이 도서에 실린 모든 내용은
세계복음화문제연구소의 **도서출판 세 복**이 출판권자이므로,
학문적 논문의 인용을 제외하고는
본 연구소의 동의 없이 복제할 수 없습니다.

신앙 난제에 답하다 110

지 은 이   홍 성 철
발 행 인   홍 성 철
초판 1쇄   2022년 04월 15일

발 행 처   **도서출판 세 복**
주   소   경기도 파주시 문발로 123
전   화   070-4069-5562
홈페이지   http://www.saebok.kr
E-mail   werchelper@hanmail.net
등록번호   제1-1800호 (1994년 10월 29일)

총 판 처   솔라피데출판유통
전   화   031-992-8691
팩   스   031-955-4433

ISBN 978-89-6334-036-4 03230
값 18,000원

신앙 난제에 답하다 110

110

Meet Biblical Challenges 110

홍 성 철 John Sungchul Hong

Meet Biblical Challenges 110

John Sungchul Hong

Published in Korea
Copyright© 2022 Saebok Publishing House
All rights reserved.
Seoul, KOREA

홍성철(John Sungchul Hong) 목사의 저서

국어
- 『고난 중에도 기뻐하라』 (빌립보서 강해)
- 『눈물로 빚어 낸 기쁨』 (룻기 강해)
- 『복음을 전하세 복음전도의 성경적 근거』
- 『불타는 전도자 존 웨슬리』
- 『성령으로 난 사람』 (요한복음 3장 1-16절 강해)
- 『십자가의 도』
- 『우리에게 일용할 양식을 주소서』 (주기도문 강해)
- 『유대인의 절기와 예수 그리스도』
- 『이렇게 예수 그리스도의 제자가 되자』
- 『절하며 경배하세』
- 『주님의 지상명령 성경적 의미와 적용』
- 『하나님의 사람들』 (마태복음 1장 1절 강해)
- 『현대인을 위한 복음전도의 성경적 모델』
- 『성령의 시대로! 오순절★복음★교제』 (사도행전 2장 강해)
- 『전도학 개론』
- 『기독교의 8가지 핵심진리』
- 『진흙 속에서 피어난 백합화』 (룻기 강해)
- 『회개하라! 천국이 가까이 왔느니라』 (마태복음 3-4장 강해)
- 『다니엘의 역설적인 인생』
- 『더 북』
- 『기독교 신앙에 대한 질의응답 50』
- 『거룩한 삶, 사랑의 삶』 (요한일서 강해)
- 『로마서에서 제시된 구원과 성화』
- 『화목제물』
- 『어린 양과 신부』 (새롭게 접근한 요한계시록)
- 『신앙 난제에 답하다 110』

영어
- *Born of the Spirit* (Emeth Press)
- *John Wesley the Evangelist* (Emeth Press)
- *The Great Commission: Its Biblical Meaning and Application* (Evening Star Enterprise, Inc.)
- *The Genealogy of Jesus Christ: Evangelistic Sermon on the Covenant from Matthew 1:1* (Emeth Press)
- *The Jewish Festivals and Jesus Christ* (Emeth Press)
- *A Collection of Life Stories*

편저
- 『나는 어떻게 예수님을 만났는가?』
- 『회심 거듭남의 의미와 적용』
- 『복음주의 실천신학개론』
- 『전도학』
- 『선교세계』
- 『불교권의 선교신학과 방법』
- *How I Met Jesus*

번역서
- 『주님의 전도계획』 외 30권의 기독교 서적

••• 추천사 •••

"아빠 진짜 신학박사 맞아?" 순간 나는 당황하지 않을 수 없었다. 이 당돌한 질문은 지금은 장성하여 대학교수로 일하는 우리 딸이 초등학교 다닐 때, 내게 했던 질문이다. 주일예배를 마치고 집으로 오던 차 안이었다. 그날 교회 주일학교에서 공과를 배울 때, 딸이 선생님께 질문했는데 선생님이 모르겠다고 하면서, 아빠가 신학대학 교수시니 아빠한테 물어보라고 하셨단다. 차 안에서 내게 같은 질문을 했는데, 나도 쉽게 답할 수 없는 성경해석의 난제였다. "아빠도 잘 모르겠는데"라고 말을 하자. 그때 딸이 내게 던진 말이 "아빠 진짜 신학박사 맞아?"였다.

목사나 신학자 누구도 성경의 뜻을 다 안다고 할 수 없다. 만약 성경의 내용과 의미를 다 안다고 하면 신학은 필요 없는 학문이 될 것이고, 우리는 이미 밝혀진 내용을 그저 암기만 하면 될 것이다. 그러나 다행히도(?) 성경은 아직도 다 해석되지 않는 책이다. 성경에 대한 온전한 깨달음은 그때까지 기다려야 한다. "지금은 내가 부분적으로 아나 그때에는 주께서 나를 아신 것 같이 내가 온전히 알리라"(고전 13:12). 그렇지만 '그때까지' 그냥 덮어둬서도 안 된다. 해석학적 과제는 신학자의 임무이면서 동시에 난제가 된다. 성서 해석학은 신학자의 짐이면서 동시에 하나님의 말씀에 봉사하는 기쁨과 영광이다.

이성과 신앙은 얼핏 보면 대립하는 것 같지만, 그렇지 않다. 중세의 피에르 아벨라르Peter Abelard는 "나는 믿기 위하여 공부한다"I know in order to believe라고 했지만, 동시대의 켄터베리의 안셀름Anselm of Canterbury은 "나는 알기 위하여 믿는다"I believe in order to know라고 하였다. 아벨라르는 이성을 중시하였고, 안셀름은 신앙을 중시하여 상호 대립하는 신학자로 보이지만, 우리는 통합적으로 이해해야 한다. 신앙에서 이성을 너무 강조하면 주지주의에 빠지게 되고, 이성을 무시하게 되면 맹신에 빠지게 된다. 우리는 믿기에 질문하고 질문을 통해서 진리를 더 잘 이해하고 믿음의 성장을 이루게 된다.

성경해석에 어려움과 다양성은 신앙생활에서도 그 적용과 실천에 어려움을 가져온다. 그런 해석에 따라 사는 신앙생활 또는 생활신앙에서도 일치된 답을 얻기도 쉽지 않다. 더군다나 가치관이나 삶의 규범이 나날이 변화하는 오늘의 삶의 현장에서 이 문제는 더욱 심각하다. 규범의 적용과 적응은 사람마다, 사회마다, 문화마다 그리고 시기마다 다를 수 있기 때문이다.

이런 문제들에 대한 답을 홍성철 박사의 저술에서 찾을 수 있고, 도움을 받을 수 있다. 홍 박사는 이 저술에서 신앙생활에서 발생하는 여러 의문점이나 혼동되기 쉬운 주제들을 잘 선정하였고, 명쾌한 답을 주고 있다. 그는 선교사, 목회자 그리고 국내외의 신학교 교수를 두루 섭렵한 보기 드문 기독 지성인이다. 그의 신앙과 학문과 삶의 연륜이 해답을 찾는 독자들에게 빛을 제공하리라 믿는다.

한 영 태 박사
서울신학대학교 전 총장 / 명예교수

••• 서 문 •••

그리스도인이라면 매일의 삶에 일어나는 질문이 없을 수 없다. 그뿐 아니라, 조금만 성경에 관심이 있다면 수시로 의문점을 갖게 될 것이다. 그런 의문점에 대한 반응은 소극적일 수도 있고 적극적일 수도 있다. 소극적으로는 무시하고 넘어가는 것인데, 그런 그리스도인은 하나님의 말씀인 성경에 깊이 들어가지 못할 것이다. 반면, 적극적으로 의문점을 파고들면서 해답을 찾고자 하는 그리스도인은 갈수록 많이 그리고 깊이 터득하게 될 것이다.

그런 적극적인 그리스도인에게 조금이라도 도움이 되고자 태어난 저서가 『기독교 신앙에 대한 질의응답 50』이다. 그 저서로 인하여 도움을 받은 그리스도인이 있는가 본데, 그 이유 중 하나는 "한국성결신문"에서 연락이 왔기 때문이다. 그 내용을 그 신문에 연재해달라는 것이다. 신문의 지면상 제목당 한 페이지로 요약해달라는 요청과 함께 말이다. 그렇게 해서 "선교와 전도는 어떻게 다른가?"가 첫 번째로 게재되었는데, 그때는 주후 2018년 11월 17일이었다.

필자는 50가지 질문 이외에도 여러 가지 제목을 생각하게 되었는데, 많은 경우 성령의 조명과 도움으로 일어난 생각이라고 확신하게 되었다. 그렇게 확신하게 된 이유도 분명한데, 지금까지 깨닫지 못했던 새로운 깨달음 때문이었다. 몇 가지 예를 들어보자. "죽음의 의미는?"에서 하나님이 아담에게 '반드시 죽으리라'고 경고하셨는데 (창 2:17), 히브리어에서는 죽음을 두 번 반복해서 말씀하셨다. 그러니까 직역하면 '죽고 죽으리라'이다.

"이중적인 믿음이란?"에서 헬라어에 의하면 죄인이 구원받는 것은 그의 믿음만이 아니라, 죄인을 위하여 십자가에서 죽었다가 부활하신 예수 그리스도의 믿음도 필요하다는 사실이다. 필자에게는 가히 혁명적인 깨달음이었다. 한 가지만 예만 더 들어보자. "'오늘 내가 너를 낳았다'의 함의는?"에서 다윗이 선포한 이 표현은 예수 그리스도의 생애를 묘사했는데, 첫 번째는 그분의 성육신을 가리키고, 두 번째는 그분의 부활을 가리키고, 세 번째는 그분이 승천하여 제사장이 되신 사실을 가리키고, 네 번째로 그분이 재림주로 세상을 심판하실 것을 가리킨다.

지금까지 깨닫고 가르친 내용은 물론 새롭게 깨닫는 말씀을 전하고 싶은 열정에 반해 신문에 게재되는 속도가 너무나 느렸다. 만 4년이 지난 현재 겨우 50편이 게재되었는데, 필자는 이미 110편을 탈고한 후 여러 달이 지났다. 필자는 다 게재한 후에 그 신문사와 합작해서 책을 출판할 계획이었으나, 그렇게 하려면 앞으로도 5년여의 세월을 기다리지 않으면 안 될 것이다. 결국, 고심과 기도 끝에 110편을 먼저 출판하기로 작정하였다.

이 110편은 다시 10가지 큰 제목으로 분류했고, 제목마다 11편의 글이 들어있다. 그 제목이 신앙생활이나 교회생활에 관한 것이든, 구원론이나 종말론이든, 그리스도론이나 성령론이든, 하나님의 말씀에 기초를 두고 풀어나가려고 애를 쓴 것도 사실이다. 그 성구들을 찾아볼 수 있도록 끝에 성구 색인을 첨부하였다.

필자의 26번째 저술을 출판하면서 감사의 마음을 표현할 분들이 있다. 무엇보다도 "한국성결신문"의 지도자들과 기자들이다. 그분들의 초청이 없었다면 불가능한 작업이었다. 특히 편집인이 투박한 글을 매끄럽게 고쳐주었고, 어느 기자는 끊임없이 필자와 교신하면서 도움을 주었다. 그분들에게 마음 깊이에서 우러나오는 감사를 표현하고 싶다.

그 다음으로 고마움을 표현하고 싶은 분은 한영태 박사이다. 그분은 함께 서울신학대학교에서 가르치면서 깊이 교제하던 분이다. 은퇴한 후에도 정기적으로 만나서 사랑을 나누기도 했다. 그분은 주저하지 않고 이 저서를 빛내기 위해 추천서를 써주었다. 그분은 총장도 역임하였을 뿐 아니라, 그분 자신이 저명한 저술가이다. 그분의 저서 『웨슬레의 조직신학』은 한국신학자협의회에서 명저로 대상을 받은 바 있다. 그뿐 아니라, 그 저서는 러시아어, 스페인어, 불어, 포르투갈어, 일어, 중국어 등으로 번역 출판되어 문자 그대로 세계의 기독교 사회에 지대한 영향력을 끼치고 있다. 그런 분의 추천서를 감사하지 않을 수 있겠는가?

마지막으로 '물과 성령'으로 거듭날 수 있도록 구속의 죽음을 마다하지 않으신 예수님, 거듭나는 순간 필자의 마음과 생애 안으로 들어오시고, 그때부터 지금까지 조명의 역사로 하나님의 말씀을 깨닫고 난제에 답하게 해주신 성령님, 그 모든 것을 가능하도록 섭리하신 하나님—삼위일체이신 하나님께 감사와 영광을 돌린다.

01

가정

데이트를 어떻게 하는가?

데이트는 여러 가지 수준의 만남을 함축한다. 단순히 남녀가 만난다는 뜻일 수도 있고, 만나서 같이 대화도 하고 시간을 함께 보낸다는 뜻일 수도 있다. 이런 데이트는 식사도 하고, 영화도 보는 등 함께 즐거운 시간을 갖는 만남이다. 그런가 하면 결혼을 전제로 만나는 상당히 깊이 들어간 데이트도 있다. 이런 데이트에서는 둘이서 만나 시간을 함께 보내며 즐기기만 하지 않는다. 그들은 인생을 함께 논의하며 설계도 할 수 있다.

어떤 종류의 데이트를 하든 그 데이트가 성공적으로 진행되면 갈수록 사이가 깊어지게 마련이다. 그리고 궁극적으로 결혼을 약속하는 최종단계까지 갈 수 있기에 데이트는 참으로 중요하다. 특히 그리스도인에게 데이트가 더할 나위 없이 중요한데, 결혼 대상자에 대한 하나님의 뜻을 찾을 수 있기 때문이다. 그러니까 그리스도인은 데이트를 통하여 하나님이 허락하신 인생의 반려자를 만날 수 있다.

이처럼 중요한 데이트에는 몇 가지 원리가 있다. 첫째 원리는 데이트의 대상자를 한 사람으로 국한하지 말라는 것이다. 그리스도인은 잘못하면 '신앙'을 앞세워 결혼할 사람만 사귀어야 한다는 편견을 가질 수 있다. 그런 사고에서 벗어나지 못하면, 하나님이 예비해 두신 결혼 대상자를 만나지 못할 수도 있다. 그러나 여러 사람을 사귀면서 '나'에게 보다 더 적합한 배우자를 만날 수 있다.

둘째 원리는 처음부터 일대일로 데이트를 시작하지 말라는 것이다. 그리스도인들의 장점 가운데 하나는 이성을 쉽게 그리고 폭넓게 만날 수 있다는 사실이다. 교회에서도 만날 수 있으며, 기타 기독교 모임에서도 만날 수 있다. 비록 어떤 특정한 사람이 마음에 든다고 처음부터 개인적으로 데이트하지 말고, 그룹으로 만나면 좋을 것이다. 그룹으로 활동하면서 자연스럽게 상대방을 객관적으로 알 수 있기 때문이다. 그 후 일대일로 만나도 늦지 않다.

셋째 원리는 너무 일찍부터 상대방을 찾으려 하지 말라는 것이다. 인생에는 준비의 기간이 있다. 그러나 너무 일찍 데이트에 집착하면, 그(녀)가 세운 인생의 설계에 따라 최선을 다해 준비하지 못할 수 있다. 인생의 준비를 착실히 한 그리스도인들은 더 자격을 갖춘 사람들을 만날 수 있다. 그렇게 만난 선남선녀는 의미 있는 데이트를 하게 될 것이다. '내'가 준비한 만큼 안목도 깊어지고, 그리고 그 안목에 걸맞게 상대방을 찾을 수 있게 된다는 말이다.

넷째 원리는 상대방의 많은 것들을 알아보라는 것이다. 성공적인 데이트는 결혼으로 이어질 수가 있기 때문이다. 특히 결혼 대상자라면, 상대방의 장단점을 가능한 대로 많이 알아야 한다. 그 결과 결혼 쪽으로 기울어진다면, 상대방의 장점을 밀어주고 단점은 덮어줄 수 있는지 저울질해보아야 한다. 만일 덮어줄 수가 없는 단점이 있다면, 그 결혼을 재고해야 한다.

다섯째 원리는 데이트하는 동안 육체적인 접촉을 피해야 한다는 것이다. 그리스도인들의 몸은 성령의 전이다 (고전 6:19). 그들은 그렇게 귀한 몸으로 만들어주신 주님의 영광을 위하여 몸을 보존해야 한다. 바울 사도의 말을 빌려보자. "값으로 산 것이 되었으니 그런즉 너희 몸으로 하나님께 영광을 돌리라" (고전 6:20). 그렇다! 그들의 몸을 성령의 전으로 만들기 위하여 예수 그리스도는 구속의 죽음까지 맛보지 않으셨던가!

젊은이들은 깊은 데이트에 들어가면서 상대방을 소유하고 싶은 불같은 욕정이 생기게 마련이다. 실제로 그런 욕정이 생기지 않는다면, 상대방을 진정으로 사랑하지 않기 때문인지도 모른다. 그래도 욕정을 절제해야 하는데, 그것이 진정한 사랑이며 용기 있는 사랑이다. 비록 그들이 결혼을 약속했다손 치더라도 아직 한 몸이 되지 않았기 때문이다. 그들은 서로를 존중하면서 결혼을 통하여 한 몸이 되는 기쁨과 행복을 기다릴 수 있어야 한다.

02

불신자와 결혼해도 되는가?

교회에는 남자보다 여자가 많으며, 따라서 여자가 배우자를 찾기란 그리 쉬운 일이 아니다. 그런데 훌륭한 신앙 인격자인 여자에게 믿지 않는 남자가 끌릴 수 있다. 그렇게 시작된 사이가 결혼까지 생각하게 되면서 신앙 문제가 부상한다. 시간이 지날수록 결혼 후에 남편에게 복음을 전해서 예수님을 믿게 하겠다고 각오한다. 결혼도 하고 전도도 할 수 있는 절호의 기회라고 여기면서 말이다.

이런 젊은이들은 성경의 원리를 기억해야 한다. "너희는 믿지 않는 자와 멍에를 함께 메지 말라…"(고후 6:14-16a). 두 마리의 소에 멍에를 메워 밭을 갈 때, 그 소들은 같은 방향으로 가야 한다. 결혼한 부부가 멍에를 메고 한 방향으로 나아가도 그 인생이 호락호락하지 않은데, 방향이 다르다면 얼마나 고통스럽겠는가? 물론 처음에는 사랑으로 모든 차이를 극복할 수 있으리라고 확신했지만, 그렇게 간단하지 않다. 둘 다 같은 신앙을 갖거나, 아니면 둘 다 신앙을 갖지 않아도 결혼생활이 쉽지 않다는 것을 모르는 사람은 없다.

만일 신앙이 있는 여자가 불신자와 결혼한다면, 다음과 같은 몇 가지 현상이 일어날 것이다. 첫째는 여자가 점진적으로 신앙을 잃게 될 것이다. 그녀는 남편을 따라 주일을 끼고 여행도 가며, 가족 모임과 친구 모임에 참여하면서 점진적으로 교회로부터 멀어진다. 그러다가 마침내 예배에 전혀 참여하지 않아도 갈등을 갖지 않게 된다. 둘째 현상은 주일에 아내는 교회로 가고 남편은 집에 있든지 아니면 다른 곳으로 간다.

셋째 현상은 남편이 아내를 따라 교회에 출석하는 것이다. 그러나 처음 출석한 교회의 예배의식이 전혀 생소할 것이다. 더군다나 성경의 말씀을 강조하는 강해 설교는 지금까지 들어보지 못한 전혀 다른 세상의 이야기일 것이다. 그런데도 착한 남편은 아내를 사랑하기에 묵묵히 아내를 따라 예배에 참석할 수 있다.

넷째 현상은 남편이 아내에게 교회에 가지 못하도록 박해를 한다. 만일 아내가 끈질기게 신앙을 고수하면, 궁극적으로 남편도 신앙을 갖게 될 것이다. 그러나 남편이 그렇게 신앙을 갖고 변화되기까지는 많은 시간과 기도가 필요할 것이다. 아내가 신앙이 깊다면, 남모르게 눈물도 많이 흘릴 것이다. 심한 경우 그 아내는 남편으로부터 폭력을 당할 수도 있다. 그렇지만 신앙을 지킨다면, 마침내 남편도 예수 그리스도를 그의 구주로 믿고 영접할 것이다.

그러나 이처럼 신앙이 없는 남자가 신앙을 갖게 되기까지는 시간도 적잖게 걸리며 갈등도 많이 겪어야 한다. 더군다나 그동안 충실하게 교회생활도 유지하지 못하고, 교육과 훈련도 제대로 받지 못한 결과 신앙적으로 성숙하지 못한 책임은 본인이 짊어져야 할 아픔이다. 그동안 제대로 훈련을 받았더라면, 지금쯤은 제법 성숙한 기독교 지도자가 되었을 터인데 말이다.

신앙이 없는 남자와 사귈 때, 그 남자가 신앙을 갖기 전에는 결혼하지 않겠다는 각오를 한다면 이상적이다. 그렇게 기다리는 동안 육체적으로 가까이하지 않으면서 그녀의 뜻을 남자에게 전달하는 것이다. 그 기간에 좋은 기독교 서적과 좋은 교회를 소개할 수도 있다. 무엇보다도 신앙을 가진 여자가 그리스도인다운 언행을 나타내면서 사랑하기 때문에 기다린다는 마음을 보여준다면, 그 남자도 예수 그리스도를 받아들일 것이다.

남자가 그렇게 받아들이면 당장 결혼하지 말고, 당분간 인내하면서 그가 신앙적으로 성장하기를 기다려야 한다. 신앙적으로 성장하지 않은 영적 어린아이는 가정을 신앙적으로 이끌 수 없기 때문이다. 여자는 그가 성장하는 모습을 지켜보면서 기뻐해야 한다. 그리고 마침내 두 성숙한 신앙인이 그리스도 안에서 결합한다면, 그녀에게는 더할 나위 없는 행복이 안겨질 것이다. 높은 산에 오를수록 경치가 좋은 것처럼, 그만큼 행복도 깊고 넓을 것이다.

배우자를 어떻게 선택하는가?

그리스도인의 인생에서 가장 중요한 선택은 배우자일 것이다. 결혼이라는 항구를 출발하여 배우자와 쪽배를 타고 인생의 항로를 떠나는 것과 같기 때문이다. 그 배에 물이 넘실거리며 들어올 수도 있는데, 그때 둘이 힘을 합해 물을 퍼내지 않으면 그 배는 조만간 물에 잠기고 말 것이다. 그 배는 바람에 흔들릴 수도 있고 뒤집힐 수도 있다. 그러나 두 사람이 한마음 한뜻이 된다면, 풍요로운 결혼생활을 누릴 수 있다.

이처럼 중요한 배우자의 선택을 어떻게 해야 하는가? 무엇보다도 먼저, 올바른 배우자를 만나게 해 달라고 간절히 기도해야 한다. '나' 자신에 대해서도 잘 모르는 사람이 '나'에게 가장 적합한 사람을 '나' 스스로 찾는 것은 거의 불가능하다. 성sex도 다르고 배경도 다르기 때문이다. 그런 이유로 '나'에게 짝을 이룰 수 있는 알맞은 배우자를 만나게 해달라는 기도를 절실히 해야 한다.

다음으로, 배우자가 '나'와 같은 그리스도인이어야 한다. 단순히 교회만 다니는 명목상의 교인이 아니라, 확실히 거듭난 그리스도인이어야 한다. 그렇지 않으면 어떻게 영적으로 한마음이 될 수 있겠는가? 같은 성령으로 엮어질 때만이 두 사람은 한마음을 이룰 수 있기 때문이다. 하나님의 말씀도 그렇게 엮어진 사람들만이 하나가 되기 위하여 함께 노력할 수 있다고 한다. "평안의 매는 줄로 성령이 하나 되게 하신 것을 힘써 지키라"(엡 4:3).

세 번째, 인생의 목적이 같아야 한다. 예를 들면, 한 사람은 아프리카의 선교사가 되기를 원하는데 한 사람은 절대로 고국을 떠날 수 없다면, 두 사람은 한마음이 될 수 없다. 신앙적으로는 하나님의 영광을 위해서 사는 것이 궁극적인 목적이어야 하나, 구체적으로도 함께 할 수 있는 목적을 공유해야 한다.

네 번째, 한 몸을 이루기 위하여 두 사람은 건강해야 한다. 두 사람은 결혼을 약속하기 전에 어떤 유전병이라도 있는지, 자녀를 가질 수 없는 한계가 있는지, 아니면 치유할 수 없을 정도로 허약한 체질인지 알아보아야 한다. 하나님이 인도하시는 특별한 뜻이 있을 경우를 제외하고는 반드시 알아보아야 한다. 그런 건강의 문제도 솔직히 나눌 수 있어야 하며, 또 건강진단서도 교환할 수 있어야 한다.

다섯 번째, 교육수준이 비슷하면 더욱 좋다. 부부는 길고도 먼 인생의 항로를 가면서 서로 의미 있는 대화를 나눌 수 있어야 한다. 그러나 생각과 표현의 차이가 너무 많이 나면, 인생의 대화에 한계를 느끼게 된다. 의미 있는 대화가 인생을 풍요롭게 하지만, 대화에 한계가 있다면 충만한 삶을 포기하는 것이다. 그들을 엄습해오는 고갈의 느낌을 피할 수 없을 것이다.

여섯 번째, 양가의 부모와 형제와 연루된 문제이다. 그들이 결혼하는 순간부터 배우자의 부모와 형제는 곧 '나'의 부모와 형제가 된다. 서로의 부모를 공경하고, 또 형제를 사랑해야 한다. 결혼은 결코 두 사람만의 결합이 아니기 때문이다. 배우자의 친척과 친구를 '나'의 친척과 친구로 삼아야 한다. 이처럼 확대되는 가족의 문제도 결혼 전부터 진솔하게 나누어야 한다.

마지막으로, 아담이 짝을 만났을 때 하나님은 이런 명령을 주셨다. "이러므로 남자가 부모를 떠나 그의 아내와 합하여 둘이 한 몸을 이룰지로다" (창 2:24). '부모를 떠나라'는 명령이다! 그러나 부모와 함께 살지 않으면 안 될 경우도 있다. 그럴 때는 기쁨으로 부모를 모셔야 하는데, 조건이 하나 있다. 경제권과 결정권을 그들이 가지고 있어야 한다. 부모를 모신다는 것은 가정의 통치권을 드린다는 뜻이 아니다. 부모를 깊이 공경해야 하나, 중요한 결정은 부부가 해야 한다. 물론 부모와 상의하며 그들의 지혜를 필요로 할 때가 있을 것이나, 그래도 부부가 최후의 결정권을 가져야 한다.

믿지 않는 남편을 어떻게 믿게 하는가?

신앙을 가진 아내가 믿지 않는 남편을 어떻게 믿게 할 수 있는가? 물론 남편의 구원을 위하여 간절히, 때로는 눈물로 기도해야 한다. 하나님은 눈물의 기도를 응답하셔서 결실하게 하신다고 분명히 약속하셨다 (시 126:5-6).

그런데 이상하게도 많은 아내들이 남편의 믿음을 위하여 그처럼 오랫동안 그리고 간절히 기도했건만 응답받지 못하는데, 도대체 그 이유는 무엇인가? 물론 남편의 마음이 여전히 준비되지 못했기 때문일 수 있다. 그에게도 표현할 수 없는 많은 생각들과 고뇌들이 있을 수 있다. 지금까지 의지했던 인생관을 송두리째 버리고 새로운 것을 받아들이는 것이 쉽게 여겨지는 남자는 거의 없다.

그런데 놀랍게도 남편의 결단을 주저하게 하는 다른 요인이 있는데, 그것은 남편의 구원을 위해 기도하는 아내라는 사실이다. 아내가 신앙을 증언하는 내용은 그럴듯한데, 그 아내의 삶은 증언과 전혀 다른, 그래서 남편이 받아들이기 어려운 것들이 있기 때문이다.

가사에는 등한히 하면서 교회 일에는 전적으로 매달리는 모습! 자녀들의 양육과 교육보다는 교회의 일을 더 중요하게 여기는 것 같은 모습! 교회 식구들을 만나는 데는 그렇게 열정적인데, 친척들과의 만남은 대수롭게 여기지 않는 모습! 가정의 필요보다는 교회 헌금을 더 중요시하게 여기는 것 같은 아내!

무엇보다도 남편을 대하는 자세는 남편으로 기독교에 대해 회의감을 품게 할 때가 한두 번이 아니다. 새벽기도회에 간답시고, 남편의 출근을 돌보지 않는 아내! 부흥회에 참석하면서 남편과 애정 어린 대화를 팽개쳐버린 아내! 교회에 출석할 때는 여러 모양으로 단장을 하는데, 남편을 맞이할 때는 전혀 그렇지 않은 모습! 믿기 전에는 남편을 하나님처럼 받들었는데, 이제 남편을 하나님보다 훨씬 못한 존재로 대하는 아내의 변질된 자세! 이전에는 애정 표현도 짙게 그리고 깊게 했는데, 이제는 그런 표현은커녕 남편의 요구도 반기지 않는 것 같은 자세! 한발 더 나아가서, 남편의 친구들도 별로 탐탁하게 여기지 않을뿐더러, 오히려 귀찮아 하는 것과 같은 자세!

한 마디로, 남편이 예수 그리스도를 믿지 못하도록 하는 중요한 요인 중 하나가 바로 아내라는 것이다. 가까이서 보고 느끼는 남편은 도저히 아내의 그런 신앙을 받아들일 수 없게 한다. 아내의 기도가 응답받지 못하는 이유가 분명해졌다. 그러면 어떻게 하면 기도의 응답을 받아서 남편을 믿게 할 수 있는가? 우선, 남편을 하나님처럼 대해야 한다. 물론 그가 하나님은 아니다! 그는 인간이요 죄인에 지나지 않으나, 그래도 그는 남편이다!

남편을 하나님처럼 여기면서 하나님에게 하듯 남편을 존경하고 섬긴다면, 조만간 남편도 믿게 될 것이다. 베드로 사도의 간절한 충고를 들어보자. "아내들아, 이와 같이 자기 남편에게 순종하라. 이는 혹 말씀을 순종하지 않는 자라도 말로 말미암지 않고 그 아내의 행실로 말미암아 구원을 받게 하려 함이니, 너희의 두려워하며 정결한 행실을 봄이라" (벧전 3:1-2). 그렇다! 말만 아니라 행실이 따라야 한다는 것이다.

아브라함의 아내 사라가 남편을 주님처럼 대했다고 베드로는 힘주어서 말했다. '사라가 아브라함을 주로 칭하여 순종한 것처럼…' (벧전 3:6). 남편의 신앙과 상관없이 남편은 아내의 주님이라는 것이다. 이런 말씀에 순복하지 않는다면, 어떻게 그녀의 증언이 효력이 있겠는가? 남편이 믿으면 주님처럼 대하겠다고 하는 것은 하나님 말씀의 가르침이 아니다. 남편을 진정으로 존경하며 섬기며 애정 표현도 과감히 하는 등 남편을 존귀하게 여길 때, 남편은 그를 그토록 사랑하는 아내가 원하는 신앙을 갖게 될 것이다.

05

부부의 갈등을 어떻게 극복하는가?

왜 부부는 시시때때로 갈등을 겪는가? 가장 근본적인 이유는 사랑과 관심 때문이다. 두 사람은 엮어져 살면서, 서로에 대하여 깊이 알기 시작한다. 물론 서로의 다른 점도 드러나는데, 그런 다른 점은 언제라도 폭발할 수 있는 수류탄과 같다.

그러니까 사랑의 열매는 적극적으로는 행복이지만, 소극적으로는 갈등이다. 누가 관심도 없는 낯선 이웃 때문에 갈등을 갖고, 누가 사랑도 없는 동창생 때문에 갈등을 갖겠는가? 그러나 결혼으로 맺어진 부부는 다르다! 그들은 서로 사랑하기에 서로에 대한 모든 것을 알고 싶어 하고, 모든 것을 갖고 싶어 한다. 그런 과정에서 다름이 드러나며, 그 다름은 갈등으로 발전될 수 있다. 물론 갈등은 커질 수도 있고 극복될 수도 있다.

어떻게 갈등을 극복할 수 있는가? 그것도 역시 서로에 대한 사랑으로 인하여 가능하다! 기독교의 사랑은 '의지적 결단'이다. 감정을 무시하는 것은 아니지만, 감정은 근본적으로 기독교의 사랑이 아니다. 바울 사도가 사랑을 '오래 참음'이라고 한 것을 보아도 그렇다.

"[사랑은] 모든 것을 참으며, 모든 것을 믿으며, 모든 것을 바라며, 모든 것을 견디느니라" (고전 13:7). 결국, 의지적으로 '참고 견디는 것'이 사랑이라는 것이다.

그리스도인 부부라면 당연히 하나님의 말씀을 사고와 결정의 기준으로 삼아야 한다. 말씀에 제시된 몇 가지 원칙만이라도 지키면, 많은 갈등을 예방할 수 있고, 또 갈등이 생겨도 쉽게 극복할 수 있을 것이다.

바울 사도는 부부관계를 그리스도와 교회로 비유하면서 서로의 사랑과 순종을 강조했다. "아내들이여, 자기 남편에게 복종하기를 주께 하듯 하라!" (엡 5:22). 왜 아내는 남편에게 복종해야 하는가? 남편은 머리이고 아내는 몸이기 때문이다. "이는 남편이 아내의 머리 됨이 그리스도께서 교회의 머리됨과 같음이니, 그가 바로 몸의 구주시니라" (엡 5:23).

그렇다고 머리인 남편은 몸인 아내에게 아무거나 명령하면서 횡포를 부리는가? 물론 그렇지 않다! 그는 사랑의 마음으로 아내의 행복을 위하여 많은 것들을 희생할 준비가 되어있다. 그런 사실을 확인이라도 하듯 바울 사도는 남편에게 이렇게 말했다. "남편들아, 아내 사랑하기를 그리스도께서 교회를 사랑하시고 그 교회를 위하여 자신을 주심같이 하라!" (엡 5:25). 남편은 아내를 위해 자신까지도 줄 수 있으며, 아내는 그런 남편을 존경하고 따를 수 있다.

이처럼 하나님의 말씀을 삶의 절대적인 기준으로 삼는 부부는 갈등을 극복하기 위하여 이렇게 결정할 수 있다: "다름 때문에 일어난 분노를 그날 풀자!" "분을 내어도 죄를 짓지 말며, 해가 지도록 분을 품지 말라" (엡 4:26). 그렇다! 그들도 인간이기에 분을 낼 수 있지만, 그 분노가 죄로 발전되지 않도록 해야 한다. 다시 말해서, 부부 간의 사이를 멀어지게 해서는 안 된다. 죄를 짓지 않기 위해 '해가 지기 전' 곧 잠자리에 들어가기 전에 분을 풀라는 말이다.

어떻게 잠자리에 들기 전에 분을 풀 수 있는가? 가장 좋은 방법은 그리스도인 부부가 함께 성경을 읽고 기도하는 것이다. 그리스도인 은 결혼 첫날부터 그렇게 하기로 합의한다면 이상적이다. 그렇게 하면 신앙적인 대화의 장이 자연스럽게 마련된다. 그때 분도 대화 로 그리고 기도로 풀 수 있다. 부부가 하루를 마치면서 이런 시간을 갖는다면, 갈등을 훨씬 쉽게 극복할 수 있을 것이다.

부부란 젊었을 때는 애인이고, 중년에는 친구이며, 노년에는 서 로 의지하는 버팀목이다. 그런 아름다운 인생의 항로를 항해하면서 갈등을 이렇게도 극복할 수 있을 것이다. 함께 여가를 즐길 수 있는 취미 생활을 개발하는 것이다. 부부가 함께 걷거나, 운동하거나, 여행하거나, 도서관엘 가면서 오순도순 대화를 나눌 수 있다면, 많 은 갈등이 예방될 수 있을 것이다.

06

그리스도인이 *이혼*할 수 있는가?

그리스도인 부부는 절대로 이혼할 수 없는가? 두말할 필요도 없이 하나님은 이혼을 반대하신다. 한 번은 바리새인들이 예수님을 시험하기 위하여 이혼의 문제를 들고 나왔다. "바리새인들이 예수께 나아와 그를 시험하여 이르되, '사람이 어떤 이유가 있으면 그 아내를 버리는 것이 옳으니이까?'"(마 19:3). 그들의 간계를 아시고 그분은 하나님의 뜻을 알려주셨다. "사람을 지으신 이가 본래 그들을 남자와 여자로 지으시고 말씀하시기를, '그러므로 사람이 그 부모를 떠나서 아내에게 합하여 그 둘이 한 몸이 될지니라' 하신 것을 읽지 못하였느냐?"(마 19:4-5).

이 말씀은 하나님이 아담과 하와를 짝지어 주시면서 하신 말씀이었다. '한 몸'이 되라는 말씀은 하나님이 최초의 부부에게 주신 최초의 명령이었다. 바리새인들의 질문에 대한 대답으로 이 말씀을 인용하신 후, 예수님은 그 말씀에 덧붙이셨다. "그런즉 이제 둘이 아니요 한 몸이니, 그러므로 하나님이 짝지어주신 것을 사람이 나누지 못할지니라"(마 19:6).

바리새인들은 그 말씀을 반박하였다. "그러면 어찌하여 모세는 이혼 증서를 주어서 버리라 명하였나이까?" (마 19:7). 그러면서 바리새인들은 신명기 24장 1절을 인용했다. "사람이 아내를 맞이하여 데려온 후에 그에게 수치 되는 일이 있음을 발견하고 그를 기뻐하지 아니하면, 이혼 증서를 써서 그의 손에 주고 그를 자기 집에서 내보낼 것이요." 본래 하나님의 뜻은 한 몸을 나누지 못하지만, 예외가 있다는 것이다.

그 예외는 '수치 되는 일'이 발견되었을 때이다. "내가 너희에게 말하노니 누구든지 음행한 이유 외에 아내를 버리고 다른 데 장가드는 자는 간음함이니라" (마 19:9). 그렇다! 이혼 사유는 음행, 곧 다른 남자와 잠자리를 같이 한 행위이다. 한 몸을 이룬 남편 이외의 다른 남자에게 몸을 허락한 것은 자신을 모독했을 뿐 아니라, 남편의 인격을 짓밟는 행위이다. 남편이 받는 상처는 쉽게 치유되지 않을 것이다.

반대의 경우도 마찬가지이다! 만일 남편이 다른 여자와 잠자리를 같이 했다면, 그것도 똑같이 이혼 사유가 된다. 그도 역시 아내의 인격을 짓밟고 동시에 하나님의 뜻을 거부한 것이다. 이런 원리를 확대하면, 이혼의 사유를 더 찾을 수 있다. 음행 못지않게 배우자의 인격을 말살시키고 신뢰를 깨는 행위를 저지르면, 이혼할 수 있다는 말이다. 예를 들어보자: 끊임없이 학대하는 경우, 노름으로 가산을 잃고도 돌이키지 않는 경우, 알코올과 약물 중독으로 구제 불능의 상태에 빠진 경우, 가정을 돌보지 않고 장기간 가출한 경우 등등 결국, 이혼의 사유가 되는 것은 배우자의 인격을 무참히 짓밟고 신뢰를 깨는 행위이다. 그런 행위는 간음죄 못지않게 배우자를 무시하고, 아프게 하고, 인격을 짓이기는 행위이기 때문이다.

이런 행위는 배우자를 아프게 하지만, 동시에 하나님의 마음도 아프게 한다. 하나님이 짝지어주신 배우자를 존경과 사랑으로 대하기는커녕, 비인격적으로 취급했기 때문이다. 한발 더 나아가서, 하나님이 분명히 알려주신 그분의 뜻을 정면으로 거부했기 때문이다. 하나님은 그런 사람들을 징계하셔서 그들의 예배와 헌물을 받지 않으실 뿐 아니라, 그런 사람들을 성전에서 끊어버리시겠다고 선언하신 적이 있다 (말 2:12-13).

하나님이 그렇게 엄히 징계하실 수밖에 없는 이유를 이렇게 말씀하셨다. "…이는 너와 네가 어려서 맞이한 아내 사이에 여호와께서 증인이 되시기 때문이라. 그는 네 짝이요 너와 서약한 아내로되 네가 그에게 거짓을 행하였도다" (말 2:14). 그렇다! 순결한 여자와 결혼하여 함께 자녀도 낳고 가정을 일구었는데, 그런 조강지처를 배반하다니 있을 수 없는 짓거리이다. 하나님이 증인이시기에 그런 자들에게 반드시 심판하시겠다는 경고를 가볍게 여기지 말자.

*자녀*를 어떻게 키워야 하는가?

    부부에게 주어진 자녀는 하나님이 허락하신 크나큰 복 중 하나이다. 그러나 그 복이 부모에게는 큰 도전도 되는데 자녀를 잘 키워야 하기 때문이다. 부모는 하나님의 도구로 자녀를 생산했을 뿐 아니라, 하나님을 대리해서 자녀의 계발을 책임지는 청지기이다.

    부모가 자녀를 키우면서 잊지 말아야 할 것들이 있다. 무엇보다도 자녀가 하나님을 만날 수 있도록 도와야 한다. 그 도움의 시발점은 부모의 모습이다. 자녀가 자라면서 무의식적으로 그리고 의식적으로 보고 배우는 거의 모든 것이 부모로부터이다. 부모가 매일 성경 읽고 기도하는 모습을 보는 자녀는 쉽게 하나님을 만날 수 있을 것이다.

    특히 부모는 자녀의 올바른 성장을 위하여 열심히 기도해야 하며, 또 자녀를 옳게 양육할 수 있는 도구가 되게 해 달라고 자신들을 위해서도 기도해야 한다. 그리고 자녀가 사리판단을 하기 시작하면, 예수 그리스도의 구속적 죽음과 부활을 전해주어, 그리스도를 영접하게 해야 한다.

그뿐 아니라, 부모가 교회생활하는 모습과 다른 사람들을 사랑하는 모습은 자녀의 인격 형성에 중요한 요인이 될 것이다. 부모가 다른 그리스도인들을 사랑하며, 또 믿지 않는 사람들의 필요를 채워 주면서 복음을 전하는 모습은 자녀로 사람들을 위하여 살아가게 하는 본보기가 될 것이다.

그리고 부모의 가정관도 중요한데, 자녀를 가정의 주인공으로 착각해서는 안 된다. 자녀는 가정의 주인공이 아니다! 가정은 자녀 때문에 이루어진 것이 아니라 부부가 결합해서 이루어졌기 때문이다. 자녀가 생기기 전에 이미 부부만으로 가정의 필수조건이 충족된 것이다. 자녀는 가정의 중요한 일원인 것도 사실이나, 하나님이 부차적으로 주신 선물임을 기억해야 한다.

하나님은 이런 원리를 처음부터 분명히 말씀하셨다. "이러므로 남자가 부모를 떠나 그의 아내와 합하여 둘이 한 몸을 이룰지로다"(창 2:24). 이 말씀에서 '한 몸'은 부부로 이루어진 가정을 뜻하는데, 이 가정에는 자녀에 관한 언급이 전혀 없다. 가정의 주인공은 자녀를 생산한 부모이지, 결코 자녀가 아니라는 말이다.

남편과 아내는 당연히 서로를 사랑해야 하는데, 그들의 사랑은 자녀에게 막대한 영향을 미친다. 남편의 사랑을 듬뿍 받은 아내는 자연스럽게 자녀에게 사랑을 나누어 줄 수 있게 된다. 자녀는 부모의 사랑을 받고 성장하면서 자연스럽게 위로 하나님을 공경하고, 아래로 사람을 사랑하는 인격자가 될 것이다.

부모는 자녀를 어려서부터 일찍 재워야 하는데, 그것은 일석이조의 유익이 있다. 자녀가 잠을 많이 자기 때문에 건강하고 명석한 두뇌를 가진 사람으로 성장할 수 있다. 자녀가 잠자리에 일찍 들어가면, 저녁 시간은 온전히 부부의 것이 된다. 그들은 서로 대화하면서 사랑과 관심을 나눌 수 있을 뿐 아니라, 그들이 하루를 지내면서 받은 스트레스도 풀 수 있다.

어떤 부모는 자녀들이 원하는 것을 무조건 들어주는데, 그것은 부모가 자녀를 전적으로 통제하고 억압하는 것처럼 잘못이다. 자녀에게 옳고 그름을 분별할 수 있는 능력을 키워주기 위해서라도 거절할 때가 있어야 한다. 거절을 모르고 자란 자녀는 그들의 느낌대로 인생을 살려는 미숙아가 될 것이며, 억압을 받으면서 자란 자녀는 부정적이며 반항적인 인생을 사는 반항아가 될 것이다.

자녀의 인격적 성장을 위해 자녀와 대화해야 한다. 부모의 끊임없는 대화, 특히 신앙적인 대화는 말할 수 없이 중요하다. 사랑이 깃든 대화는 자녀의 신앙 인격을 키워줄 뿐 아니라, 그들의 안목도 열어준다. 10명의 자녀를 키우면서도 자녀마다 한 시간씩 대화를 한 어머니 수잔나로 인하여 저 유명한 존 웨슬리가 배출된 것은 대화를 중시하는 부모에게 좋은 모델이다.

08

거룩과 사랑의 관계는?

거룩과 사랑은 성경에서 가장 많이 나오는 단어에 속하는데, 거룩은 520번, 사랑은 659번씩 각각 나온다. 그렇게 많이 나오는 이유는 그만큼 중요하기 때문이다. 거룩이 구약에서 396번이나 나오는 걸 보면 다분히 구약적인 단어인데 반하여, 사랑이 신약에서 354번이나 나오는 걸 보면 상당히 신약적인 단어이다. 그렇다고 거룩이 신약에서 중요하지 않거나, 사랑이 구약에서 중요하지 않다는 말은 결코 아니다.

거룩의 기본적인 뜻은 '다르다' '분리하다' '성별하다'인데, 그 뜻을 잘 나타내는 칭호가 '하나님이 거룩하시다'이다. '하나님이 거룩하시다'는 칭호는 성경에서 72번이나 나오는데, 구약에서 65번 그리고 신약에서 7번이다. 이렇게 많이 표현된 것은 두말할 필요도 없이 거룩하신 하나님을 강조하기 위함이다.

거룩하신 하나님은 피조물과 다르므로 피조물과 공존하실 수 없다. 그 말은 인간을 포함해서 어떤 피조물도 하나님께 나아갈 수 없다는 뜻이다. 거기에다 인간은 하나님을 향해서 죄악까지 범했기 때문에 더더군다나 거룩하신 하나님께 나아갈 수 없다. 인간이 아무리 노력하고 발버둥 쳐도 절대로 나아갈 수 없다.

그 사실을 하나님은 선지자 이사야를 통해 이렇게 확인하셨다. "오직 너희 죄악이 너희와 너희 하나님 사이를 갈라놓았고 너희 죄가 그의 얼굴을 가리어서 너희에게서 듣지 않으시게 함이니라" (사 59:2). 얼마나 절망적인 인간의 모습인가!

하나님은 그처럼 절망적인 인간을 그래도 사랑하셨다. 두말할 필요도 없이 그 사랑은 필연적으로 자격이 없는데도 주어지는 무조건적인 사랑이다. 그 사랑이 바로 저 유명한 *아가페* 사랑이다. 그 사랑을 사도 요한은 이렇게 간단명료하게 묘사했다. '하나님은 사랑이심이라!' (요일 4:8).

물론 하나님의 사랑은 추상적이 아니라 실제적이다. 그 실제적인 사랑을 사도 요한은 그다음 구절에서 분명히 밝혔다. "하나님의 사랑이 우리에게 이렇게 나타난 바 되었으니, 하나님이 자기의 독생자를 세상에 보내심은 그로 말미암아 우리를 살리려 하심이라" (요일 4:9). 하나님은 자격 없는 인간의 죄악을 씻어주시고, 그 결과 하나님께 나아올 수 있도록 그분의 독생자 예수 그리스도를 십자가에서 희생시키셨다는 말이다.

그렇게 피조물이며 죄인인 인간이 거룩하신 하나님께 나아갈 수 있는 길을 활짝 열어놓으신 것이다. 누구든지 그의 죄를 고백하고 그를 위하여 죽으신 예수 그리스도를 받아들이면, 그분을 통해 하나님께 나아갈 수 있게 된 것이다. 얼마나 놀라운 사랑인가!

이제 '거룩과 사랑'이 관계를 정립할 수 있게 되었다. 많은 그리스도인들이 기독교에서 사랑이 가장 기본적이며 중요하다고 여기는데, 그것은 오해에서 비롯된 것이다. *아가페*는 자격 없는 죄인들에게 주어지는 사랑이다. 그렇다면 자격이 없다는 사실을 어떻게 알 수 있는가? 두말할 필요도 없이 하나님의 거룩한 속성을 통해서 알 수 있다.

그러므로 거룩과 사랑이라는 하나님의 도덕적 속성에서 거룩이 먼저이다. 거룩하신 하나님께 노력으로 도달할 수 없다는 사실을 깨달을 때, 비로소 *아가페* 사랑이 필요하다는 것을 알게 된다. 그런 이유로 하나님의 거룩을 밑바탕에 깔지 않는 기독교의 사랑은 얄팍한 감상주의로 빠지게 할 수 있다. 어쩌면 하나님의 거룩을 제쳐놓고, 사랑을 더 강조했기 때문에 한국교회가 많은 능력들을 상실했다.

거룩의 다른 말은 성결이다! 이처럼 어지러운 세상에서 교회가 성결의 깃발을 높이 들고, 거룩을 강조해야 할 때가 온 것 같다.

09

어떻게 거룩하게 살 수 있는가?

하나님은 이스라엘 백성을 애굽에서 건져내신 후, 거룩한 백성이 되라고 말씀하셨다. "너희가…거룩한 백성이 되리라" (출 19:6). 구약에서 396번, 그리고 신약성경에서 124번 사용된 '거룩하다'는 '다르다' '구별되다'라는 뜻이다. 이스라엘 백성은 출애굽 이후 다른 모든 민족과 구별되었다. 그렇게 구별된 이스라엘 백성은 당연히 다른 삶을 살아야 했다. 거룩한 삶을 살 수 있는 방도도 알려주셨는데, 곧 하나님의 율법에 따라 사는 것이다.

그리스도인들도 마찬가지이다! 그들도 구원을 통하여 하나님의 백성이 되었기에, 거룩하게 살아야 한다. 그 방법은 하나님의 말씀대로 사는 것이다. 물론 그들의 인간적인 노력만으로는 가능하지 않지만, 성령의 도움을 받으면 가능하다. 그들이 성령의 도움을 갈구할 때, 성령 충만을 경험하며, 따라서 성령의 능력으로 거룩하게 살 수 있게 된다.

그런 이유로 거룩한 삶과 성령 충만 또는 성령 세례를 혼용해서 사용되기도 한다. 그리스도인들은 거듭나는 순간부터 구별된 삶을 살려고 노력하는데, 그 과정을 '성화'라고 한다. 그 과정에서 어느 순간 성령 충만을 경험하며, 그 경험을 성결이라고 한다. 문자적으로는 물로 씻어서 깨끗하고 거룩하게 되었다는 뜻이다.

'거룩하다'는 순수한 국어인데, 그 단어로는 그것이 함축하고 있는 여러 가지 뜻을 나타내기 어려워서 한자를 쓰기 시작했다. 이미 언급한 것처럼, '거룩해지는 과정'을 '성화'라고 하고, '거룩해지는 순간'을 '성결'이라고 한다. 성결한 그리스도인들은 의도적으로는 죄를 범하지 않는다. 그런 '의도의 순수성' 내지 '의도의 완전성'을 강조하기 위한 표현이 '기독자 완전'이다.

'기독자 완전'이란 그리스도인들이 절대적으로 완전해졌다는 뜻이 아니다. 비록 순수한 의도를 가졌다손 치더라도, 육신을 가지고 사는 동안에는 절대적으로 완전해질 수 없기 때문이다. 그런 완전은 주님이 재림하실 때, 경험될 것이다. 거룩한 그리스도인들은 이처럼 순수한 의도를 통해 소극적으로 죄를 범하지 않지만, 동시에 적극적으로는 조건 없이 사랑한다.

기독교의 사랑은 근본적으로 감정적인 것이 아니다. 일반적으로 감정적인 사랑은 이성에게 끌리는 마음, 자녀에 대한 애정, 음악이나 예술에 대한 애착 등으로 표현할 수 있다. 그러나 기독교의 사랑은 의지적인 것이다. 비록 감정적으로는 사랑할 수 없지만, 의지적으로 사랑하는 것이다. 기독교의 사랑, 곧 *아가페*는 '자격 없는 사람에게' 베푸는 것이기 때문이다. 자격 미달의 사람을 사랑한다는 것은 감정이 아니라, 의지 때문에 가능하다.

거룩한 그리스도인들은 제약이 많을 수 있다. 당연히 거짓말과 도적질은 물론 노름도 할 수 없다. 그러나 그런 것들로부터 멀리하는 삶은 제약이라기보다는 깊은 차원의 진정한 자유이다. 그런 부정적인 행위에서 벗어난 그리스도인들이 얼마나 넓고도 깊은 자유를 누리는가!

거룩한 그리스도인들에게는 하나님이 허락하신 큰 자유가 있다. 그들은 건전한 음악도 즐기며, 아름다운 예술품을 감상하며, 건강하게 운동도 할 수 있다. 그뿐 아니라, 그들은 건전한 연극이나 영화도 즐길 수 있다. 하나님이 창조하신 자연 속에 있는 식물과 꽃들을 보면서 하나님의 손길을 느낄 수도 있다. 물고기와 새들을 보면서 창조의 아름다움을 노래할 수도 있다. 거룩한 사람들이야말로 자유를 만끽하는 사람들이다.

그뿐 아니다. 거룩한 사람들은 다른 거룩한 사람들과 정겨운 교제도 나눌 수 있다. 그들은 교제하면서 서로를 이해하고, 서로의 느낌을 나누고, 서로의 필요를 채워줄 수 있다. 이런 교제야말로 천국의 교제를 방불하게 하는 것이 아니고 무엇이겠는가? 거룩하지 않은 사람들이 술과 노름으로 시간과 물질을 허비할 때, 거룩한 그리스도인들은 그 시간과 물질을 전도와 선교를 위해 사용할 수 있다니 얼마나 놀랍도록 다른 삶인가?

아가페 사랑이란?

사람과 사람 사이를 엮어주는 요인 중 가장 아름다운 것은 사랑일 것이다. 남녀의 사랑, 부모의 사랑, 친구 사이의 사랑, 이타적인 사랑 등 종류가 많지만, 이야기식의 한글을 사용하는 우리는 뭉뚱그려서 사랑으로 표현한다.

그러나 분석적인 헬라어를 사용하는 사람들은 그 경우마다 다른 단어를 사용한다. 남녀의 사랑을 *에로스*라고 하며, 부모의 사랑을 *스토르게*라고 한다. 또한 친구의 사랑을 *필레오*라 하는데, 이 단어에서 파생된 *필로스*는 친구라는 뜻이다. 그리고 이타적인 사랑을 *아가페*라고 한다.

신약성경에서 많이 나오는 '사랑하다'는 *필레오*(25번)와 *아가페*의 동사형인 아가파오(143번)인데, 다른 두 가지 사랑은 삶의 현장에 스미어있다.

그런데 흥미롭게도 에로스와 스토르게와 필레오는 조건이 전제되는 사랑이다. 남녀 간의 사랑은 상대방에게 끌린 나머지 소유하고픈 다분히 육체적인 욕망을 전제로 한다. 부모와 자녀 간의 사랑은 가족이라는 전제 때문에 갖게 된다. 친구 간의 사랑은 자격과 우정을 전제로 한다.

그러나 이타적인 사랑은 전제 조건이 없다. 아니 전제 조건이 하나 있는데, 그것은 사랑을 받을만한 자격이 없어야 하는 조건이다. 예를 들면, 암으로 죽어가는 환자들은 대개 돌보기를 꺼리는 상태에 있다. 그러나 그들을 돌보아주고, 품고, 위로해주는 사랑이 아가페 사랑이다.

도대체 그런 사랑은 누구로부터 시작되었는가? 두말할 필요도 없이 구속자이신 하나님으로부터 시작되었다. 하나님은 자격은커녕 죄로 찌들었을 뿐 아니라, 그분을 향해 주먹질하면서 대들었던 죄인들을 심판하시지 않고 도리어 사랑으로 받아주셨다. 그런 조건 없는 사랑을 위해 하나님은 하나밖에 없는 당신의 아들 예수 그리스도를 화목제물로 희생시키셨다. 그것이 바로 *아가페* 사랑이다.

하나님의 말씀은 그 아가페 사랑을 이렇게 선명하게 묘사한다. "*사랑*은 여기 있으니 우리가 하나님을 사랑한 것이 아니요, 하나님이 우리를 사랑하사 우리 죄를 속하기 위하여 화목제물로 그 아들을 보내셨음이라"(요일 4:10). 화목제물은 불에 타서 바쳐진 제물이란 뜻이다.

예수 그리스도는 그렇게 십자가에서 제물로 바쳐진 화목제물이었다. 그런 사랑을 경험한 사람은 죽어가는 말기 암 환자를 위해 그의 생애를 불태울 수 있다.

그 이유는 그다음에 나오는 말씀 때문이다. "사랑하는 자들아! 하나님이 이같이 우리를 *사랑*하셨은즉, 우리도 서로 *사랑*하는 것이 마땅하도다"(요일 4:11). '마땅하도다'라는 단어에는 '빚을 지고 있기에 그 빚을 갚아야 한다'라는 뜻이 숨겨져 있다. 그런데 놀랍게도 그렇게 진 빚을 하나님께 갚으라는 것이 아니라, 다른 사람들, 특히 자격 없는 사람에게 갚으라는 것이다.

하나님 대신 사람에게 빚을 갚으라는 명령은 사람을 하나님과 대등한 입장에 놓는 것과 같다. 예수님도 사랑을 언급하시면서 이렇게 말씀하셨다. "내가 진실로 진실로 너희에게 이르노니, 내가 보낸 자를 영접하는 자는 나를 영접하는 것이요 나를 영접하는 자는 나를 보내신 이를 영접하는 것이니라"(요 13:20). 결국, 사람을 영접하는 것이 곧, 하나님을 영접하는 것이다.

그리스도인은 다른 사람에게 사랑의 빚을 진 사람이다. 사랑이 부족한 이 어두움의 시대에 그런 사랑의 빛을 비추는 그리스도인이 많이 생긴다면, 이 시대는 그만큼 밝아질 것이다.

그리스도인은 처음부터 마지막까지 사랑과 더불어 사는 사람이다. 부모의 *에로스* 사랑으로 인해 태어났고, *스토르게* 사랑으로 양육을 받았으며, *필로스* 사랑으로 다듬어지고 있다. 그뿐 아니라, 하나님의 *아가페* 사랑을 경험한 결과 그 사랑을 실천하면서 완성되어가고 있기 때문이다. 거룩한 사랑과 기독자의 완전을 강조하는 그리스도인은 조건 없이 아가페 사랑을 실천하면서 완성되어 가야 한다. 그렇게 완성되는 것이 예수 그리스도의 형상을 닮아가는 것이다 (롬 8:29).

11

외모의 뜻은?

외모는 유전인자와 환경에 의해 만들어지는 겉모습이다. 유전인자는 가족과 인종에 따라 다른 모습을 만들며, 나이, 질병, 치장 등의 환경은 여러 가지 모습으로 변화시킨다. 그렇게 만들어진 외모는 인간관계는 물론 인생을 살아가는 방향에도 적잖은 영향을 미친다. 그렇지 않다면 왜 그렇게 많은 사람들이 외모를 위해 물질과 시간을 쏟겠는가?

그런데, 하나님은 '외모로 판단하지 말라'고 하시면서 외모가 중요하지 않은 것처럼 말씀하신다 (신 16:19, 요 7:24, 골 3:15, 벧전 1:17, 약 2:1). 그 사실을 확증하듯 베드로 사도는 이렇게 명령한다. "너희의 단장은 머리를 꾸미고 금을 차고 아름다운 옷을 입는 외모로 하지 말고, 오직 마음에 숨은 사람을 온유하고 안정한 심령의 썩지 아니할 것으로 하라; 이는 하나님 앞에 값진 것이니라" (벧전 3:3-4).

이 명령의 뜻은 분명한데, 외모보다 더 중요한 면은 내적이며 영적이라는 것이다. 그렇다! 외모에 치중한 나머지 중요한 내적 치장을 소홀히 하는 어리석은 짓을 하지 말라는 사랑의 충고이다. 다윗은 하나의 실례인데, 그는 내적으로 준비된 사람이 되어 준수한 형들을 제쳐놓고 하나님의 선택을 받았다. '사람은 *외모*를 보거니와 나 여호와는 중심을 보느니라' (삼상 16:7).

지금까지 언급한 것처럼 외모의 뜻이 첫 번째 외적 모습이라면, 두 번째 뜻은 경제적인 모습이다. 사람들을 판단하는 기준 중 하나가 빈부인데, 종종 부자가 대우를 받는다. 그러나 하나님은 '외모로 판단하지 말라'고 하시면서 경제적인 모습 때문에 사람을 판단하면 안 된다고 엄명하셨다. 그리스도인들은 빈부 때문에 결코 사람들을 차별하면 안 된다는 말씀이다 (약 2:1-9).

외모의 세 번째 뜻은 신분적 모습인데, 그것은 사람들이 대우를 받는 또 다른 기준이 된다. 바울 사도는 그 당시 만연해있는 종들을 옹호하면서 이렇게 명령했다. "상전들아, 너희도 그[종]들에게 이와 같이 하고 위협을 그치라; 이는 그[종]들과 너희의 상전이 하늘에 계시고 그에게는 사람을 *외모*로 취하는 일이 없는 줄 너희가 앎이라" (엡 6:9).

종을 부리는 그리스도인 상전들도 종들처럼 "사람을 기쁘게 하는 자처럼 하지 말고…마음으로 하나님의 뜻을 행해야" 한다 (엡 6:6). 그들이 상전이든 종이든 그리스도 안에서 같은 하나님을 모시고 있기에 신분의 차이를 초월하라는 사랑의 권고이다.

외모의 네 번째 뜻은 민족적 모습이다. 사람은 그가 속한 민족에 따라서 외모, 습관, 종교 등이 달라진다. 베드로는 한 실례가 될 수가 있다. 그는 유대 민족에 속한 사람으로 다른 민족의 사람들과는 상종조차 하지 않았다. 그런데 하나님이 그에게 다른 민족에 속한 고넬료와 그 가족에게 복음을 전하라는 것이다. 그 말씀에 순종한 베드로의 고백을 들어보자.

"…내가 참으로 하나님은 사람의 *외모*를 보지 아니하시고, 각 나라 중 하나님을 경외하며 의를 행하는 사람은 다 받으시는 줄 깨달았도다"(행 10:34-35). 이 말씀에서 '외모'는 민족적 모습을 가리킨다. 그렇게 고백하면서 복음을 전한 결과 백부장 고넬료의 온 식구와 친척과 친구들이 예수 그리스도를 그들의 구주로 믿고 형제자매가 되었다.

외모의 다섯 번째 뜻은 사회적 모습이다. 이 모습을 보기 위하여 말씀을 인용해보자. "유력하다는 이들 중에 (본래 어떤 이들이든지 내게 상관이 없으며 하나님은 사람을 *외모*로 취하지 아니하시나니) 저 유력한 이들은 내게 의무를 더하여 준 것이 없고"(갈 2:6). 이 말씀에서 '유력하다'는 '뛰어나다' '영향력이 있다' '명성이 높다' 등을 뜻한다.

그들이 사회적으로 '유력한' 사람들일지라도 하나님은 사회적 모습에 따라서 차별하지 않으신다는 것이다. 그리스도인들도 역시 사회적 모습에 따라서 차별해서는 안 된다. 사회적 모습보다 더 중요한 것이 있는데, 그것은 바울 사도처럼 하나님의 장중에 사로잡히는 것이다.

신앙생활

QT란 무엇인가?

세상에 태어난 아기는 엄마 품에서 성장하게 마련이다. 엄마의 젖을 빨면서, 엄마의 음성을 들으면서, 그리고 엄마의 사랑의 손길을 느끼면서 아기는 성장한다. 아기는 그렇게 성장하면서 엄마의 성품을 닮아간다. 그 아기는 그렇게 닮은 엄마의 성품을 혼자만 갖고 있지 않고, 주변의 사람들에게 드러내기 시작한다. 사람들도 그 아기가 엄마를 닮았다고 이구동성으로 칭찬하는데, 그 아기가 엄마의 품에서 성장했으니 당연하다.

그리스도인도 마찬가지다! 회개하고 예수 그리스도를 구주로 받아들이는 순간, 그는 영적으로 갓 태어난 어린아이가 된다. 그렇게 태어난 어린아이는 반드시 영적으로 성장해야 하는데, 성장이 없다면 정말로 태어나지 않았는지도 모른다. 영적 어린아이는 그를 태어나게 하신 예수 그리스도의 품에서 성장해야 한다. 그분이 공급하시는 영의 양식도 먹고, 그분의 음성도 듣고, 그리고 그분의 손길을 느끼면서 영적으로 성장해야 한다. 그러면 그는 서서히 주님의 성품을 닮아가며 그분을 주변의 사람들에게 드러내기 시작한다. 그는 영적으로 영향력 있는 사람으로 변화되어 가는 것이다.

이렇게 주님의 품속에서 성장하기 위하여 그리스도인은 조용한 시간*Quiet Time*을 가져야 한다. 그 시간은 주님이 공급하시는 영의 양식을 먹고, 그분과 대화하면서, 그리고 그분의 손길을 느끼는 중요한 시간이다. 어린 아기가 엄마의 품을 떠나서 성장할 수 없는 것처럼, 그리스도인도 QT를 갖지 않고서 성장하지 못하며, 그리스도의 성품도 닮아갈 수 없다. 결국, QT는 그리스도인에게 없어서는 안 될 핵심적인 시간이다.

주님과 그런 긴밀한 교제를 나누기 위해서는 조용한 시간이 꼭 필요하다. 하루의 바쁜 일정을 효율적으로 소화하기 위하여 주님과 조용한 시간을 갖지 않는다면, 어떻게 주님을 드러낼 수 있겠는가? 그런 이유로 그리스도인의 삶에서 매일 QT를 갖는 것만큼 중요한 일은 없을 것이다. 한마디로 말해서, QT는 신앙생활의 근간이다. 그리스도인이 QT를 갖지 않고 하루를 시작한다면, 그날은 신앙생활을 포기하는 것과 마찬가지이다.

진정으로 의미 있는 QT를 갖기 위해서는 조용한 장소가 필요하다. 그 이유는 너무나 분명하다! 그리스도인의 마음을 주님으로부터 흩어버리게 하는 일들이 얼마나 많은가? 모든 잡음에서 떠난 조용한 장소는 주님과 조용한 시간을 갖기 위해선 필수적이다. 여기에서 짚고 넘어가야 할 것이 있는데, 그것은 내면에서 들려오는 잡음도 잠잠하게 해야 한다는 것이다.

주님과 긴밀한 교제를 나누기 위해서는 다음의 세 가지가 필수적인 요소이다. 첫째, 성경을 읽기 전에 말씀을 깨닫게 해달라고 간단히 기도한 후 (시 119:27), 말씀을 읽기 시작한다. 하나님 아버지가 무엇을 알려주실지, 어떤 약속을 주실지, 무엇을 명령하실지, 어떤 새로운 사실을 깨닫게 해 주실지, 기대하는 마음으로 읽어야 한다. 단순히 읽어야 하는 의무감 때문에 읽지 않도록 해야 한다.

둘째, 그렇게 말씀을 읽은 후, *기도하기 시작한다.* 무엇보다도 그런 말씀을 알려주신 주님을 찬양해야 한다! 그렇게 찬양한 후, 하나님이 알려주신 말씀대로 지금껏 생각하고, 말하고, 행동하지 못한 잘못이 있다면 그것을 자백해야 하는데, 구체적으로 해야 한다. 그렇게 자백한 후, 깨끗해진 마음으로 여러 가지 기도 제목을 위하여 기도하면 은혜로운 기도 시간이 될 것이다.

셋째, 그날 읽은 말씀을 묵상해야 한다. 부모로부터 사랑받지 못하는 아들로 성장한 다윗은 이런 묵상을 통하여 위대한 지도자가 되었다. 그의 고백을 들어보자. "오직 여호와의 율법을 즐거워하여 그의 율법을 주야로 *묵상하는도다*"(시 1:2). 그렇게 하나님의 말씀을 묵상하였기에 다윗은 말씀의 사람이 되었고, 그리고 말씀대로 살았기에 큰 인물이 되었던 것이다.

어떻게 기도해야 응답받는가?

　그리스도인에게 주어진 큰 특권 중 하나가 기도이다. 그의 생각과 소망을 하나님께 아뢸 수 있다니, 얼마나 큰 특권인가! 그리스도인의 기도를 들어주시는 하나님은 어떤 분이신가? 그분은 천지를 창조하신 창조주이시며, 죄인을 구원하신 구속자이시다. 그런 분에게 기도하며, 또 그분으로부터 응답을 받는다는 것이 특권이 아니면 무엇이 특권이란 말인가? 그런 특권을 활용하여 기도하는 그리스도인도 위대한데, 그것은 기도를 들으시는 하나님이 위대하시기 때문이다.

　그렇다고 하나님은 그리스도인의 기도를 100% 들어주시지 않는다. 마치 부모가 어린 자녀의 욕구를 모두 허용하지 않는 것과 같은 원리이다. 어떤 때는 그리스도인의 기도를 들어주시고, 또 어떤 때는 당장 응답하진 않으시지만 적당한 때에 응답하신다. 또 어떤 때는 그리스도인이 원하는 대로 응답하시면, 당장엔 좋을지 모르나 궁극적으로는 그에게 해가 될 것을 아시기에 그의 기도를 들어주시지 않으신다.

그러면 어떻게 기도해야 응답받는가? 사도 요한은 그 비결을 이렇게 서술하였다. "그를 향하여 우리가 가진 바 담대함이 이것이니, 그의 뜻대로 무엇을 구하면 들으심이라"(요일 5:14). 그 비결은 너무나 간단한데, 곧 하나님의 뜻대로 기도하라는 것이다. 하나님의 뜻대로 기도하면 반드시 그 기도를 들어주신다는 약속이 있기에, 그리스도인은 담대하게 하나님 앞에 나와서 기도할 수 있다.

결국, 응답받는 기도는 하나님의 뜻에 따라 올리는 기도이다. 어떤 그리스도인은 진지하게 기도하면 응답받는다는 오해를 가지고 참으로 열심히 기도한다. 밤도 지새면서 그리고 금식하면서 기도한다. 어떤 때는 집이 떠나갈 듯 소리를 지르면서 기도한다. 어떤 때는 방언으로 몇 시간씩 기도한다. 그렇게 진지하게 기도했는데도 왜 응답을 받지 못하는가? 하나님의 뜻에 따라 기도하지 않았기 때문이다.

어떻게 하나님의 뜻을 찾는가? 우선, 하나님의 말씀을 알아야 한다. 하나님의 뜻이 그 말씀에 들어있기 때문이다. 예수 그리스도는 기도와 연관된 하나님의 뜻에 대하여 이렇게 말씀하셨다. "너희가 내 안에 거하고 내 말이 너희 안에 거하면 무엇이든지 원하는 대로 구하라, 그리하면 이루리라"(요 15:7).

이 말씀에서 주님은 응답받는 기도를 위한 세 가지 뜻을 알려주셨다. 첫 번째 뜻은 '내 안에 거하라'는 명령인데 그것은 두 가지를 함축한다. 하나는 거듭나야 한다는 것이고, 또 하나는 거듭난 후, 주님과 긴밀한 교제를 나누어야 한다는 것이다. 거듭나지 않은 사람은 하나님의 자녀가 아니며, 따라서 하나님의 뜻대로 기도할 수 없다. 거듭난 그리스도인이라도 주님과의 교제가 서먹해졌다면, 그리스도 안에 거하는 것이 아니다. 교제가 서먹해진 원인을 먼저 찾아서 해결해야 한다. 죄를 지었다면, 자백하여 용서를 받아야 하고 (요일 1:9), 다른 사람들과 갈등이 있다면, 그 문제를 풀고 기도해야 한다 (마 5:23-24).

두 번째 뜻은 '내 말이 너희 안에 거하면'이다. 주님은 왜 말씀 안에 거하라고 하셨는가? 말씀 안에서 주님의 뜻을 찾을 수 있기 때문이다. 그 말씀에서 주님의 뜻을 찾으면, 그 분의 뜻대로 기도하라고 하셨다. 그렇다! 말씀 안에 거하는 자녀의 특권 중 하나는 하나님 아버지의 뜻을 찾을 수 있으며, 그리고 그 뜻대로 기도할 수 있다는 것이다.

세 번째 뜻은 '무엇이든지 원하는 대로 구하라'이다. 그렇다! 그리스도 안에 거하며 또 하나님의 말씀이 그 안에 거한다고 저절로 응답받는 것이 아니다. 구해야 한다! 하나님이 응답하실 것을 확신하고 구해야 한다. 자녀가 부모에게 구하듯, 하나님의 자녀는 하나님 아버지에게 구해야 하며, 그렇게 구하는 자녀의 기도를 기쁨으로 응답하신다.

14

명목상의 신자는 누구인가?

　명목상의 신자는 이름만 신자라는 뜻이다. 본인이 예수 그리스도를 믿는 그리스도인이라고 공언할 수도 있고, 다른 사람들이 그를 그리스도인으로 인정할 수도 있다. 그러나 실제로는 그리스도인이 아니라는 뜻이다. 그리스도인이란 '내 안에 그리스도'를 모신 사람이라는 뜻이다. 다른 말로 하면, 그를 위하여 십자가에서 대신 죽으신 예수 그리스도를 인격적으로 믿고 받아들인 사람이다.

　반면, 명목상의 신자들은 하나님의 말씀을 읽지도 않고, 또 하나님의 뜻을 찾으려고도 하지 않는다. 그들 중에는 주일마다 예배를 드리는 사람도 있는데, 그것도 역시 형식적이다. 또 어떤 사람들은 부활절이나 성탄절 같은 특별한 절기에 교회를 가면서도 스스로 그리스도인이라고 자처한다. 또 어떤 사람들은 이 교회 저 교회를 찾아다니면서 예배를 드리기도 한다. 그런 명목상의 신자들은 어떤 특징을 가지고 있는가?

　그들의 가장 뚜렷한 특징은 하나님의 뜻과 관계없이 생각하고, 말하고, 행동하는 것이다. 중대한 결정을 할 때도 하나님과 상관없이 한다. 그들은 하나님의 뜻을 찾지 않고, 기도를 통하여 하나님의 응답을 기다리지도 않는다. 그들은 자신의 상식과 사고를 동원하여 생각하고 행동하면서 스스로 결정한다.

이런 명목상의 신자들이 끼치는 부정적인 영향은 생각보다 크다. 첫 번째, 그들은 그런 자녀들을 양산하게 된다. 그들의 자녀들도 자연스럽게 부모를 따라 교회를 다니면서, 그리스도인이라고 자처하는데 소위 모태 교인이다. 성경에는 모태 교인이란 표현이 없는데, 엄밀한 의미에서 그들은 교인이 아니기 때문이다. 교회는 물과 성령으로 거듭난 사람들의 모임이며, 따라서 이런 명목상의 신자들은 진정한 의미에서 영적으로 교회의 일원이 아니다.

명목상의 신자들이 끼치는 두 번째 부정적인 영향은 불신자에 대한 것이다. 불신자들은 진짜 거듭난 그리스도인과 명목상의 신자를 구분하지 못한다. 그들은 명목상의 신자도 '그리스도인'의 범주에 넣는다. 그들은 명목상의 신자들이 하나님과 전혀 관계없이 말하고 행동하며 또 결정하는 것을 보면서, 기독교에 대하여 서서히 그러나 확실하게 부정적으로 생각하게 된다. 그런 명목상의 신자들로 인하여 전도가 그만큼 어려워지는 것이다.

세 번째 부정적인 영향은 본인 자신들에게 대한 것이다. 그들은 스스로 속으며 사는 사람들이다. 그들은 구원의 확신도 없을 뿐 아니라, 진정한 그리스도인이 갖는 기쁨은 물론, 변화된 삶과 미래에 대한 소망도 없다. 거듭난 그리스도인이 갖는 하나님과 깊은 교제도 모르고, 다른 그리스도인과 나누는 교제의 즐거움도 이해할 수 없다. 그들은 정직한 삶이 주는 자부심과 능력도 알 길이 없다.

그렇다면 거듭난 그리스도인은 명목상의 신자들에게 어떻게 해야 하는가? 두말할 필요도 없이 그들에게 거듭남의 확신을 경험할 수 있도록 도와야 하는데, 그렇게 하려면 그들과 다른 삶을 보여주어야 한다. '다른' 삶이란 깨끗한 삶, 거룩한 삶, 능력 있는 삶을 뜻한다. 명목상의 신자가 왜 기쁨도 없고, 인생의 목적도 알지 못하는지 비교할 수 있게 해야 한다. 이처럼 다른 삶은 그들로 생각하고 추구하게 만들 수 있다.

그뿐 아니라, 기회가 되면 그리스도를 통하여 하나님을 인격적으로 만나지 않으면 안 된다는 사실을 설명해주어야 한다. 그들은 십중팔구 복음에 대하여 자상하게 들어본 적이 없었을 것이다. 지금까지 교회 예배에 출석하고, 종종 헌금하고 또 봉사하는 것이 그리스도인이라고 오해했는지도 모른다. 그들이 이해할 수 있도록 복음을 차근차근 설명해주면, 대부분은 마음의 문을 열고 예수 그리스도를 그들의 구세주로 영접할 것이다.

15

고난을 왜 당하는가?

그리스도인들에게 불청객처럼 불쑥 찾아오는 고난의 원인은 무엇인가? 몇 가지 원인을 알아보자. 첫째, 아담의 원죄에서 찾을 수 있다. 그가 불순종하지 않았다면, 인간은 하나님이 허락하신 완전한 환경에서, 완전한 관계를 유지하면서, 완전한 행복을 누렸을 것이다. 그러나 아담의 불순종 이후, 불완전한 상태에 놓여있는 인간에게 시시때때로 찾아오는 사건들, 이를테면 전염병, 지진, 쓰나미, 태풍 등은 인간에게 고난을 안겨준다.

둘째, 악한 사람들 때문이다. 2세기 로마제국의 폭군이었던 네로는 얼마나 많은 그리스도인들에게 고난을 안겨주었는가? 21세기 북한 정권의 김정은은 어떤가? 그런 사람들 때문에 그리스도인들은 얼마나 큰 고난을 받고 있는가? 네로와 김정은만 악한가? 아니다! 이 세상에는 그리스도인들에게 고난을 안겨주는 악한 사람들이 여기저기에 널려있다.

셋째, 영적 싸움에 연루되기 때문이다. 이 세상에는 눈에 보이지 않는 영적 싸움이 있는데, 곧 하나님의 세력과 사탄의 세력 간의 싸움이다. 신앙적으로나 인격적으로 너무나 훌륭한 사람인 욥이 당한 고난을 보라 (욥 1:6 이하). 그렇다! 시시때때로 그리스도인들은 원인을 알지 못하는 영적 싸움 때문에 연루되어 고난을 받는다.

넷째, 그리스도인들의 불찰 때문일 수가 있다. 졸다가 자동차 사고를 낸 사람은 육체적으로, 경제적으로, 정신적으로 크나큰 고난에 처할 수 있다. 어떤 때는 그들이 죄를 범한 결과로 생기는 고난도 있다. 그리스도인들은 거룩하게 살아야 하는데도 순간적인 유혹에 넘어가서 죄를 범하면 수치와 고난이 따른다.

다섯째, 경건하게 사는 그리스도인들도 고난을 받을 수 있다. 주변의 불신자들과 명목상의 교인들은 사고와 삶의 방식이 다른 경건한 그리스도인들을 못마땅하게 여기면서, 한편 비웃으며 또 한편 어려움을 안겨주기도 한다. 베드로는 "…너희가 그들과 함께 그런 극한 방탕에 달음질하지 아니하는 것을 그들이 이상히 여겨 비방한다"고 진단했다 (벧전 4:4).

여섯째, 전도하는 그리스도인도 고난받을 수 있다. 어떤 불신자가 인생관을 바꾸라는 전도자들을 달갑게 여기겠는가? 그는 반발심 때문에 그리스도인을 박해하면서 고난을 안겨줄 수 있다. 전도와 고난은 동전의 양면과 같아서 거의 항상 같이 간다. 바울의 진단이며 충고이다. "그러나 너는 모든 일에 신중하여 고난을 받으며 *전도자의 일*을 하며 네 직무를 다하라" (딤후 4:5). 비록 전도에 고난이 따르지만, 그래도 그 직무에 충성하라는 충고이다.

그렇다면 그리스도인들은 고난을 어떻게 감수해야 하는가? 무엇보다도 그들이 누려야 될 특권 중 하나가 고난이라는 사실을 수용해야 한다. 바울 사도의 확증을 들어보자. "무릇 그리스도 예수 안에서 경건하게 살고자 하는 자는 박해를 받으리라"(딤후 3:12). 성결하게 사는데도 고난받는 사실은 그만큼 훌륭한 그리스도인들이라는 반증일 수 있다 (딤후 2:3).

그다음, 그리스도인들은 고난받을 때, 주님의 고난에 동참한다는 약속을 분명히 확신해야 한다. 베드로 사도의 증언이다. "이를 위하여 너희가 부르심을 받았으니, 그리스도도 너희를 위하여 고난을 받으사 너희에게 본을 끼쳐 그 자취를 따라오게 하려 하셨느니라"(벧전 2:21).

그리스도인들이 고난을 감수해야 하는 이유가 또 있는데, 주님이 고난받는 자들을 내버려 두지 않으시고 함께 하면서 지켜주신다는 분명한 확신 때문이다. 바울 사도도 하나님의 말씀을 선포한 이유로 고난을 받았으나, 그를 끝까지 지켜주신다는 믿음으로 감당했다 (딤후 1:12).

마지막으로, 그리스도인들이 고난을 감수하는 이유는 그 결과 때문이다. 고난의 관문을 통과한 그리스도인들은 흔히 하나님의 사람으로 승화된다. 십자가의 의미를 그만큼 깊이 깨달았기 때문이다. 그들과 함께 하는 부활의 능력을 통해 더 크게 사용 받을 것이다.

16

*데모*에 참여해야 하는가?

데모는 많은 사람들이 일시적으로 모인 것을 뜻하는데, 그들의 주장을 나타내거나 관철하기 위해서이다. 바울 사도도 그런 데모에 휩쓸려 곤욕을 치른 적이 있었다. 그가 에베소를 방문했을 때, 신상을 만들어 수입을 올리는 일을 반대하게 되었는데, 그 이유는 사람이 만든 것은 신이 아니기 때문이었다. 그것으로 적잖은 수입을 올렸던 은장색이 직공들을 선동하여 데모를 시작했다 (행 19:27-29). 그 시위에는 시간이 지날수록 군중이 불어났는데, 많은 사람들은 이유도 모르면서 그 데모에 참여했다 (행 19:32).

그 와중에서 서기장이 무리를 진정시키고 시위대를 해산시켰는데, 그가 군중을 설득한 내용은 네 가지였다. 첫째, 군중은 경솔히 행동하지 말아야 한다 (행 19:36). 둘째, 바울과 일행은 도둑질 같은 비도덕인 행동을 하지 않았다 (행 19:37). 셋째, 그 일행을 정식으로 고발하라 (행 19:38). 넷째, 이런 불법 집회에 대하여 군중이 책임을 져야 할 것이다 (행 19:40).

서기장이 군중의 시위를 해산시킬 수 있었던 것은 직분과 논리적인 설득 때문이었다. 백성을 지도하는 그의 직분은 그만큼 중요했는데, 그 직분을 통해서 하나님의 권위를 간접적으로 나타낼 수 있었다. 두말할 필요도 없이 그의 권세는 하나님이 허락하신 권세였다 (롬 13:1).

하나님이 백성을 통치하라고 주신 권세를 위임 권세라고 한다. 여기에 두 가지 원리가 있는데, 하나는 위임 권세를 받은 통치자들의 책임이고, 또 하나는 백성들의 책임이다. 통치자들은 하나님이 주신 위임 권세를 함부로 사용하면 안 된다. 만일 그들에게 주어진 권세를 잘못 사용하면, 그들은 하나님의 권위를 오용한 것이기 때문이다. 그런 이유로 그들은 그들에게 맡겨진 백성을 두렵고 존중하는 마음으로 다스려야 한다.

반면, 백성은 통치자들이 위임 권세를 선용하는 한 그들을 따라야 한다. 그렇지 않다면 어떻게 사회의 질서가 유지될 수 있는가? 그러나 통치자가 그들에게 주어진 권세를 비도덕적으로 휘두르면, 백성은 시위를 통해서라도 그들의 잘못을 지적해야 한다. 그들의 잘못을 지적해주지 않으면, 백성도 하나님의 위임 권세에 도전하는 통치자들을 감싸는 셈이 된다.

그런 통치자들은 둘째 원리, 곧 비도덕적인 행동을 저질렀기 때문에 백성의 항거를 받아 마땅하게 된 것이다. 그러나 데모에 참여하는 그리스도인들은 어떤 경우에도 '경솔히 행동하면' 안 된다. 돌이나 화염병을 던지거나, 도끼나 쇠파이프를 휘두르거나, 경찰을 다치게 하는 등 일체의 폭력을 사용하면 안 된다. 무엇보다도 공권력에 도전하는 행위는 절대로 허용되지 않는데, 공권력도 역시 하나님이 부여하신 위임 권세이기 때문이다.

위임 권세를 받은 통치자의 잘못을 지적하기 위하여 데모할 때, 모든 그리스도인이 참여할 수 없다. 그러나 다음과 같은 그리스도인은 참여할 수 있다. 통치자들의 잘못에 대하여 의로운 분노가 너무 커서 그것을 표출하지 않으면 안 되겠다는 강한 충동을 가진 사람은 참여해서 그 의분을 만방에 알려야 한다.

그러나 다음과 같은 그리스도인은 참여하지 않을 수 있다. 그 시간에 차라리 기도하면서 기회가 주어질 때 복음을 전하기 원한다면, 그런 사람은 그와 같은 데모에 참여하지 않아도 된다. 데모에 참여한 사람도 잘못이 없고, 참여하지 않은 사람도 잘못이 없다. 모두 성령의 인도에 따라 결정했기 때문이다. 그뿐 아니라, 다음과 같은 그리스도인은 참여하지 않아도 좋다.

'나'는 현재 앞날의 인생을 설계하고 준비하는 시점에 있다. '나'는 한순간이라도 한눈팔지 않고 목표를 이루기 위하여 촌음을 아껴야 한다. 그런 그리스도인은 당장은 사람들로부터 이상한 눈총을 받을 수 있지만, 최후의 승리자가 될 것이다. 내일을 착실하게 준비하는 그리스도인을 하나님은 귀하게 여기시고, 크게 사용하신다는 사실 때문이다.

성경적인 복은 무엇인가?

하나님이 모세를 통해 이스라엘 백성에게 허락하신 복이 있는데, 그들이 하나님의 명령을 잘 듣고 지키면 주시겠다는 복이다. 모세는 여덟 가지 복을 구체적으로 기록했다: 성읍에서, 들에서, 자녀와 동물의 새끼와 토지의 소산에서, 떡 반죽 그릇에서, 나가서, 들어와서, 손으로 하는 일에서, 여호와가 주시는 땅에서 (신 28:3-8).

이스라엘 백성이 하나님의 명령을 청종하여 지키는 동안 이 여덟 가지 복을 만끽하였다. 그러나 하나님이 내려주신 복에 눈이 멀어서 그들은 하나님의 말씀을 멀리하기 시작했고, 그리고 그들은 마침내 말씀대로 살지 않았다! 그 결과 그들이 누리던 복을 남김없이 잃게 되었는데, 잃었을 뿐 아니라 이방인들의 손에 끌려가서 *디아스포라*의 비극적인 삶을 살았다.

이스라엘 백성이 한때 누렸던 복이 현세적이며 물질적이며 한시적이라는 사실을 뼈저리게 느끼고 있을 때, 그들의 메시야인 예수 그리스도는 다음의 여덟 가지 복을 제시하셨는데, 마치 실패한 모세의 복을 대치하는 것 같았다: 천국, 위로, 기업, 의로 배부름, 긍휼,

하나님을 봄, 하나님의 아들 및 천국 (마 5:3-10). 이 복은 모세를 통해 약속하신 복과는 전혀 달랐는데, 현세적이 아니라 내세적이며, 물질적이 아니라 영적이며, 한시적이 아니라 영원한 것이다.

그러면 어떻게 이런 복을 누릴 수 있는가? 예수 그리스도는 모세처럼 하나님의 명령을 지켜야 한다고 가르치지 않으셨다. 오히려 이런 복을 받을만한 사람이 되어야 한다고 하셨는데, 그런 사람에 대해서도 이렇게 묘사하셨다: 심령이 가난한 자. 애통하는 자. 온유한 자. 의에 주리고 목마른 자. 긍휼히 여기는 자. 마음이 청결한 자. 화평하게 하는 자. 의를 위하여 박해를 받는 자.

그런 사람은 하나님의 뜻을 깨닫고, 경험하고, 그리고 실천하는 삶을 사는 사람이다. 쉽게 설명하면, 팔 복의 핵심은 '내'가 얼마나 물질적인 축복을 받느냐가 아니라, '내'가 어떤 사람이 되느냐이다. 그러니까 하나님의 관심은 '나'에게 있지, '내'가 누릴 물질적인 복에 있지 않다. 다시 말해서, '내'가 하나님의 뜻에 맞는 사람이 되는 것이 진정한 복이라는 것이다.

바울 사도는 이런 복을 받을 수 있는 사람에 대해 이렇게 언급한다. "찬송하리로다! 하나님 곧 우리 주 예수 그리스도의 아버지께서 그리스도 안에서 하늘에 속한 모든 *신령한* 복을 우리에게 주시되" (엡 1:3). 이 말씀에 의하면, 신령한 복을 받을 사람은 '우리'이다.

그러면 '우리'는 누구인가? 바울 사도는 연이어서 '우리'를 설명하고 있는데, '우리'는 하나님의 아들들이고 (엡 1:5), 예수 그리스도의 피로 죄를 용서받은 사람들이고 (엡 1:7). 성령의 인 치심을 받은 사람들이다 (엡 1:13). 다시 말해서, 성자 하나님을 통해 구원받아, 성령 하나님이 내주하시는 성부 하나님의 자녀들이다.

하나님은 자녀들을 사랑하시기에, 그들에게 신령한 복을 내려주기를 원하신다. 그러나 그런 복을 받기 위하여 먼저 복을 받을 만한 그릇이 되어야 한다. 그러니까 하나님의 관심은 그들이 받을 물질적인 복이 아니라, 복을 받을 수 있는 그릇이다. 다시 말해서 하나님은 그 자녀들이 복을 받을 만한 그릇이 되기를 원하신다.

결국, 하나님의 복은 하나님의 사람이 되는 것을 뜻하는데, 이런 복을 본질적 복essential blessing이라고 한다. 그러나 하나님의 자녀들 가운데는 그들이 복을 받을 만한 그릇으로 변화되는 것에는 관심 없고, 오직 물질적인 복, 곧 부수적 복concomitant blessings에만 관심이 있다. 그들은 하나님의 사람으로 변화하는 중요한 일에는 관심이 없는 것 같다. 부수적 복은 있다가 없어질 수 있는 한시적인 것인데도 말이다.

바울 사도는 하나님의 뜻을 깨달아, 하나님의 그릇이 되려고 매진한 사람이었다 (빌 3:7-14). 그가 부수적인 복을 추구했다면, 그처럼 귀한 인물이 되어 귀하게 쓰임 받지 못했을 것이다.

술과 담배는?

그리스도인들 가운데는 가나안 혼인 잔치에서 물을 포도주로 바꾸신 예수님을 인용하면서 술을 마시는 사람들도 있다. 그뿐 아니라, 술을 거부할 경우 사회생활에 막대한 지장을 초래하기에 술을 끊을 수 없다고 주장한다. 그 외에도 불신자들과 어울려서 술을 마심으로 전도의 기회를 포착할 수 있다는 궤변까지 늘어놓는다.

유대인은 포도주를 하나님이 허락하신 복으로 여겼다 (신 11:14). 이처럼 축복의 상징인 포도주를 사용하면서 하나님의 복을 누린 경우가 종종 있었다. 예를 들면, 전쟁에서 돌아오는 아브람에게 제사장인 멜기세덱이 '떡과 포도주'를 대접하였다 (창 14:18).

그처럼 포도주로 승리의 기쁨을 나눈 배경을 염두에 둔 듯, 예수님도 물을 포도주로 바꾸셨다. 혼인 잔치에 참석한 모든 사람이 결혼의 기쁨을 함께 나누면서 즐거워하게 하기 위함이었다. 그러나 한국의 문화는 다르다. 한국에는 유대인처럼 포도주를 하나님의 복으로 여기면서 사용된 종교의식은 없었다.

기독교가 한국 땅에 들어올 당시 많은 사람들이 학정에 시달리면서 가난에 찌든 생활을 하였다. 그들은 탐관오리들의 횡포에 곡물과 자녀들을 빼앗겼다. 그들은 소망 없는 삶을 영위하면서 자포자기의 심정이 되어 술을 달고 살았다. 물론 잔치에서 기쁨의 표시로 술이 등장했지만, 대부분 그 잔치 술을 지나치게 마셨다.

그리스도인은 술 문제에 대한 하나님의 말씀을 들어야 한다. 구약성경에서 포도주는 하나님의 복으로 여겨졌지만, 하나님은 술에 취하는 작태를 허용한 적이 없으셨다. 하나님은 포도주를 '혼합한 술'이라고 하면서 금하셨고 (잠 23:30), '독주'라고 하면서 술에 취하지 말라고 하셨다 (사 28:7). 하나님은 포도주를 '진노의 술잔'이라고 하면서 정죄하셨고 (렘 25:15), 지도자들이 '술의 뜨거움으로 병'이 난다고 하셨다 (호 7:5). 신약성경에서는 '술에 취하지 말라'는 명령이 주어졌다 (엡 5:18).

술과 친숙한 사람은 재정을 낭비할 뿐 아니라 몸도 망가뜨린다. 어떤 그리스도인은 10년 동안 술을 멀리하면, 집을 살 수도 있다고 한다. 물론 돈만으로 따지면 집값이 되지 않겠지만, 술을 멀리할 때에 자연스럽게 따르는 건강한 몸, 마음의 여유, 도덕적인 고결, 창조적인 사고, 좋은 사람들과의 교제 등이 결합하여 집을 사고도 남을 수 있다. 그런데도 왜 한국인들은 술을 그렇게 많이 마시는지 모르겠다.

불신자들과 같이 술을 마시면서 전도한다는 것은 있을 수 없다. 불신자들이 기독교에 끌리는 것은 술 때문이 아니라, 성도의 높은 도덕성, 탁월한 업무 능력, 신앙적 인격 때문이다. 포로로 잡혔던 다니엘을 보라! 만일 그가 왕이 내리는 음식과 술을 즐겼다면, 그는 결코 영향력을 갖는 신앙인이 되지 못했을 것이다. 그러나 그런 것을 거부한 결과 마침내 이방의 왕에게도 전도할 수 있었다.

담배는 성경이 완성된 후에 나타난 사회악으로, 하나님의 말씀에는 언급되지 않기에 성경의 일반적인 원리로 접근해야 한다. 그리스도인의 몸은 성령의 전이다 (고전 6:19). 결국, 그리스도인의 몸은 인간적으로는 자신의 것이지만, 영적으로는 하나님의 것이다. 그는 그처럼 고귀한 몸을 잘 관리해야 하는 청지기이다. 그런데 그 몸을 더럽히고 망가뜨리는 독성의 담배를 피우다니 결코 있을 수 없는 일이다.

TV에 나온 프로그램을 옮겨보자. 어항 두 개에 금붕어를 넣은 후, 그 어항들을 헝겊으로 덮었다. 한 어항에는 헝겊 위에 담배를 놓았다. 그리고 두 어항에 덮은 헝겊에 물을 부었다. 담배를 통과한 물에 있던 금붕어는 5분도 지나지 않아서 죽었다. 얼마나 무서운 사실인가? 담배는 그리스도인의 몸을 망가뜨린다. 그리스도인이 담배로 자신의 몸을 망가뜨릴 수는 없지 않은가?

19

수치감과 죄의식은 어떻게 다른가?

죄를 용서받아 거듭난 그리스도인도 시시때때로 수치감이나 죄의식에 빠지는데, 그 이유는 하나님과의 말씀을 어겼기 때문이다. 아담과 하와는 하나님의 명령에 불순종하여 수치감과 죄의식에 빠졌다. 수치감은 그들이 벌거벗은 사실에 대해서 부끄럽다는 느낌이고, 죄의식은 하나님의 말씀을 어겼다는 의식 때문에 갖게 되는 느낌이다. 그러니까 죄의식과 수치감은 다르지만 서로 긴밀하게 연관되어 있다.

예를 들어서 그 차이를 알아보자. 어떤 그리스도인이 새벽기도를 강조하는 교회를 다니는데, 너무 피곤해서 늦잠을 잤다고 하자. 그는 그 '잘못'에 대하여 갈등을 느끼는데, 그것은 수치감, 곧 스스로 느끼는 부끄러운 감정이다. 하나님은 새벽기도회에 반드시 참석해야 한다는 명령을 주신 적이 없기 때문이다. 반면, 그가 주일예배에 빠지면, 수치감이 아니라 죄의식에 빠진다. 주일예배는 하나님이 제정하신 명령이기 때문이다.

그렇다! 죄의식은 절대자인 하나님과의 말씀 때문에 생긴다. 아무도 모르게 하나님이 금하신 도적질을 했다고 하자. 그 사람은 즉시 죄의식에 사로잡히는데, 하나님의 객관적인 법을 어겼기 때문이다. 그가 느끼는 죄의식은 하나님이 아실 뿐 아니라, 반드시 그 죄에 대하여 책임을 추궁하신다는 두려움 때문에 생기는 것이다. 실제로 그런 죄의식 때문에 그는 그 죄를 회개하고 다시 하나님에게로 돌아올 수 있다.

반면, 그는 수치감을 별로 느끼지 않을 수도 있다. 아무도 그의 도적질을 알지 못하기 때문이다. 그뿐 아니라, 그에게 '정당한' 이유가 없는 것도 아니다. 배고프니까 그랬지! 다른 사람들은 훨씬 더 악한 죄를 짓고도 잘 살아가는데, 내가 지은 죄 정도야 별것 아니야! 이런 이유를 대면서 넘어갈 수 있다. 그러나 불행하게도 다른 사람들이 그 도적질을 알게 되면 수치감을 느끼게 되며, 그 수치감 때문에 그 사람들을 피하게 된다. 다시 말해서, 수치감으로 인해 인간관계가 어그러진다는 말이다.

그렇지만 죄의식은 다르다! 그 도적질이 하나님의 말씀에 어긋난다는 것을 알기에 죄의식을 갖는다. 그러다 불행하게도 다른 그리스인들이 그 사실을 알게 되면, 그는 둘 중 하나를 택할 것이다. 하나는 그들을 멀리하며 교제를 끊는 것이고, 또 하나는 그들에게 그의 잘못을 고백하는 것이다. 만일 그가 후자를 택했다면, 그리스도인들도 그를 용서할 것이다. 그들은 용서와 사랑의 띠로 묶이어서 보다 깊은 사귐을 나누게 될 것이다.

결국, 죄의식은 한편 하나님에게로 돌아오게 하며, 또 한편 다른 그리스도인들과 깊은 차원의 교제로 인도할 수 있다. 그뿐 아니라, 자신에게도 치유를 가져다줄 수가 있으며, 다시는 도적질을 하지 않는 보다 깊은 차원의 신앙생활로 들어가게 할 수 있다.

그러나 수치감은 다르다! 수치감은 치유와 사귐 대신에 고통과 고독을 안겨준다. 간단히 말해서 수치감은 양심의 가책이지만, 죄의식은 하나님의 말씀을 어겨서 생기는 느낌이다.

죄의식은 신앙생활에 없어서는 안 될 중요한 느낌이다. 하나님의 말씀을 절대적인 기준으로 삼는 그리스도인은 시시때때로 죄의식을 갖는다. 그 이유는 간단하다! 하나님의 명령을 시시때때로 어기기 때문이다. 그러나 그렇게 어길 때, 그를 어김없이 찾아오는 죄의식 때문에 그는 멀리 갈 수도 없다. 그가 아무리 멀리 간다 해도, 거기에서도 하나님은 그의 잘못을 지적하시기 때문이다.

이처럼 중요한 죄의식에 시달리지 않는 자칭 그리스도인도 있는데, 그 이유는 하나님의 말씀이 그의 인생을 지배하지 못하기 때문이다. 그런 명목상의 신자는 하나님 앞에서 책임의식도 없이 마음대로 살아간다. 그러므로 종종 죄의식에 시달리는 그리스도인은 성경적인 신앙인이다!

20

뱀을 집어도 괜찮은가?

그리스도인들 가운데는 평상시에 뱀을 집거나 예배 중에 독사를 만져도 아무런 해를 받지 않는다고 주장하는 사람들이 있다. 그들은 그들의 신앙이 성경에 근거를 두기에 정상적이라는 긍지를 가지기도 한다. 그런 주장을 실천함으로 교회의 지도자들이 되기도 한다. 그들이 그런 주장을 하는 근거는 마가복음의 지상명령이다. 그 명령은 두 가지로 나뉘는데, 하나는 "너희는 온 천하에 다니며 만민에게 복음을 전파하라"이다. 또 하나는 "믿는 자들에게는 이런 표적이 따르리니, 곧 그들이 내 이름으로 귀신을 쫓아내며 새 방언을 말하며, 뱀을 집어올리며 무슨 독을 마실지라도 해를 받지 아니하며, 병든 사람에게 손을 얹은즉 나으리라"이다 (막 16:15-18).

뱀을 집어도 해를 받지 않는다고 주장하는 그리스도인들은 예수 그리스도가 직접 그 말씀을 하셨기에 사실일 수밖에 없다고 주장한다. 주님의 능력이 그들 위에 있기에 복음을 전할 때, 여러 가지 표적이 따르는 것은 너무나 당연하다는 주장이다. 이런 주님의 말씀 때문에 믿고 구원받은 그리스도인들은 반드시 그런 표적들이 따라야 한다고 주장하기도 하다.

그뿐 아니라, 그렇게 주장하는 그리스도인들은 바울 사도를 실례로 든다. 그가 탄 배가 파선하는 바람에 그와 일행이 멜리데라는 섬에 불시착한 적이 있었다. 원주민들이 그들을 위하여 불을 피워주었을 때, 바울 사도가 나무들을 불에 넣자 그 속에 있던 독사가 그의 손을 물었다. 그렇지만 그는 아무런 해도 받지 않았다. 그런 표적 때문에 멜리데섬에서 그와 일행은 석 달이나 편안하게 지낼 수 있었다 (행 28:1 이하).

그러나 그런 주장은 예수 그리스도의 말씀을 잘못 해석하고 적용해서 생긴 오류이다. 그분은 부활하신 후, 승천하시기까지 제자들을 열 번이나 만나주셨다. 그중에서 다섯 번의 만남에서는 특별한 명령을 주셨는데, 곧 지상명령이다. 그 명령은 사복음서의 마지막 부분과 사도행전 첫 장에 기록되어 있다. 위의 주장은 그 가운데서 마가복음에 포함된 것이다.

이 말씀에 포함된 주님의 지상명령을 구분하면, 그처럼 곡해와 혼동을 반복하는 실수를 범할 필요가 없다. 그분이 제자들에게 내리신 지상명령은 한 마디로 복음을 모든 사람에게 전하라는 것이며, 그 말씀만이 지상명령이다! 그 뒤에 따르는 말씀은 명령이 아니라, 그 명령에 첨가해서 부수적으로 따를 수도 있는 것들이다. 다시 강조하거니와, 온 천하에 있는 모든 사람에게 복음을 전파하는 것만이 명령이다.

그런 주님의 지상명령에 순종하는 사람들이 복음을 전할 때, 사람들은 둘 중 한 가지로 반응하는데, 하나는 적극적인 반응이고 또 하나는 소극적인 반응이다. 적극적인 반응은 믿고 세례를 받는 것이며, 소극적인 반응은 복음을 거부하는 것이다. 믿고 세례를 받는 사람들은 구원을 받으나, 믿지 않는 자들은 정죄를 받는다.

제자들은 '만민에게 복음을 전파하라'는 명령에 순종해서 실천해야 하나, 그 복음에 대한 반응은 그들의 몫이 아니다. 다시 말해서, 사람들의 반응은 명령이 될 수 없다는 말이다. 제자들은 '…온 천하에 다니며 만민에게 복음을 전파하라'는 지상명령에 순종하기만 하면 된다. 그렇게 순종할 때, 표적들이 따를 수도 있고 따르지 않을 수도 있다.

표적들이 따르면 그것은 전적으로 하나님의 은혜이다. 그러나 표적들이 따르지 않아도 복음이 전해졌기에 그것도 역시 하나님의 은혜이다. 실제로 표적들이 전혀 나타나지 않아도, 예수 그리스도가 죄인들을 위하여 십자가에서 죽으셨다가 그들의 의로움을 위하여 다시 살아나셨다는 놀라운 복음이 전해진다면, 그것은 하나님의 은혜이다. 그리고 그 복음을 들은 사람들 가운데 믿고 세례를 받아 구원을 받았다면, 그보다 더 큰 표적은 없을 것이다.

*앎*은 얼마나 중요한가?

'앎'은 인생의 방향을 바꿀 수 있을 만큼 중요하다. 사람들이 '앎'을 위하여 그렇게 많은 시간과 물질과 정력을 바치는 걸 보아도 그렇다. 그렇게 축적된 '앎'을 기반으로 사람들은 좋은 대학과 번듯한 직장을 얻으며, 남부럽지 않은 인생을 산다. 이런 '앎'은 머리에 축적된 지식이다.

이런 '앎'과는 전혀 다른 '앎'이 있는데, 그것은 사람과 관계를 맺는 '앎'이다. 이 '앎'도 인생의 방향을 바꿀 수 있을 만큼 중요하다. 훌륭한 인물을 아는 사람은 좋은 사람이 될 수 있으나, 반대로 악한 인물을 알고 관계를 맺으면 나쁜 사람이 되기 쉽다.

베드로를 실례로 들어보자. 그는 무식하고 가난한 어부였으나 예수 그리스도를 알고 관계를 맺었기에, 역사적으로 그처럼 탁월한 인물이 되었다. 그의 전도로 유대인들과 이방인들이 최초로 구원을 받았다. 그뿐 아니라, 성경도 두 권이나 저술했다.

이처럼 관계를 맺어서 영향을 받는 '앎'을 헬라어로는 *기노스코*라고 한다. 그렇다! 베드로는 예수 그리스도를 이렇게 알았기에 그처럼 큰 인물이 되었다. 아무도 끊을 수 없는 관계로 이어진 '앎'이었다. 그런데 그가 예수님을 '알지' 못한다고 세 번씩이나 부인한 적이 있었다 (마 26:70, 72, 74). 그가 '알지' 못한다고 하면서 사용한 동사는 오이다였다.

이 단어는 머리에 축적된 앎이다. 비록 그가 그분을 알지 못한다고 세 번씩이나 부인했지만, 그들의 관계는 끊어지지 않았다. 그런 관계를 맺게 한 앎(기노스코) 때문이었다. 그 앎 때문에 그는 회개했고, 그리고 그렇게 위대한 그리스도인이 된 것이다.

예수 그리스도는 이처럼 끊으려 해도 끊을 수 없는 관계를 맺어준 앎의 중요성을 아시기에 이렇게 말씀하신 적이 있었다. "나는 선한 목자라 나는 내 양을 알고 양도 나를 아는 것이, 아버지께서 나를 아시고 내가 아버지를 아는 것 같으니 나는 양을 위하여 목숨을 버리노라" (요 10:14-15).

이 말씀에서 '안다'는 동사가 네 번 나오는데, 모두 관계를 강조하는 앎이다. 하나님 아버지와 예수님의 관계는 절대로 끊을 수 없는 영원한 것이다. 마찬가지로, 예수님이 양을 아시고, 양이 그분을 아는 관계도 끊을 수 없는 영원한 것이다. 그런 관계 때문에 그분은 그 양을 위하여 목숨까지 버리신 것이다. 얼마나 놀라운 앎이며 관계인가!

요한복음에는 이런 두 종류의 앎이 여러 번 나오는데, 그중 두 곳만 인용해보자. 첫째는 니고데모가 예수님 앞에서 한 말이다. "우리가 당신은 하나님께로부터 오신 선생인 줄 아나이다" (요 3:2). 그가 말한 앎(오이다)은 지적인 것이다. 그 앎 때문에 그는 거듭났는가? 물론 아니다! 머리에 축적된 앎도 중요하나, 그 앎 때문에는 거듭나지 못한다. 그런 까닭에 예수님은 니고데모에게 거듭나야 한다고 세 번씩이나 반복해서 말씀하셨다 (요 3:3, 5, 7).

둘째는 예수님이 기도하시면서 하신 말씀이다. "영생은 곧 유일하신 참 하나님과 그가 보내신 자 예수 그리스도를 *아는* 것이니이다" (요 17:3). 이 *앎*은 머리로만 아는 것이 아니라, 관계를 맺는 *앎*이다. 그렇다! 성령의 내주를 통해 그분을 알고 관계를 맺은 사람은 영생을 얻은 것이다. 그는 그 영생을 현세에 누릴 뿐 아니라, 내세에서도 누릴 것이다. 얼마나 놀랍고도 신비한 *앎*인가!

*앎*이란 동사가 던져주는 메시지는 분명하다. 사람은 예수 그리스도에 대한 지적인 *앎*만으로는 거듭날 수 없다. 물론 그 지적인 *앎*의 단계를 거쳐야 하지만, 결국 인격적인 관계를 맺는 *앎*으로 들어가야 한다. 그런 *앎*을 위해선 거룩하신 하나님 앞에서 죄인이라는 사실을 고백해야 한다. 그다음, 그의 모든 죄를 위하여 구속의 죽음을 겪으신 예수 그리스도를 구주로 영접해야 한다. 그렇게 할 때, 그는 예수님을 알게 되어 인격적 관계를 맺게 된다.

22

*진리*와 *나무*의 공통점은?

진리와 나무는 아무 관계도 없는 별개의 두 단어인데, 놀랍게도 여러 가지 공통점을 가지고 있다. 첫 번째 공통점은 영어에서 어원이 같다는 것이다. 진리의 어원은 treowe이며, 나무의 어원은 treow이다. 이 두 단어의 다른 점은 진리에 e가 더한 것뿐이다. 세월이 흐르면서 이 단어들이 현재의 true와 tree로 진화했다.

두 번째 공통점은 진리와 나무가 똑같이 역사가 깊다는 것이다. 진리의 시발은 인간의 창조부터 시작되었다고 할 수 있다. 인간이 존재하지 않으면 그 인간에게 진리도 존재하지 않기 때문이다. 마찬가지로 나무도 오랜 역사를 갖는다. 나무는 인간보다 먼저 있었는데, 나무는 셋째 날에, 인간은 여섯째 날에, 각각 창조되었기 때문이다 (창 1:11, 26). 스웨덴에는 근 10,000년이 되는 나무가, 그리고 미국에는 5,000년이 되는 나무가, 각각 건재한다.

세 번째 공통점은 진리와 나무는 아주 작게 시작되었다는 것이다. 두말할 필요도 없이 진리는 하나님의 말씀이다 (고후 6:7). 그 진리의 말씀이 근동에서 시작되었을 때, 누구도 귀를 기울이지 않앉다. 그러나 그 진리는 세월과 함께 커지더니, 이제는 수많은 사람들을 품고 있다. 나무도 마찬가지이다. 처음에는 잘 보이지도 않는 작은 씨로 시작하나, 그 씨가 자라서 거대한 나무가 되면 많은 새들과 동물들을 품는다. 예수님도 이렇게 말씀하셨다. "천국은 마치 사람이 자기 밭에 갖다 심은 겨자씨 한 알 같으니, 이는 모든 씨보다 작은 것이로되 자란 후에는 풀보다 커서 나무가 되매 공중의 새들이 와서 그 가지에 깃들이느니라"(마 13:31-32).

네 번째 공통점은 진리와 나무는 선한 영향력을 갖고 있다는 것이다. 나무는 사막을 변화시킬 수 있으며, 진리는 사막과 같은 인간의 마음을 변화시킬 수 있다. 사막에 나무를 심으면, 그 사막은 옥토로 변화되어 동물과 사람들의 안식처가 된다. 사막과 같은 인간의 마음에 진리를 심으면, 그 마음에 아름다운 꽃들이 피어나서 주변의 사람들에게 좋은 삶을 보여준다.

다섯 번째 공통점은 진리와 나무가 악을 대항하며 제거한다는 것이다. 나무가 어떻게 악을 제거하는가? 공기가 오염된 곳에 나무를 많이 갖다 심으면 공기가 깨끗해진다. 그 이유는 나무가 공기를 오염시킨 이산화탄소를 흡수해서 그 조직에 저장하기 때문이다. 나무는 많은 양들의 이산화탄소를 흡수해 광합성 작용으로 산소를 배출하여 오염된 공기를 정화시킨다.

진리는 어떻게 악을 대항하며 제거하는가? 진리는 사람을 악으로부터 멀리하게 하는 능력이 있다. 다시 말해서, 진리는 악한 사람을 변화시켜서 성결하게 만든다. 그렇게 변화된 사람들이 많아지면 자연스럽게 사회의 악을 대항하며 또 제거한다. 예수님도 제자들을 진리로 거룩하게 해 달라는 기도를 하신 적이 있다 (요 17:17). 이

기도에서 '그들'은 예수님을 3년이나 따르던 제자들이었다. 그뿐 아니라, 그 제자들을 통해 진리를 따르게 된 사람들도 그들처럼 거룩한 삶을 영위하도록 기도하셨다 (요 17:19-20).

여섯 번째 공통점은 진리와 나무는 그들을 품는 것들의 가치를 올려준다. 정원에 나무가 가득하면 그 집의 가치가 올라간다. 마찬가지로 진리를 품은 사람들의 가치도 한없이 올라간다. 무식했던 베드로가 진리를 품자 그의 가치는 필설로 묘사할 수 없을 만큼 커졌다. 그 진리의 엄청난 선한 영향력 때문이다.

그렇다면 도대체 진리는 무엇인가? 영원하면서도 변하지 않는 진리는 예수 그리스도이신데, 그분의 말씀대로이다. "내가 곧 길이요 진리요 생명이니…" (요 14:6). 진리이신 그분을 품으면 나무처럼 악을 대항하며, 주변에 선한 영향력을 발휘하는 진정으로 가치 있는 삶을 살게 된다.

03

교회생활

23

어떤 *교회*를 선택해야 하는가?

그리스도인에게 교회의 선택은 대단히 중요하다. 그렇다면 교회 선택의 기준은 무엇인가? 오순절에 탄생한 예루살렘교회는 교회선택의 기준이 될 수 있다. 그 교회는 성령으로 충만한 최초의 이상적인 교회이기 때문이다. 그 교회의 사역을 말씀에서 찾아보자. "그들이 사도의 가르침을 받아 서로 교제하고 떡을 떼며 오로지 기도하기를 힘쓰니라"(행 2:42).

예루살렘교회는 네 가지 사역에 힘썼는데, 첫 번째는 '사도의 가르침'이었다. 교회는 주님으로부터 직접 배운 사도들의 가르침 위에 세워졌다. 교회가 사도적 교회라고 불리는 이유이다. 교회는 사도의 가르침에 치중해야 하는데, 가르침의 내용은 물론 하나님의 말씀이다.

설교가 강해 설교라면 이상적인데, 말씀을 풀어가는 설교이기 때문이다. 그뿐 아니라, 교인들에게 말씀을 가르쳐서 그 말씀에 깊이 들어가게 해야 한다. 한발 더 나아가서, 교인들이 그 말씀을 삶의 현장에서 적용할 수 있도록 돕는 교회는 좋은 교회이다.

두 번째 사역은 성도들의 '교제'였다. 성도들은 몸을 이루고 있는 지체들이며, 따라서 지체들 사이에 긴밀한 교감이 생기기 마련인데, 그것이 바로 교제이다. 한 몸에 연결되고 결합되어 있는 지체들인 그리스도인들이 서로를 위해 기도하며, 끌고 밀어주며, 웃고 울며, 함께 삶을 나누면서 교제하는 교회는 좋은 교회이다.

세 번째 사역은 '떡을 떼는' 것이었다. 떡을 뗀다는 것은 성찬식을 가리키나, 넓은 의미에서 예배를 가리키기도 한다. 교회의 선택에서 예배는 매우 중요하다. 그 예배가 은혜로운가? 교인들이 예배에 참여하는 자세가 적극적일 뿐 아니라, 예배를 통하여 보람과 소망을 느끼는가? 새로운 사람들을 끌어들이는 예배인가? 더군다나 예배 중 하나님의 말씀이 힘차게 전해진다면 그 교회는 좋은 교회이다.

네 번째 사역은 '기도'였다. 가르침은 하나님의 말씀을 받아들이는 것이나, 기도는 성도들이 말씀에 대한 반응으로 하나님께 그들의 마음을 아뢰는 것이다. 교인들이 이처럼 기도하기를 힘쓴다면 그 교회는 좋은 교회이다. 그러니까 좋은 교회는 말씀과 기도에서 균형이 이루어진다. 어떤 교회는 말씀을 강조하나 기도에 힘쓰지 않고, 어떤 교회는 기도엔 힘쓰나 말씀을 소홀히 하는데 그런 교회는 균형 잡힌 교회가 아니다.

교회를 선택하는데 이상의 네 가지 기준은 가장 핵심적이다. 그런데 예루살렘교회는 이 네 가지 사역에 힘썼지만, 동시에 그렇게 내적으로 축적된 힘을 외적으로 표출했다. 예루살렘교회는 외적으로 여러 가지 사역을 감당했는데, 그중 뚜렷한 두 가지 사역은 구제와 전도였다.

예루살렘교회는 교인들의 물질적 필요를 채워주었을 뿐 아니라,

교회 밖의 외인들의 필요에도 외면하지 않았다. 마찬가지로 교회는 사람들의 필요에 민감하면서 그들을 돕는다면, 그 교회는 좋은 교회이다. 결국, 교회는 그 교회가 자리한 지역사회와 그 사회의 필요에 손을 내밀어야 한다. 그 비전이 확대되면, 국가와 세계의 필요에도 눈을 뜨게 될 것이다.

그런데 사람들의 필요는 물질만이 아니라 영적인 면도 있기에, 그들의 영적 필요에도 관심을 가져야 한다. 누군가가 전도했기에 교회가 탄생 된 것처럼, 교회는 예수 그리스도를 통하여 하나님 앞으로 나오지 못한 사람들을 구원하기 위해 힘써야 한다. 교회의 사역을 통하여 시시때때로 구원받는 사람들이 있는가? 구원의 감격을 말로 또는 삶으로 간증하는 사람들이 종종 나타나고 있는가? 만일 그처럼 구원의 역사가 일어난다면, 그 교회는 좋은 교회이다.

이처럼 여섯 가지 사역을 수행하는 교회를 찾기란 쉽지 않을 것이다. 그러나 적어도 말씀과 기도가 강조되고, 종종 구원의 역사가 있는 교회는 좋은 교회이다. 만일 그 교회에 체계적인 교육과 제자훈련 프로그램이 있다면 금상첨화이다. 예루살렘교회가 교육과 훈련에 치중했던 것처럼 말이다!

24

한 교회에 정착해야 하는가?

많은 교인들이 이 교회 저 교회를 기웃거리면서 한 교회에 정착하지 못하고 있는데, 그 이유는 다양하다. 교회에서 실망과 좌절을 맛본 사람들, 지도자로부터 상처를 받은 사람들, 마음에 드는 교회를 찾지 못한다고 강변하는 사람들, 한 교회에 얽매이지 않으면서 다양한 설교를 듣는다고 자랑하는 사람들…!

그런 사람들은 교회의 본질을 곡해하고 있다. 교회는 근본적으로 건물이나 예배가 아니라 예수 그리스도를 통하여 거듭난 사람들이다. 그들이 '물과 성령'으로 거듭나는 순간, 그들의 마음속에 성령이 들어가신다. 그러므로 성령이 없는 사람들은 진정한 의미에서 그리스도인이 아니다. 바울 사도의 말대로이다. "…누구든지 그리스도의 영이 없으면 그리스도의 사람이 아니라"(롬 8:9).

거듭난 사람들은 다른 그리스도인들과 성령으로 엮어진 몸의 지체들이다. 바울 사도는 성령으로 일구어진 몸을 이렇게 묘사한다. "우리가 유대인이나 헬라인이나 종이나 자유인이나 다 한 성령으로 세례를 받아 한 몸이 되었고, 또 다 한 성령을 마시게 하셨느니라"

(고전 12:13). 이 말씀의 가르침은 분명하다. 첫째, 그리스도인들이 어느 민족의 사람이든 '유대인이나 헬라인'에 상관없이 한 몸을 이룬다. 둘째, 사회적 신분, '종이나 자유인'에 상관없이 한 몸을 이룬다. 셋째, 이처럼 민족과 신분을 막론하고 한 몸을 이루게 하신 분은 성령이시다. 그렇다! 거듭난 그리스도인들은 몸에 붙은 지체들이다. 바울 사도가 에베소서에서 표현했듯, 이 몸은 교회이다! '교회는 그의 몸이니…' (엡 1:23a).

몸은 많은 지체들로 이루어진다. 온전한 몸이 되기 위해서는 눈도 있어야 하고, 코, 입, 손, 발, 오장육부, 머리카락 등이 있어야 하는데, 바울 사도의 말이다. "몸은 하나인데 많은 지체가 있고 몸의 지체가 많으나 한 몸임과 같이 그리스도도 그러하니라" (고전 12:12). 모든 지체가 각자의 자리에 있으면서 유기적인 관계를 유지할 때 몸이 건강하다는 말이다.

교회인 몸은 당회, 제직회, 남녀전도회, 청년회 등으로 구성된 조직체이기 전에, 서로를 필요로 하는 유기체이다. 그 유기체를 이룬 지체들이 모이기 위해 조직과 건물이 필요한 것이다. 그러나 이 교회 저 교회를 찾아다니는 사람들은 교회가 조직체이기 전에 유기체라는 사실을 알지 못하는 것 같다.

그리스도인들은 몸의 지체로서 서로를 필요로 한다. 만일 눈이 너무 잘난 나머지 몸에서 떨어져 나가면, 그 눈은 더 이상 눈이 아니다. 기능은 눈일지 몰라도 실제로는 죽은 눈과 마찬가지이다. "눈이 손더러 내가 너를 쓸 데가 없다 하거나 또한 머리가 발더러 내가 너를 쓸 데가 없다 하지 못하리라" (고전 12:21).

몸의 지체가 된 그리스도인들은 서로를 돌아볼 거룩한 특권과 책임이 있다. 사도 바울도 이렇게 강조한다. "몸 가운데서 분쟁이 없고 오직 여러 지체가 서로 같이 돌보게 하셨느니라"(고전 12:25). 서로를 돌보는 특권은 지역 교회에 소속될 때만 가능하다. 지역 교회에 속하지 않은 사람들은 서로를 돌아보라는 임무를 의도적으로 거부한 명목상의 신자에 지나지 않는다.

한 교회에 정착하지 못한 신자들은 몸을 떠난 지체와 같다. 몸을 떠난 지체는 살아있는 것 같으나, 실상은 죽은 것이나 다름없다. 그렇다! 지역 교회에서 삶을 공유하지 못하는 신자들은 잘난 것 같으나 성경의 가르침을 거부하는 사람들이다. 그런 사람들은 다른 지체들과 인생의 희로애락을 함께 나누는 풍요로운 삶을 누리지 못한다. 교회의 본질을 이해하지 못한 별로 쓸모없는 오합지졸로서, 하나님의 말씀을 정면으로 거부한 사람들이다. 그리스도인이라면 반드시 한 교회에 정착해야 한다.

25

왜 *안식일*이 아닌 주일에 예배를 드리는가?

유대인은 안식일인 토요일에 예배를 드리나, 우리는 주일에 예배를 드린다. 그러면 예배의 날이 왜 안식일인 토요일에서 주일로 바뀌었는가? 그 이유를 찾아보기 위하여 유대인의 절기 중 주일의 중요성을 알려주는 두 절기, 곧 '첫 이삭 절기'와 '오순절'을 보자.

먼저, '첫 이삭 절기'는 봄의 세 절기--유월절, 무교절 및 첫 이삭 절기--중 마지막 절기이다 (레 23:5-14). 유대인의 유월절은 예수 그리스도의 죽음을 가리키는 모형이며, 무교절은 그분의 무덤을 가리키는 모형이다. 그런데 첫 이삭 절기는 그리스도 예수가 죽은 지 삼 일만에 다시 사신 부활을 가리키는 놀라운 모형이다. 마치 낟알이 땅에 묻혀 죽은 후 새로운 생명, 곧 이삭이 나오는 것처럼 말이다.

첫 이삭 절기에 대해 레위기는 이렇게 묘사한다. "…너희는 내가 너희에게 주는 땅에 들어가서 너희의 곡물을 거둘 때에 너희의 곡물의 첫 이삭 한 단을 제사장에게로 가져갈 것이요, 제사장은 너희를 위하여 그 단을 여호와 앞에 기쁘게 받으심이 되도록 흔들되 안식일

이튿날에 흔들 것이라"(레 23:10-11). 여기에서 '첫 이삭 한 단'은 한 해에 거두어들이는 최초의 보리 단을 가리킨다. 부활의 계절인 초봄에 죽음을 거쳐서 새 생명으로 태어난 곡물 단이다.

보리 낟알들이 땅에 묻혀서 죽었다가 다시 새 생명으로 나와서 '첫 이삭 한 단'이 된 것처럼, 예수 그리스도도 죽음을 거쳐서 부활하셨다. 그런데 역사적으로 죽었다가 이처럼 부활한 사람은 일찍이 없었다. 그리스도 예수만이 인류 역사상 최초로 부활하신 분이 되셨다. 문자 그대로 그분은 부활의 '첫 이삭 한 단'이었다. '첫 이삭 한 단'이라는 묘사를 거의 그대로 사용하면서 바울 사도는 예수 그리스도의 부활을 '첫 열매'라고 했다.

"그러나 이제 그리스도께서 죽은 자 가운데서 다시 살아나사, 잠자는 자들의 첫 열매가 되셨도다"(고전 15:20). 구약성경에서 묘사된 '첫 단'과 신약성경에서 묘사된 '첫 열매'는 같은 내용이다. 결국, 유대인도 그리스도의 부활을 가리키는 '첫 이삭 절기'를 안식일 이튿날, 곧 주일에 지켰다. 그것이 시사하는 바는 큰데, 그리스도의 부활 때문에 거듭난 그리스도인들은 주일에 부활하신 그분에게 예배를 드리기 때문이다.

그다음, 오순절을 보자. '오순절'은 첫 이삭 절기 이후 50일째 되는 날 지키는 절기인데, 그날도 역시 안식일 이튿날, 곧 주일이다. 다시 레위기를 보자. "안식일 이튿날 곧 너희가 요제로 곡식 단을 가져온 날부터 세어서 일곱 안식일의 수효를 채우고, 일곱 안식일 이튿날까지 합하여 *오십 일*을 계수하여 새 소제를 여호와께 드리라"(레 23:15-16). '오십 일'이 오순절을 가리키는 이유는 분명하다.

오순절_{五旬節}은 10을 뜻하는 순_旬이 다섯 번 있기에 50일을 가리킨다. '첫 이삭 절기' 이후 50일째 되는 날도 안식일 이튿날, 곧 주일이었다. 그 오순절 날에 성령이 강림하셨는데, 그때부터 교회가 시작되었다. 성령의 강림으로 인하여 성령의 시대가 시작되었지만, 동시에 교회의 시대가 되었다는 말이다. 그때부터 하나님은 교회를 통해 역사하기 시작하시면서, 하나님의 나라가 유대 중심에서 교회 중심으로 바뀌었던 것이다.

오순절 날 성령의 강림으로 다락방에 있던 120명의 성도가 모두 성령의 충만함을 받았다 (행 2:1-4). 그들은 곧바로 복음을 전하여 그날 3,000명이나 믿게 되었다 (행 2:41). 그 즉석에서 그들을 구원하기 위하여 십자가에서 죽으셨다가 안식일 이튿날, 곧 주일에 부활하신 예수 그리스도를 경배하며 예배를 드렸다. 그때부터 교회는 자연스럽게 그리고 당연히 안식일 이튿날, 곧 주일에 모여서 예배를 드리게 되었다. 바울 사도도 이것을 확인하였다. "매주 첫날에 너희 각 사람이 수입에 따라 모아 두어서 내가 갈 때에 연보를 하지 않게 하라" (고전 16:2).

26

주일예배에 빠질 수 있는가?

그리스도인들이 주일에 교회에서 예배를 드리는 것은 너무나 당연하다. 그들이 그렇게 예배를 드릴 때 부활하여 살아 계신 예수 그리스도가 그들 가운데 임하신다. 그분의 임재로 인하여 예배의 의미도 클 뿐 아니라, 성도들이 받는 은혜도 크다. 어떤 때는 그 은혜가 너무나 커서 눈물을 흘리며 예배를 드리는 성도들도 있다. 또 어떤 때는 불신자들이 회개하면서 예수 그리스도를 그들의 구주로 받아들이기도 한다.

그리스도인들이 함께 모여 기도로, 말씀으로, 찬송으로 예배를 드릴 때, 삼위의 하나님, 곧 성부, 성자. 성령 하나님도 그 예배에 임하신다. 다른 말로 표현하면, 주일예배는 성도들의 모임이자 동시에 주님이 임하시는 영적 모임이다. 그런 예배에 흠뻑 빠져서 은혜를 받는 성도들은 신앙이 날로 성장한다. 그뿐 아니다! 그런 예배를 함께 드린 성도들 간에 특별한 교제가 일어난다. 이런 교제는 인간적이지만 동시에 신적^{神的}이다.

이처럼 중요한 예배를 강조하기 위하여 하나님의 말씀은 이렇게 권면한다. "모이기를 폐하는 어떤 사람들의 습관과 같이 하지 말고, 오직 권하여 그 날이 가까움을 볼수록 더욱 그리하자"(히 10:25). 이 말씀에 의하면 두 종류의 그리스도인들이 있는데, 하나는 모임을 우습게 여기면서 '모이기를 폐하는 자들'이고, 또 하나는 모임을 중요시하면서 '열심히 모이는 자들'이다. 하나님은 히브리서를 통해 '모이기를 폐하는' 그리스도인들을 꾸짖으며 모이기를 힘쓰라고 강하게 질타하셨다.

히브리서는 그리스도인들이 열심히 모여서 예배를 드려야 하는 이유도 제시했다. "우리가 마음에 뿌림을 받아 악한 양심으로부터 벗어나고 몸은 맑은 물로 씻음을 받았으니, 참 마음과 온전한 믿음으로 하나님께 나아가자"(히 10:22). 이 말씀은 모여야 하는 이유를 밝혔는데, 곧 죄를 용서받아 구원받았기 때문이다. '악한 양심'(구원받기 전의 양심)의 문제도 해결했고, 또 '맑은 물로 씻었으니'(거듭났으니), 모여야 한다는 권면이다.

그렇다면 모여서 무엇을 하란 말인가? 물론 위로는 하나님께 예배를 드리면서, 그분이 언젠가 그리스도인들을 데리러 오신다는 소망의 끈을 놓지 말아야 한다. "또 약속하신 이는 미쁘시니 우리가 믿는 도리의 소망을 움직이지 말며 굳게 잡아라"(히 10:23). 그뿐 아니라, 그들은 깊은 교제를 나누면서 "서로 돌아보아 사랑과 선행을 격려해야" 한다 (히 10:24). 결국, 주일예배는 위로 하나님께만 향하는 것이 아니라 서로에게로 향하는 것이다.

이런 두 가지 사실 때문에 그리스도인들은 반드시 주일예배에 참여해야 한다. 어떤 이유에서든지 주일예배에 빠지면 하나님의 뜻을 거스르는 행위이다. 그런데 이런 하나님의 뜻을 뻔히 아는데도 예배에 참석할 수 없는 경우가 생긴다. 갑자기 움직일 수 없을 정도로 아프거나, 부모님을 응급실로 모시고 가야 할 경우가 있다. 예배시간에 입사시험이 진행되기도 한다. 그런 경우 그리스도인은 주일예배에 빠져야 하는가, 아니면 입사시험을 포기해야 하는가?

만일 그 시험이 매주 반복된다면, 그리스도인은 거부해야 한다. 그러나 그 시험이 일회성에 국한된다면, 하나님께 그들의 입장을 사실대로 고하고 입사시험에 임할 수 있다. 그는 최선을 다해서 시험을 본 후, 주일 저녁 예배에 참석해야 한다. 그렇게 난처해진 그리스도인들을 위하여 토요일이나 금요일에 주일예배와 똑같은 예배를 드리는 교회도 생겨나기 시작했다.

바울 사도도 포로가 되어 로마로 가는 배에서 여러 번 예배에 참석하지 못했다. 그러나 하나님은 그를 사용해서 큰 역사를 일으키셨다 (행 27장). 그러니까 하나님은 당신의 자녀들이 처한 상황을 아시고 또 구체적으로 도우신다. 회사에 들어간 그리스도인은 주일예배 시간과 회사의 일이 겹칠 때, 당연히 예배를 선택해야 한다.

27
개신교에는 왜 *교파*가 많은가?

    교회는 근본적으로 조직체가 아니라 유기체이다. 유기체란 거듭난 그리스도인들로 이루어진 신앙공동체를 말한다. 그들은 성령의 인도를 받으면서 자유롭게 예배와 교제를 나눈다. 이처럼 유기체적인 특징을 강조하는 교회를 자유교회라고도 한다. 그들은 어떤 상위계급의 사람이나 상급 기관으로부터 지시나 명령을 받지 않는다. 그들의 주인은 예수 그리스도이시고, 또 그들을 구체적으로 인도하시는 분은 성령이시다. 그들이 강조하는 점은 바울 사도의 말대로 자유이다. "주는 영이시니, 주의 영이 계신 곳에는 *자유*가 있느니라"(고후 3:17).

    이런 자유교회의 특징은 구성원들의 신앙고백이 같다는 것이다. 신앙고백의 내용에는 많은 것들이 있지만, 적어도 세 가지는 같아야 한다. 첫째는 예수 그리스도의 구속적 죽음과 부활을 통하여 구원받는다는 고백이다. 둘째는 성경이 하나님의 말씀이라는 것을 전적으로 믿어야 한다. 셋째는 그리스도인들이 같은 성령으로 한 몸을 이룬 지체요, 형제자매라는 고백이다.

그런데 자유교회도 시대와 지역에 따라 그 특징과 강조점이 조금씩 달라진다. 민주화의 세찬 바람이 불어오던 영국 사회에서 태어난 교회는 자연스럽게 교회의 민주화를 강조하는 사람들로 이루어졌다. 그들에게 최종적인 권세는 하나님과 하나님의 말씀이지, 결코 왕이나 대주교가 아니었다. 그들이 세운 교회가 최후의 결정권을 갖는 자치적인 공동체였다. 그렇게 태어난 교회가 침례교회였다.

존 웨슬리의 시대에는 영국국교회가 지배하고 있었다. 그 교회의 목사인 웨슬리는 영적으로 방황하다가 예수 그리스도를 인격적으로 만났다. 그는 자신의 경험과 말씀을 토대로 사람들이 거듭나야 할 것을 강조했다. 그뿐만 아니라, 평신도는 설교도 할 수 없고 지도자도 될 수 없는 폐단을 과감히 극복하였다. 그는 평신도를 훈련해서 모임 인도는 물론 설교도 시켰다. 그렇게 평신도의 중요성을 강조하면서 태어난 교회가 감리교회였다. 침례교회나 감리교회는 자유교회이자 동시에 고백적인 교회였다. 그러나 이 두 교회의 배경과 강조점은 서로 달랐다. 그런 분명한 이유로 두 개의 다른 교파가 생겨난 것이다.

성령의 역사로 태어난 한국교회를 보자. 선교사가 한국에 처음 들어왔을 때, 많은 사람들이 소망을 찾을 수 없어서 자포자기의 심정으로 술과 담배에 찌들어 있었다. 그러나 그들 가운데 예수 그리스도를 믿는 사람들에게 새로운 소망이 주어졌다. 그 소망 때문에 그들은 기꺼이 술과 담배를 포기했다. 이런 배경 때문에 한국교회는 술과 담배를 엄히 금하는 청교도적인 형태를 취하게 되었다.

이제 개신교에는 왜 그렇게 많은 교파들이 있는지 이해가 된다. 그 교회들이 태어난 시대와 배경 때문이고, 또 성령의 역사로 그들이 받은 각기 다른 은혜와 경험 때문이다. 지금도 성령의 역사로 말미암아 새로운 교회가 탄생하고 있다. 그들은 자유교회이며, 고백적인 교회이다. 또 많은 사람들이 교회를 선택할 때, 각 교회의 강조점을 비교하여 각자가 편하게 느껴지는 교회를 선택할 수 있는 큰 장점이 있다.

반면, 천주교는 어떤가? 그 천주 교회는 유기체를 강조하기보다는 조직체를 강조한다. 그 조직체를 든든하게 만들려고 층층의 계급제도를 만들었다. 맨 꼭대기에 교황을 세운 다음, 그 밑에는 추기경, 다시 그 밑에는 대주교, 또 그 밑에는 주교, 그리고 신부와 명예 칭호인 몬시뇰이 있다.

그러나 시대에 따라 그 시대에 맞게 역사하시는 성령님! 그리고 장소와 사람에 따라 그 사람에게 가장 적합하게 역사하시는 성령님! 그렇게 태어난 수많은 자유교회들! 수많은 고백적 교회들! 얼마나 놀라운 은혜이며, 얼마나 놀라운 역사인가! 그 결과 여기저기에 생겨난 수많은 교파들! 그들은 이천년이나 된 큰 나무에 붙어서 많은 열매를 맺는 가지들과 같다.

28

개신교와 천주교의 *차이점은?*

    개신교와 천주교의 차이를 알려면, 마르틴 루터^{Martin Luther}의 가르침이 도움이 될 수 있다. 그는 오랫동안 천주교의 사제였으나, 두 가지 이유로 천주교에 반기를 들었다. 첫째는 '의롭다 하심'을 받은 그의 놀라운 경험 때문이었다. 그는 '오직 의인은 믿음으로 말미암아 살리라'는 말씀을 통하여 그처럼 괴로워하던 죄의 문제를 해결하였다 (롬 1:17).

    둘째는 천주교의 잘못된 가르침 때문이었다. 그가 그처럼 의롭다 하심의 은혜를 경험한 후, 새로운 안목으로 하나님의 말씀을 깨닫기 시작했다. 그리고 천주교의 가르침에 많은 모순들이 있다는 것을 발견할 수 있었다. 그가 발견한 천주교의 모순을 반박하며 전면에 내세운 주장이 세 가지인데, 그것들을 들여다보면 개신교와 천주교의 차이점을 쉽게 찾을 수 있을 것이다. 그 세 가지는 "오직 성경", "오직 은혜", "오직 믿음"이였다.

    왜 루터는 "오직 성경"을 내세웠는가? 천주교에서는 성경을 최종적인 권위로 인정하지 않기 때문이다. 물론 천주교에서도 성경을 중요하게 여기나, 그 성경의 해석과 적용을 교회의 권한으로 여기기에 실제로는 교회의 권위를 성경의 권위보다 위에 놓는 셈이 된다. 이런 잘못된 가르침은 심각한 오류를 양산했는데, 대표적인 오류는 교황의 무오성, 연옥설, 신성시된 마리아 등이다.

왜 루터는 "오직 은혜"를 내세웠는가? 이 가르침은 특히 성경적 구원론에 있어서 매우 중요하다. 천주교에서는 예수 그리스도를 믿을 뿐 아니라, 교회의 가르침에 복종하여 한편 계속해서 선행하며 또 한편 끊임없이 천주교의 의식을 지켜야 구원받는다고 한다. 그것도 모자라서 죽은 후에는 연옥에 가서 완전히 해결하지 못한 죄의 문제를 해결하고 정화되어야 천국으로 들어갈 수 있다고 한다. "오직 은혜"는 인간의 선행과 의식이라는 먼 여정과는 전혀 다른 것이었다.

루터는 두 가지 의를 가르쳤는데, 곧 외적 의와 내적 의였다. 외적 의는 올바른 행동과 선을 베푸는 행위를 통해서 달성할 수 있지만, 내적 의는 어떤 외적 행위로도 얻을 수 없다. 내적 의를 달성하기 위해서는 마음이 청결하고 완전해져야 하는데, 이런 의는 인간적으로는 달성할 수 없는 차원이다. 그러므로 내적 의는 "오직 은혜"로 다시 말해서, 하나님이 마련하신 방법을 통해서만 받을 수 있다. 그러므로 "오직 은혜"는 구원론의 재정립이라 할 수 있다.

왜 루터는 "오직 믿음"을 내세웠는가? 이 가르침은 구원이 인간의 노력으로 인하여 쟁취되는 것이 아니라, 선물로 받아들이면 된다는 사실을 강조하기 위해서이다. 그렇다면 무엇을 믿어야 하는가? 믿음에는 반드시 대상이 있어야 하기에 당연히 그런 질문을 하게 된다. 두말할 필요도 없이 믿음의 대상은 예수 그리스도이시다.

그분은 영원 전부터 하나님과 함께 계시다가 인류의 구원을 위하여 이 세상에 오신 분이다.

비록 예수 그리스도가 인간의 몸으로 이 세상에 오셨지만, 그분에게는 어떤 죄성도 없다는 사실을 인정해야 한다. 한발 더 나아가서, 그분은 인류의 모든 죄를 완전히 해결해주기 위하여 십자가에서의 죽음을 달게 받으셨다. 그리고 모든 죄가 용서되었다는 사실을 입증하기 위하여 죽은 후, 삼 일만에 다시 살아나셨다. 그 후에는 누구든지 그렇게 죽으셨다 다시 사신 예수 그리스도를 구주로 믿으면 죄를 용서받고 구원을 받는다.

이것은 천주교에서 자행되는 고해성사를 거부한 가르침이다. 예수 그리스도의 구속적 죽음으로 죄인들의 죄가 영원히 씻어졌기에 이제 그들은 죄인이 아니다 (히 9:12). 그리스도인들이 죄를 지으면, 하나님 아버지께 직접 자백하면 된다 (요일 1:9). 그 아버지는 자녀들의 죄를 용서하시고, 영적 관계의 유지를 원하시기 때문이다. 고해성사는 하나님이 아닌 인간에게 죄를 고백하는 치명적인 오류이다. 왜 인간이 죄성을 가진 인간에게 죄를 고백해야 하는가?

29

십일조를 꼭 해야 하는가?

십일조가 구약의 율법이기에, 신약성경의 가르침이 아니라고 주장하는 교인들도 있다. 그런데 실제로 십일조의 기원은 율법이 아니다. 십일조는 율법보다 훨씬 더 오래전부터 있던 신앙 행위였다. 성경에서 최초로 십일조를 드린 사람은 아브라함이었다. 그가 적군에 사로잡혔던 조카 롯과 재물을 되찾아 올 때, 그들을 맞이해준 사람들 가운데는 살렘 왕도 있었다.

살렘 왕인 멜기세덱은 하나님의 제사장이기도 했다. 그는 아브라함에게 '떡과 포도주를 가지고 나와서' 그를 축복하였다. "…지극히 높으신 하나님이여, 아브람에게 복을 주옵소서! 너희 대적을 네 손에 붙이신 지극히 높으신 하나님을 찬송할지로다…"(창 14:19-20a). 아브라함이 제사장 멜기세덱으로부터 육신의 양식과 영적 축복을 받고 감사한 마음으로 드린 것이 십일조였다. '아브람이 그 얻은 것에서 십분의 일을 멜기세덱에게 주었더라'(창 14:20b).

이 말씀에서 십일조의 두 가지 원리를 찾을 수 있다. 첫째 원리는 육신을 위한 양식이 하나님으로부터 주어졌다는 것이다. 물론 본문에서는 제사장 멜기세덱이 주었지만, 아브라함은 제사장의 손을 빌려서 하나님이 주셨다고 믿었다. 그 믿음은 멜기세덱의 기도에 포함되어 있었다. 전쟁터에서 지치고 굶주려서 돌아오는 아브라함에게 '복'이란 먹고 마시는 것이었는데, 멜기세덱은 축복의 기도만 해준 것이 아니라 '떡과 포도주'도 주었다. 그러니까 하나님은 멜기세덱을 사용하셔서 아브라함의 육신적 필요를 채워주셨다. 그 순간 먹고 마시는 문제는 다른 어떤 필요보다 시급한 '복'이었다.

둘째 원리는 전쟁의 승리도 하나님이 허락하셨다는 것이다. 아브라함이 평상시 훈련한 사람들을 데리고 간 것도 사실이었지만, 멜기세덱은 그 모든 일에 하나님의 도우심이 있었기에 승리하였다고 하면서 '지극히 높으신 하나님을 찬송'하였다. 이 사건을 통해서 보여준 두 가지 원리가 십일조의 기원이자 배경이다.

왜 십일조를 드려야 하는가? 먼저는 모든 필요를 하나님이 채워주시기 때문이다. 건강도, 직장도, 먹거리도 궁극적으로는 하나님이 주신다. 만일 하나님의 손길이 없다면 쌀 한 톨도 거둘 수 없다. 하나님이 허락하지 않으시면 쌀 한 톨도 생성되지 못하기 때문이다.

그뿐 아니다! 아브라함이 전쟁에서 승리하게 하신 하나님은 그리스도인들의 생각과 발걸음을 인도하신다. 만일 하나님이 그들의 생각을 인도하지 않으신다면, 그들은 인간다운 삶을 영위할 수 없다. 그렇게 인도하시는 하나님을 인정하는 신앙 행위 중의 하나가 바로 십일조이다.

십일조가 멜기세덱에게 주어졌다는 사실이 시사하는 바가 크다. 비록 그가 제사장이지만 사람들의 손길을 통해 필요가 채워졌다. 그런 목적을 위해 아브라함은 그에게 십일조를 드렸는데, 그것이 십일조의 첫째 용도이다. 현재도 전임 사역자들의 필요를 채워주는 방법이다.

십일조의 둘째 용도는 고아와 과부와 객을 위한 구제이다. 구약 시대의 객과 고아와 과부는 다른 생계수단이 없었다. 마찬가지로 현재에도 십일조는 도움이 필요한 사람들을 위해서 사용된다. 이 원리를 확대하면 당연히 선교도 포함된다. 선교지에 사는 사람들의 영적 필요와 물질적 필요를 채워주는 것이 선교이기 때문이다.

십일조의 셋째 용도는 성전 유지이다. 그리스도인들이 예배나 훈련을 위해 모임의 장소가 필요한데, 그 장소가 바로 교회 건물이다. 그 건물을 유지하기 위해서는 적잖은 비용이 들어가는데, 십일조의 일부는 그 용도를 위해서 사용된다.

십일조는 하나님의 뜻인데도 주저하는 사람들이 있다. 하나님은 십일조에 소홀히 하는 교인들을 도둑이라고 문책하셨다 (말 3:8). 반면, 하나님의 뜻을 받들어 십일조를 바치는 성도들에게는 귀한 약속을 주셨는데, 그 말씀을 각자가 찾아서 적용해보자 (말 3:10).

신앙의 두 날개란?

독수리가 두 날개를 활짝 펴고 하늘로 치솟듯, 신앙도 위로 올라가기 위해 두 날개를 활짝 펴야 한다. 독수리든 신앙이든 한쪽 날개만으로는 비상할 수 없기 때문이다. 그렇다면 신앙의 두 날개는 무엇인가? 그것은 믿음과 순종이다!

믿음이 없는 신앙이란 있을 수 없는데, 믿음으로 구원받기 때문이다 (롬 1:17). 신앙생활도 믿음이 없이는 불가능하다 (갈 3:11). 재림의 주님도 믿음을 통해서 만난다 (히 10:37-38). 하박국 선지자가 '…의인은 그의 믿음으로 말미암아 살리라'고 설파한 이유이다 (합 2:4).

신앙인이 하나님의 말씀에 들어있는 약속을 믿음으로 받아들일 때, 그 약속은 그의 것이 된다. 그리하면 그는 자연스럽게 축복을 누리게 되는데, 그런 과정을 다음과 같이 요약할 수 있다: 약속 → 믿음 → 축복. 얼마나 은혜로운 공식인가!

그러나 순종이 따르지 않는 축복은 반쪽에 지나지 않는다. 그런 사람은 한쪽 날개의 독수리처럼 머지않아 추락할 것이다. 많은 축복을 받고도 넘어지는 신앙인이 종종 생기는 이유이다.

하나님의 말씀에는 약속만 들어있는 것이 아니라, 못지않게 많은 명령도 들어있다. 그 명령을 순종으로 맞아야 한다. 그렇게 순종할 때 두 가지 은총이 따르는데, 하나는 성령 충만이다. 베드로 사도의 확언이다. '…하나님이 자기에게 순종하는 사람들에게 주신 성령도 그러하니라' (행 5:32). 이 말씀에서 성령은 성령 충만을 뜻한다.

하나님의 명령에 순종할 때, 따르는 두 번째 은총은 삶의 변화이다. 성령으로 충만하면 당연히 삶이 변화된다. 그 사람은 성경적으로 정상적인 신앙인의 삶을 영위하게 된다.

믿음과 순종의 관계를 예수님도 이렇게 알려주신 적이 있었다. "새 계명을 너희에게 주노니 서로 사랑하라; 내가 너희를 사랑한 것 같이 너희도 서로 사랑하라" (요 13:34). 그분의 사랑을 믿음으로 받아들여서 구원을 받았다. 그러나 구원의 축복으로 끝나지 말라는 것이다. 그렇게 믿음으로 구원받은 사람은 반드시 '서로 사랑해야 한다.' 그분은 위의 한 구절에서 이 명령을 두 번씩이나 반복하셨는데, 그 명령의 중요성을 강조하기 위함이다.

이처럼 확실한 '서로 사랑하라'는 명령에 순종하지 않는다면, 그 신자에게는 분명히 문제가 있다. 첫째 문제는 성령으로 충만할 수 없다. 그리고 둘째 문제는 도덕적인 삶의 결여이다. 어떻게 성령 충만을 경험하지 않은 사람이 성경적으로 도덕적인 삶을 영위할 수 있겠는가?

결국, 이와 같은 공식이 성립된다: 명령 → 순종 → 도덕. 얼마나 분명한가? 그런데도 신앙인 중에는 축복만을 좋아하는 사람이 있다. 그런 사람의 믿음은 놀랍게 보인다. 그러나 도덕을 동반하지 않는 축복은 진정한 의미에서 축복이 아닌데, 그것은 삶에서 신앙의 열매가 없기 때문이다.

하나님의 말씀에는 너무나 많은 명령들이 있다. 신앙인이라면 그렇게 많은 명령들을 다 지킬 수 있는가? 물론 없다! 여기에 하나님의 은혜가 있는데, 하나님은 모든 신앙인에게 하나같이 똑같은 명령을 주지 않으신다는 것이다.

어떤 이에게는 부모를 공경하라는 명령을 주신다. 이미 부모를 신실하게 공경하는 이에게는 그보다 높은 명령을 주시는데, 예를 들면 '미워하는 자를 선대하라!' 등이다 (눅 6:27-28).

한국교회가 불신자들에게 손가락질을 받는 심각한 이유 중 하나는 도덕적으로 본을 보이지 못하는 신앙인, 곧 믿음으로 받는 축복은 좋아하면서 명령엔 눈감아버리는 신자들 때문이다. 지금이라도 믿음과 순종의 두 날개를 펄럭이며 비상해야 할 것이다.

31

왜 안식일에 *기적을?*

예수님이 행하신 기적은 헤아릴 수 없을 만큼 많다. 사도 요한은 그 사실을 이렇게 증언했다. "예수께서 행하신 일이 이 외에도 많으니, 만일 낱낱이 기록된다면 이 세상이라도 이 기록된 책을 두기에 부족할 줄 아노라"(요 21:25).

그러나 사복음서의 저자들은 그렇게 많은 기적들 가운데서 35가지만을 구체적으로 포함했는데, 그것들이 모든 기적을 대표한다고 믿기 때문이었을 것이다. 사도 요한은 한발 더 나아가서 35가지 중 7가지 기적만을 그의 복음서에 기록했다. 그의 안목에는 그 7가지 기적이 35가지를 포함한 모든 기적을 대표한다고 여겼기 때문이었을 것이다.

그런데 놀랍게도 사복음서의 저자들은 예수님이 안식일에 베푸신 기적도 7가지를 기록했다. 이 사실이 놀라운 이유는 안식일에는 기적을 포함한 어떤 행위도 금하는 것이 율법이요, 유대인들의 전통이었기 때문이다.

예수님이 안식일에 행하신 기적들을 열거해보자. (1) 베드로의 장모가 앓던 열병을 고침 (막 1:29-31). (2) 한쪽 마른 손을 고침 (막 3:1-6). (3) 태어나면서부터 맹인 된 사람의 눈을 뜨게함 (요 9:1-16). (4) 18년이나 꼬부라진 여인을 고침 (눅 13:10-17). (5) 수종병 든 사람을 고침 (눅 14:1-6). (6) 더러운 귀신을 쫓아냄 (막 1:21-28). (7) 38년 된 중환자를 고침 (요 5:1-18).

예수님이 안식일에 행하신 기적들을 유대인들은 환영했는가? 물론 아니다! 그들은 안식일에 하지 못할 일을 했다고 비난했다 (눅 13:14). 바리새인들은 즉각적으로 그분을 죽이려는 모의를 시작했다 (막 3:6). 바리새인뿐 아니라 유대인들도 안식일에 병을 고쳤다고 그분을 죽이려고 작정했다 (요 5:18).

왜 예수님은 유대인들의 적의와 살의를 뻔히 알면서도 안식일에 기적을 7번이나 행하셨는가? 두 가지 이유를 제시할 수 있는데, 첫째는 그 병자들의 간절한 필요를 간과하실 수 없었기 때문이다 (눅 14:5). 둘째 이유는 예수님이 안식일의 주인이라는 사실을 알리기 위해서였다 (마 12:8, 막 2:28, 눅 6:5). 도대체 '안식일의 주인'이란 어떤 의미인가?

본래 안식일은 하나님이 엿새 동안 천지창조를 마치고 일곱째 날에 안식하시면서 시작되었다 (창 2:2). '일곱'은 히브리어로 *세바*인데, 이 단어에 *쉼*이라는 철자가 들어있다. 그 철자 좌편 위에 점을 붙이면 *신*이라고 읽고, 우편 위에 붙이면 *쉰*이라고 읽는다. *세바*는 일곱이고 *쉐바*는 '만족하다'인데, 같은 어원에서 두 가지 뜻이 나왔다는 말이다. '일곱째' 날에 천지창조가 완성되었고 그리고 만족스러웠기에 '일곱'이란 숫자는 '완전'과 '만족'을 상징한다.

일곱째 날인 안식일을 지키기 위해 회당을 찾은 '손 마른 사람'과

'꼬부라진 여인'과 '더러운 귀신 들린 사람'은 완전하지도 못했고, 더군다나 만족과는 거리가 먼 사람들이었다. 그들에게 필요한 것은 율법의 안식이 아니라 경험의 안식이었다. 누가 그런 안식을 줄 수 있겠는가?

마침 안식일의 주인이신 예수 그리스도가 등장하셨다. 두말할 필요도 없이 그들의 병든 육체를 고쳐 완전하게 만들기 위해서, 그 결과 영적으로도 만족하게 하기 위해서였다. 그분은 일곱째 날인 안식일에 육체적으로나 영적으로 안식을 알지 못하던 사람들을 만나 주셨고, 그리고 고쳐주셨다. 그것도 한두 번이 아니라 일곱 번이나 말이다.

예수님은 완전을 뜻하는 '일곱'째 날에 완전을 뜻하는 '일곱' 번을 고쳐주셨다. 그분은 완전하신 안식일의 주인이시다! 그런데 안식일의 주인은 동시에 메시야라는 것이다. 메시야가 아니라면 이사야의 예언대로 그렇게 병자들을 고치지 못하셨을 것이다 (사 35:4-6). 그 메시야는 지금도 몸과 마음에 안식을 모르는 '병자들'을 고치시고 만족하게 하신다.

32

삼중적 *안식일*이란?

하나님은 이스라엘 백성과 언약 관계에 있다는 표징을 두 가지나 주셨는데, 곧 개인적인 표징과 사회적인 표징이다. 개인적인 표징은 할례인데, 그것은 이스라엘 백성 개개인이 하나님과 언약 관계에 있다는 표징이었다. 하나님이 아브라함에게 하신 말씀으로 확인하자. "너희 중 남자는 다 할례를 받으라; 이것이 나와 너희와 너희 후손 사이에 지킬 내 언약이니라. 너희는 포피를 베어라; 이것이 나와 너희 사이의 *언약의 표징이니라*" (창 17:9-11).

사회적인 표징은 안식일인데, 이스라엘 백성은 안식일을 지켜야 했다. 하나님과 언약 관계에 있다는 표징이기 때문이다. 이것도 하나님의 말씀으로 확인하자. "이같이 이스라엘 자손이 안식일을 지켜서 그것으로 대대로 영원한 언약을 삼을 것이니, 이는 나와 이스라엘 자손 사이에 *영원한 표징*이며, 나 여호와가 엿새 동안에 천지를 창조하고 일곱째 날에 일을 마치고 쉬었음이니라" (출 31:16-17).

이 말씀대로 안식일은 하나님이 창조의 역사를 마치시고 일곱째 날 안식하시면서 시작되었다 (창 2:1-3). 그러나 하나님의 안식은 아담이 범죄하면서 깨어졌는데, 하나님은 인간의 구원을 위하여 다시 일하기 시작하셨기 때문이다. 예수님의 말씀으로 확인하자. "내 아버지께서 이제까지 일하시니 나도 일한다"(요 5:17). 이렇게 하나님이 죄인의 구원을 위하여 일하시는 동안, 역설적이지만 이스라엘 백성은 육체적으로 안식일을 누렸다.

그러나 그들의 육체적인 안식일도 애굽의 종이 된 후 깨어졌다. 애굽인들은 이스라엘 백성을 착취하면서 일주일 내내 부려먹었다. 그렇게 깨어진 안식일이 회복된 것은 이스라엘 백성이 출애굽한 후, 광야에서 만나를 먹을 때부터였다. "내일은 휴일이니 여호와께 거룩한 *안식일*이라; 너희가 구울 것은 굽고 삶을 것은 삶고 그 나머지는 다 너희를 위하여 아침까지 간수하라…오늘은 여호와의 *안식일*인즉 너희가 들에서 그것을 얻지 못하리라"(출 16:23, 25).

이처럼 그들은 출애굽 이후에야 그동안 누리지 못했던 안식일의 쉼을 누리게 되었다. 그들이 가나안에서도 안식일의 쉼을 누릴 수 있도록 하나님은 다시 명령하셨다. "너는 기억하라! 네가 애굽 땅에서 종이 되었더니 네 하나님 여호와가 강한 손과 편 팔로 거기서 너를 인도하여 내었나니, 그러므로 네 하나님 여호와가 네게 명령하여 *안식일*을 지키라 하느니라"(신 5:15).

그런데 이처럼 반복된 명령에는 지금까지 이스라엘 백성이 알던 창조의 안식 외에 새로운 이유가 첨가되었다. 하나님이 이스라엘 백성을 애굽에서 인도하여 내셨기 때문에 그들은 안식일을 지켜야만 했다. 그러니까 이 안식일은 구원의 안식일이라고 해도 지나친 표현이 아닐 것이다. 그들이 하나님의 사랑과 능력으로 구원받았기에 안식일마다 육체적으로 쉬며, 그들을 구원하시고 쉼을 허락하신 하나님께 감사와 예배를 드려야 했다.

그렇게 하나님께 예배를 드리기 위하여 이스라엘 백성은 안식일에 성소로 나왔다. 그런 이유로 안식일은 성소와 밀접한 관계가 있다. "내 안식일을 지키고, 내 성소를 귀히 여기라"(레 19:30). 그뿐 아니다! 안식일에 하나님을 경외하는 마음으로 하나님을 대리하여 우리를 낳고 키워준 부모도 경외해야 한다. "너희 각 사람은 부모를 경외하고, 나의 안식일을 지키라"(레 19:3).

하나님의 뜻이자 명령인 안식일은 고스란히 주일로 옮겨졌다. 그리스도인들은 이스라엘 백성처럼 주일을 거룩하게 지켜야 한다. 그들이 성소를 귀하게 여겼듯, 그리스도인들도 주님의 임재를 상징하는 교회를 귀히 여겨야 한다. 그들이 부모를 경외하며 안식일을 지켰듯, 그들도 부모를 경외해야 한다. 그렇지 않으면 어떻게 부모를 허락하신 하나님께 예배를 드린다고 할 수 있겠는가?

33

포스트모던시대의 특징은?

중세에는 하나님 중심으로 삶이 이루어졌으며, 그 결과 문명의 발전은 더디었다. 그러나 문예 부흥과 계몽주의 운동으로 신(神) 중심의 사고에서 인간(人間) 중심의 사고로 옮겨갔다. 그때부터 믿음도 중요하지만, 인간의 이성도 중요하게 여겨졌다. 이성을 활용한 교육과 과학이 발달하면서 문명이 발달했고, 기계와 산업이 융성하게 되었다. 이런 시대의 특징을 현대주의, 곧 *모더니즘*이라고 한다.

모더니즘은 인류에게 유토피아를 안겨줄 것처럼 보였다. 현대적인 교육과 과학만 발전한 것이 아니었다. 눈부신 의학이 펼쳐지면서 인간은 더 건강하게, 더 오래 살게 되었다. 인간의 사고 기준은 교육을 통해서 형성되었으며, 따라서 교육자의 가르침은 절대적인 기준이 되었다. 신앙적으로도 마찬가지였다. 성경은 하나님의 말씀으로 받아들여졌고, 목회자는 그 성경을 풀어주는 권위자로 여겨졌다.

그러던 유토피아가 두 차례의 세계 대전으로 산산조각이 되었다. 그들의 자유는 방종을 가져왔고, 방종과 더불어 많은 문제들이 일어났다. 예를 들면, 젊은이들 사이에서 무섭게 퍼진 성병은 그들의 마음을 좀먹게 하고도 남았다. 성병의 극단은 에이즈였다. 치료되지 않는 병에 시달리면서 많은 사람들이 삶의 희망을 잃었다. 그뿐 아니라 마약도 범람했다.

*모더니즘*의 산물에 대한 반항으로 생긴 것이 바로 *포스트모더니즘*, 곧 후기현대주의이다. 가정과 교회 및 직장에서 관계를 중시하던 *모더니즘*의 특징은 서서히 깨어지기 시작했다. 포스트모던시대의 젊은이들에게 가정과 교회는 더 이상 관계를 누리는 곳이 아니다. 가정에서도 관계는 이루어지지 않는데, 그들은 사이버 게임과 인터넷으로 대표되는 뉴미디어에 빠진 나머지 진정한 의미에서 관계란 없는 꼴이 되었다.

당연히 부모의 권위도 거부된다. 더 이상 젊은이들에게 인생의 훈계를 줄 수 있는 사람들로 받아들여지지 않는다. 교회에서는 목사의 권위가 인정되지 않으며, 학교에서는 스승의 권위도 거부된다. 젊은이들은 지식을 위하여 스승을 필요로 하지 않는다. 그들의 손에 쥐어진 스마트폰에서 그들이 원하는 지식을 언제든지 얻을 수 있기 때문이다.

관계가 초라해진 포스트모던 사회에서 무엇이든지 혼자 하는 개인주의가 판을 치고 있다. 혼밥, 혼술, 혼영이란 말들이 유행하는 것을 보아도 얼마나 개인주의가 널리 퍼져 있는지 짐작하고도 남는다. 제삼자가 끼어들면 불편할 정도까지 된 것이다. 그런 이유로 젊은이들은 느낌을 아주 중요하게 여긴다.

인생의 기준이 없어진 마당에 그들이 의지할 수 있는 것은 느낌뿐이다. 그들은 느낌만 좋으면 무엇이든지 할 수 있다. 그들은 주저하지 않고 혼자 여행을 떠난다. 이처럼 느낌을 의지해서 중요한 결정을 하는 세대가 처한 위험은 이루 말할 수 없다.

느낌을 위하여 젊은이들은 주저하지 않고 성을 주고받는다. 주고받지 못하면 폭력을 사용해서라도 성욕이라는 느낌을 채워야 한다. 그러다가 임신하면 주저하지 않고 낙태를 시키거나 아니면 주저하지 않고 어린아이를 유기하거나 죽인다. 포스트모던시대는 이런 젊은이들로 붐빈다. 그들은 스마트폰에서 얻은 단편 지식을 가지고 느낌에 따라 결정하고 행동한다.

이렇게 느낌을 의지하는 젊은이들은 시시때때로 외로움을 느낀다. 왜 사는지도 모른다. 그들은 바람에 날리는 낙엽과 같은 인생을 산다. 그러다 앞뒤가 막히면 주저하지 않고 자살한다. 이처럼 포스트모던시대에 사는 젊은이들에게 관계를 맺으며, 보다 가치 있는 삶이 있다는 것을 보여주어야 한다. 그런 진정으로 행복한 삶은 예수 그리스도 안에서만 찾을 수 있다는 것을 반드시 알려주어야 한다. 그 복된 소식Good News만이 그들을 구원해줄 수 있기 때문이다!

04

하나님

34
하나님의 형상'이란?

　하나님은 사람을 당신의 형상을 따라서 창조하셨다. 하나님의 말씀으로 확인하자. "하나님이 이르시되, '우리의 형상을 따라 우리의 모양대로 우리가 사람을 만들고…' 하나님이 자기 형상 곧 하나님의 형상대로 사람을 창조하시되 남자와 여자를 창조하시니라"(창 1:26-27). 하나님은 남자와 여자를 똑같이 당신의 형상을 따라 창조하셨다는 말씀이다.

　그런데 하나님에게는 어떤 형체도 없다. 몸도 없고, 따라서 얼굴과 손발도 없다. 이처럼 아무 형체가 없는 하나님의 형상을 따라서 어떻게 사람이 창조되었단 말인가? 하나님의 형상은 하나님의 겉모습을 뜻하는 것이 아니라 그분의 특성을 뜻하기에, 그분의 특성을 닮았다는 말이다.

　하나님의 특성은 무엇인가? 무엇보다도 영원 전부터 교제를 나누시는 '관계'의 하나님이시다. 그렇지 않다면 '우리의 형상'이라고 하면서 '나'의 복수형인 '우리'를 사용하지 않으셨을 것이다. 삼위의 하나님은 처음부터 교제 가운데 계시는 관계의 하나님이시었다. 그런 특성 때문에 사람은 위로는 하나님과 아래로는 다른 사람들과 관계를 맺으면서 살게 되어있다.

그다음, 하나님의 특성에는 '통치'가 들어있다. 그런 통치의 권한을 사람에게 주지 않으셨다면, 사람은 자연과 동물을 다스릴 수 없었을 것이다. 마지막으로, 하나님의 특성에는 '인격'이 들어있는데, 그 인격에 따라 사람을 창조하실 때, 인격자로 창조하셨다는 말이다. 그리고 그 특성이야말로 사람을 사람답게 만드는 매우 중요한 요소이다.

사람을 인격자로 창조하기 위하여 영이신 하나님은 사람을 영적존재로 창조하셨다 (창 2:7). 사람이 영적 존재라는 사실은 사람의 종교성에서도 찾을 수 있다. 왜 사람은 위기에 봉착할 때, 절대자를 찾는가? 왜 사람은 마음속 깊이에 공허를 느끼는가? 왜 사람은 부귀영화를 누려도 행복하지 못하는가? 그 이유는 분명하다! 사람이 영적으로 창조되었기 때문이다. 영이신 하나님을 인격적으로 만나 관계를 맺기 전에는 인생의 참 의미를 알 수 없다. 영이신 하나님만이 채워주실 수 있는 영적 영역이 있기 때문이다.

사람이 영적 존재라는 사실은 사람이 영원한 존재라는 뜻도 된다. 영이신 하나님이 영원한 분이시기 때문이다. 물론 사람은 살다가 마지막엔 죽는다. 그러나 죽음은 육체와 그 육체가 담고 있는 영혼의 분리일뿐이다. 육체는 썩어서 흙으로 돌아가지만, 그 영혼은 결코 없어지거나 죽지 않는다. 그 영혼은 하나님의 생명과 같은 영원한 생명이기 때문에 사람은 하나님처럼 영원한 존재이다.

사람이 영적 존재라는 사실은 동시에 이성적인 존재라는 뜻도된다. 이성과 지성을 지닌 하나님은 그 이성과 지성을 사람에게도 주셨다. 그런 특성은 영적 존재인 사람을 다른 피조물과 구분하는 놀라운 기능이다.

한발 더 나아가서 사람이 영적 존재라는 사실은 사람이 도덕적인 존재라는 뜻도 된다. 모든 피조물 중에서 도덕의 개념을 가진 동물은 사람밖에 없는데, 그 목적은 하나님처럼 거룩하게 살게 하기 위해서이다.

사람이 영적 존재라는 사실은 자유의지를 가진 존재라는 뜻도 포함된다. 그 이유도 분명하다! 절대적인 자유의지를 지닌 하나님이 사람을 창조하면서 주신 특성이기 때문이다. 하나님은 자유와 의지가 없는 로봇을 만들기 원하지 않으셨다. 하나님은 사람을 당신과 같은 인격자로 창조하시고, 그리고 그렇게 대우하신다.

하나님의 형상으로 창조된 사람은 하나님 안에서만 사람다운 사람이 될 수 있다. 하나님을 떠난 사람들의 모습이 사람답지 않다는 사실은 세상이 증명한다. 그들도 하나님과의 교제를 회복하여 사람다운 사람이 된다면, 당신의 형상대로 창조하신 본래의 목적이 이루어지는 것이다.

35

하나님의 뜻에는 무엇이 있는가?

성경에는 하나님의 뜻이 적어도 다섯 가지나 들어있다. 첫째는 주권적 뜻인데 절대적 뜻이라고도 한다. 하나님이 우주를 창조하신 것은 그분의 주권적인 뜻이기에, 어떤 존재도 그분의 창조를 도울 수 없었고 저지할 수도 없었다. 창조는 하나님의 절대적 영역이기 때문이다.

창조의 영역에는 밤과 낮이 포함되어 있다. 사람은 밤이 되면 자고, 아침이 되면 일어나야 한다. 규칙적으로 식사도 하고, 일도 해야 한다. 어떤 사람은 이런 하나님의 절대적인 뜻을 거부하고 게임이나 놀음으로 밤잠을 거르는데, 하나님의 절대적인 뜻을 거부한 대가가 얼마나 혹독한지 알게 될 날이 있을 것이다. 그렇게 계속해서 밤잠을 거르거나, 식사를 거르거나, 지나치게 일을 하면, 필연적으로 몸에 이상이 생기기 때문이다.

둘째는 구속적 뜻이다. 하나님은 어떤 사람도 죄악 가운데 살다가 지옥으로 던져지는 것을 원하지 않으신다. 그런 하나님의 뜻을 베드로 사도는 간결하게 표현했다. "…오직 주께서는 너희를 대하여 오래 참으사 아무도 멸망하지 아니하고 다 회개하기에 이르기를 원하시느니라"(벧후 3:9b). 믿지 않는 사람들의 구속은 하나님의 뜻이다.

셋째는 도덕적 뜻이다. 하나님이 죄인들을 구원하신 목적도 분명하다. 그것은 구원받은 그리스도인이 도덕적인 삶을 살게 하기 위해서이다. 바울 사도의 말을 빌려보자. "우리는 그가 만드신 바라; 그리스도 예수 안에서 선한 일을 위하여 지으심을 받은 자니, 이 일은 하나님이 전에 예비하사 우리로 그 가운데서 행하게 하려 하심이니라"(엡 2:10). 이런 도덕적인 삶이 하나님의 뜻이 아니라면 구원받은 사람에게 성령을 선물로 주지 않으셨을 것이다.

넷째는 개인을 위한 하나님의 뜻이다. 은혜로 구원받은 그리스도인이 아름답고 보람 있는 인생을 사는 것은 하나님의 뜻이다. 다시 말해서, 그리스도인의 잠재력이 최대로 계발되어서 자신도 뿌듯하고, 주변의 사람도 유익을 얻고, 하나님께 영광이 되는 삶을 사는 것이 하나님의 뜻이다. 그런 목적을 위하여 하나님은 그리스도인 개개인을 위한 뜻을 가지고 계신다.

그러므로 그리스도인은 그의 인생에 대한 하나님의 뜻을 찾아야 한다. 하나님의 뜻을 찾을 뿐 아니라, 그 뜻대로 살아야 한다. 그러면 그의 생애는 풍성한 것이 될 것이다. 역사적으로 얼마나 많은 그리스도인들이 하나님의 뜻 안에서 풍성한 삶을 누렸는가?

다섯째는 허용적 뜻이다. 그리스도인이 하나님의 뜻을 저버리고 자신의 길을 선택할 때, 하나님은 그 선택을 막지 않으시고 그대로 내버려 두신다. 물론 그 선택은 본인에게도 유익하지 못하고 또 주변의 사람들에게도 유익을 주지 못하지만, 그래도 하나님은 그의 인격적 선택을 허용하신다. 만일 하나님이 허용하지 않으시고 강제로 올바른 길로 돌이키게 하신다면, 하나님은 그 사람의 자유의지를 말살하시는 셈이 된다.

그리스도인은 자유의지와 인격이 없는 로봇이 아니다. 그는 엄청난 자유의지를 누리는 인격자이다. 바울 사도의 간증을 들어보자. "그리스도께서 우리를 자유롭게 하려고 자유를 주셨으니…"(갈 5:1a). 그렇다! 그리스도인은 그에게 주어진 자유를 가지고 하나님의 뜻에 순종하면서 살 수도 있고, 반대로 하나님의 뜻을 거스르며 살 수도 있다. 그렇게 거슬릴지라도 하나님은 그를 억지로 막지 않으시고 내버려 두신다.

그렇게 하나님의 뜻에 반하는 삶을 사는 그리스도인은 불행한 사람이다. 하나님의 뜻 안에서 그의 잠재력이 개발되지 못하기 때문이다. 그뿐 아니라, 하나님이 부어주기 원하시는 엄청난 복을 놓쳐버리기 때문이다. 그러나 그렇게 사는 그리스도인은 자신의 불행을 인식하지 못한다. 스스로 하나님의 뜻을 이루어나가고 있다고 믿지만, 하나님의 계획하신 충만한 삶을 누리지 못하면서 말이다. 얼마나 불행한 그리스도인인가!

36

하나님의 *허용적 뜻*이란?

아버지의 각별한 사랑을 받은 요셉은 형들 때문에 애굽으로 팔려 갔다. 그처럼 동생을 무정하게 팔아버린 형들의 행위는 악했다. 그런 악행이 하나님의 뜻이었는가? 물론 아니다! 그렇다면 왜 하나님은 그들의 악행을 막지 않으셨는가? 요셉의 형들이 그렇게 하지 못하도록 막으실 능력이 없으셨는가? 물론 능력이 있으나 그 능력을 행사하지 않으셨을 뿐이다.

두 가지 이유로 능력을 행사하지 않으시고 그대로 내버려 두셨는데, 첫째는 삼라만상을 창조하신 절대적인 뜻 때문이다. 만일 세상에서 일어나는 일에 일일이 간섭하신다면, 그분이 만들어놓으신 세상의 원리를 스스로 깨뜨리는 결과가 되기 때문이다. 둘째는 하나님이 인간을 자유의지의 인격자로 창조하셨기에 그의 인격적 결단을 허용하시기 때문이다.

요셉의 형들이 저지른 악행이 하나님의 뜻일 수 없다는 것은 너무나 분명하다. 하나님은 그들이 결정한 대로 내버려 두셨을 뿐이다. 이렇게 내버려 둔 것을 *하나님의 허용적 뜻*이라고 한다. 달리 말하면, 하나님은 죄를 인정하지는 않으시지만, 그렇다고 죄를 막지도 않으신다.

바울 사도는 로마서에서 인간의 악행을 막지 않으시고, '내버려 두셨다'고 세 번씩이나 강조했다. 하나님은 그들을 '마음의 정욕대로 내버려 두셨고' (롬 1:24), '부끄러운 욕심에 내버려 두셨고' (롬 1:26), 그리고 '상실한 마음대로 내버려 두사 합당하지 못한 일을 하게 하셨다' (1:28).

'내버려 둔다'는 말은 그런 죄인들이 죄를 지으며 살 수 없다는 것을 발견할 때, 하나님께로 돌이킬 수 있다는 뜻도 내포되어 있다. 그들이 인격적인 결단을 통해 하나님께로 돌이키는 순간 하나님은 그들을 용서하시고, 받아주시고, 그리고 변화시키신다.

요셉의 형들도 마찬가지였다! 세월이 흘러서 그들의 잘못을 뉘우친 후, 동생에게 용서를 빌면서 요셉의 종노릇이라도 하겠다고 자청했다 (창 50:17-18). 요셉은 하나님의 마음으로 그들을 받아주면서 이렇게 말했다. "당신들은 나를 해하려 하였으나, 하나님은 그것을 선으로 바꾸사 오늘과 같이 많은 백성의 생명을 구원하게 하시려 하셨나니" (창 50:20).

요셉의 용서에는 차원 높은 하나님의 뜻이 포함되어 있었다. 비록 인간이 악한 마음으로 범행해도, 하나님의 허용적인 뜻 안에서 이루어진다는 사실이다. 다시 말해서, 하나님이 인간의 악행을 내버려 두시는 이유는 결국 드러날 절대적인 뜻 때문이다. 요셉의 형들을 통한 하나님의 절대적인 뜻은 소극적으로는 애굽의 구원이었고, 적극적으로는 이스라엘의 구원이었다.

어느 학자는 하나님의 절대적 뜻과 허용적 뜻을 이런 비유로 설명했다. "마치 어항 속에 있는 물고기들이 그 안에서 마음대로 움직일 수 있는 자유가 있는 것과 마찬가지이다. 그러나 그 물고기들의 자유는 어항 속에서 제한된 자유이다."

인간은 하나님의 뜻을 거부하면서 여러 가지 악행에 연루될 수 있다. 하나님은 그런 인간의 악행을 즉각적으로 간섭하지 않고 내버려 두신다. 물론 하나님에게 그런 인간을 심판하실 수 있는 능력과 권위가 없기 때문이 아니다. 그렇다고 당장 심판하지 않으시기에 인간의 악행을 알지 못하시는 것도 아니다. 하나님은 그들의 악행을 뉘우치고 돌이킬 때를 기다리시는 것이다. 그런 악인들에게도 하나님은 사랑과 용서를 부어주기 원하시기 때문이다.

그러나 하나님의 허용적인 뜻을 무시한 나머지 그런 악행을 뉘우치지 않는다면, 어느 날 하나님은 그에 대하여 책임을 추궁하실 것이다. 모든 사람이 그의 삶을 결산해야 하는 날이 있기 때문이다. 그분의 경고를 두려운 마음으로 받아들이자. "하나님은…마음의 생각과 뜻을 판단하나니, 지으신 것이 하나도 그 앞에 나타나지 않음이 없고, 우리의 결산을 받으실 이의 눈앞에 만물이 벌거벗은 것 같이 드러나느니라" (히 4:12-13).

그렇게 드러난 악행들이 철저히 심판을 받는다는 엄중한 경고에 귀를 기울여야 할 것이다.

37

하나님의 뜻을 어떻게 아는가?

그리스도인은 마땅히 하나님의 뜻 가운데서 살아야 한다. 하나님은 그 뜻을 알아야만 한다고 바울 사도를 통해 말씀하셨다. "그러므로 어리석은 자가 되지 말고 오직 주의 뜻이 무엇인가 이해하라"(엡 5:17). 그렇게 주님의 뜻을 알지 않으면 안 되는 이유도 밝히셨다. "그런즉 너희가 어떻게 행할지를 자세히 주의하여 지혜 없는 자 같이 하지 말고, 오직 지혜 있는 자 같이 하여 세월을 아끼라! 때가 악하니라"(엡 5:15-16).

그리스도인이라도 순간적으로 잘못 판단하고 결정하면 악한 세파에 휩쓸릴 수 있다. 그런 까닭에 하나님의 뜻 가운데서 사는 것이 지혜라고 하였다. 유혹과 시험이라는 위험에 둘러싸여 있는 그리스도인은 하나님의 뜻 가운데서 사는 지혜를 절대로 필요로 한다. 하나님의 뜻 가운데 살 때, 소극적으로는 악한 때를 분별하고 극복할 수 있으며, 적극적으로는 세월을 아끼면서 살아갈 수 있다. 동시에 개인적으로는 보람된 삶을 살며, 다른 사람들에게 선한 영향력을 끼치며, 그리고 하나님께 영광을 돌릴 수 있다.

그러면 어떻게 하나님의 뜻을 찾을 수 있는가? 그 뜻을 찾기 시작하기 전에 먼저 결정해야 할 것이 있는데, 그것은 주님을 위하여 살겠다는 결정이다. 그리스도인은 무엇을 하든지 다 하나님의 영광을 위하여 살겠다는 다짐을 해야 한다 (고전 10:31-32). 그분의 영광을 위하여 살기 원하지 않는 사람이 하나님의 뜻을 찾는다는 말 자체가 성립되지 않는다.

하나님의 영광을 위하여 살기로 했다면, 이제 하나님의 뜻을 찾을 수 있는 준비가 된 셈이다. 물론 하나님의 뜻을 찾기 위하여 기도해야 한다. 필요하다면 신앙적으로 존경할만한 인생 선배의 의견도 참작할 수 있다. 그러나 그런 선배의 의견 때문에 중요한 결정을 한다면, 궁극적으로 그 사람은 하나님의 뜻보다는 인간의 의견을 따르는 셈이 되고 만다.

하나님의 뜻을 찾기 위하여 제일 먼저 하나님의 말씀으로 돌아가야 한다. 하나님의 말씀은 하나님의 뜻을 전달해주는 핵심적인 통로이기 때문이다. 그리스도인은 하나님의 뜻을 찾기 위하여 하나님의 말씀을 읽고 묵상해야 한다. 그렇게 하는 동안 하나님은 말씀을 통해 조금도 의심할 수 없도록 당신의 뜻을 확실히 알려주신다.

그다음 성령의 인도를 기다려야 한다. 그리스도인이 하나님의 뜻을 위하여 간절히 기도할 때, 그의 마음속에 내주하시는 성령은 그를 인도하신다. 그리스도인이 구하는 것이 하나님의 뜻일진대, 성령은 그에게 분명한 확신과 평안을 주신다. 그러니까 하나님의 말씀이 객관적인 인도라면, 성령이 주시는 확신과 평안은 주관적인 인도이다.

마지막으로 환경이 열리기를 기다려야 한다. 하나님은 당신의 뜻을 이루기 위하여 환경도 조성하신다. 만일 환경이 열리지 않는다면, 하나님의 말씀과 성령의 확신이 잘못되었거나 아니면 지금은 때가 아니기에 기다리라는 신호일 수 있다.

만일 이 세 가지, 곧 말씀과 성령과 환경이 적극적으로 인도한다면, 그것은 하나님의 뜻이다. 조금도 주저하지 말고 그 뜻대로 행동해야 한다. 만일 하나님이 그렇게 확실히 인도하셨는데도 그리스도인이 여러 가지 생각과 염려 때문에 주저한다면, 그것은 하나님의 인도하심을 거부하는 행위이다. 그런 그리스도인은 그 이후 다시 하나님의 뜻을 찾기가 그만큼 더 어려워질 것이다.

하나님의 뜻을 찾는 과정에서 중요한 마음의 자세가 있다. 하나님이 뜻을 알려주시면, 조건 없이 따르겠다는 자세이다. 당장에는 그 뜻이 마음에 들지 않을 수 있다. 그러나 그리스도인의 과거와 현재는 물론 미래를 아시는 하나님은 그를 위하여 가장 좋은 뜻을 보여주시는 것이다. 만일 세 가지의 인도가 있다면, 주저하지 말고 하나님에게서 온 뜻으로 받아들여야 한다.

38
하나님의 *영광*은 무슨 뜻인가?

    스랍들이 높은 보좌에 앉으신 하나님을 보고 이렇게 외쳤다. "거룩하다. 거룩하다. 거룩하다. 만군의 여호와여! 그의 영광이 온 땅에 충만하도다" (사 6:3). 이 외침에 의하면, 거룩하신 하나님의 임재는, 곧 그분의 영광이었다. 유대인은 하나님의 임재와 영광을 아우르는 단어를 즐겨 사용했는데, 곧 *쉐키나*이다.

    모세가 성막을 완성하자 하나님이 그 위에 임하셨는데, 그것을 하나님의 영광이라고 표현했다 (출 40:34-35). 솔로몬이 성전을 완공했을 때도 하나님의 임재와 영광이 있었다 (대하 7:1). 유대인은 그런 하나님의 임재와 영광을 간단히 *쉐키나* 영광이라고 한다.

    그렇다면 *쉐키나* 영광은 하나님이 직접 임하셨다는 말인가? 물론 그렇지 않다! 어떤 인간도 하나님을 직접 볼 수가 없기 때문이다. 하나님의 말씀으로 확인하자. "또 이르시되, '네가 내 얼굴을 보지 못하리니 나를 보고 살 자가 없음이니라'" (출 33:20). 이 말씀은 하나님의 영광을 보여달라는 모세의 청원에 대한 그분의 응답이었다 (출 33:18).

태양을 직접 보아도 인간은 죽는데 하물며 하나님을 직접 보고 살수 있는 인간은 없다. 어떤 인간도 직접 볼 수 없는 하나님의 영광을 *본질적 영광*이라고 한다. 이 표현은 하나님의 존재가 영광이라는 말이다. 하나님이 변하지 않으시는 것처럼 영광도 변하지 않으며, 따라서 감소하거나 소멸하지 않는다.

그러면 스랍들이 본 하나님의 영광이나 모세와 솔로몬이 본 영광은 무엇인가? 그들은 하나님 자신을 본 것이 아니라 하나님에게서 퍼져나온 영광을 보았는데, 그런 영광을 *방사적 영광*이라 한다. 그것은 하나님을 반사해서 사방으로 퍼져나가는 영광을 가리킨다. 그러니까 스랍들과 모세와 솔로몬이 본 영광은 하나님 자신을 본 본질적 영광이 아니라, *방사적 영광*이었다.

하나님은 시시때때로 인간 속에 자신을 나타내시는데, 그런 모습을 하나님의 *현현*이라고 한다. 어떤 때는 구름으로 임재하시며, 어떤 때는 불로 임하신다. 모세가 성막을 완성했을 때는 구름으로 임하셨고, 솔로몬이 성전을 완공했을 때는 불로 임하셨다. 광야를 지나던 이스라엘 백성을 위해 아침마다 만나를 주셨는데, 그것도 역시 하나님의 영광이었다 (출 16:4, 7). 위에서 언급한 것처럼, 그런 하나님의 임재와 영광을 *쉐키나 영광*이라고 한다.

방사적 영광의 절정은 예수 그리스도의 탄생이었다. 사도 요한은 그분의 탄생을 하나님의 영광이라고 표현했다 (요 1:14). 그분만큼 하나님의 영광을 사람들에게 인격적으로 보여준 사람은 없었다. 그분은 하나님을 드러내는 살아있는 *쉐키나 영광*이었다. 그렇지 않았다면 그분은 이렇게 말씀하셨을 이유가 없다. "…나를 본 자는 아버지를 보았거늘 어찌하여 아버지를 보이라 하느냐?" (요 14:9b).

예수 그리스도의 생애는 *쉐키나* 영광 그 자체였다. 그분의 탄생은 물론, 그분의 가르침과 기적은 하나님의 임재가 아니었다면 가능하지 않았다. 그분의 죽음과 부활 및 승천도 역시 하나님의 영광이었다 (요 17:1). 그리고 마지막 때에 그분의 재림은 그 영광의 극치일 것이다. "그 때에 사람들이 인자가 구름을 타고 능력과 큰 영광으로 오는 것을 보리라" (눅 21:27).

모세는 하나님의 *쉐키나* 영광을 본 후, 그 영광을 이스라엘 사람들에게 나타냈는데, 그런 영광을 *반사적* 영광이라 한다 (출 34:29). 그들은 모세를 직접 보기를 두려워했고, 그래서 그는 수건으로 얼굴을 가렸다 (출 34:31, 33).

하나님의 *쉐키나* 영광을 본 성도라면 그 영광을 반사하는데, 그 정도는 사람에 따라 다르다. 많이 드러내는 성도도 있지만 그렇지 못한 성도도 있기에 *가변적* 영광이라고도 한다. 그 영광을 가리는 성도도 있다. 경각심을 가지고 영광을 드러내는 삶을 살도록 해야 할 것이다.

39

하나님께 올리는 삼중적 영광이란?

하나님의 영광은 크게 둘로 나뉘는데, 하나는 하나님의 찬란한 임재를 가리키고 또 하나는 인간이 하나님께 영광을 돌리는 행위를 가리킨다. 먼저, 하나님의 임재를 가리키는 말씀을 보자. "하나님의 영광과 능력으로 말미암아 성전에 연기가 가득 차매, 일곱 천사의 일곱 재앙이 마치기까지는 성전에 능히 들어갈 자가 없더라"(계 15:8). 하나님이 성전에 임하신 결과 아무도 그 성전으로 들어갈 수 없다는 말씀이다.

하나님께 영광을 돌리는 행위도 역시 말씀으로 확인하자. "우리가 즐거워하고 크게 기뻐하며 그에게 영광을 돌리세!" 그분께 영광을 돌리는 이유도 언급했는데, "어린 양의 혼인 기약이 이르렀고 그의 아내가 자신을 준비하였기" 때문이다 (계 19:7).

그렇다! 그리스도인은 '…먹든지 마시든지 무엇을 하든지 다 하나님의 영광을 위하여' 해야 한다 (고전 10:31). 그렇다면 하나님께 영광을 돌린다는 것은 구체적으로 무엇을 뜻하는가? 하나님에게만 있는 특성과 가치를 인정하는 것이다. 그렇게 인정할 때 하나님은 기뻐하시고, 그분의 이름이 높아진다.

그렇다면 그리스도인이 어떻게 그분의 특성과 가치를 인정하는가? 그리스도인의 언어, 행위, 생활방식 등 삶 자체를 통해 인정할수 있다. 그뿐 아니라, 그리스도인이 하나님께 예배와 찬양을 올릴때도 그분께 영광을 돌린다. 결국, 그리스도인이 하나님께 영광을 돌리는 삶을 일일이 열거하려면 끝이 없겠지만, 바울 사도는 다음과 같이 하나님께 삼중적으로 영광을 돌려야 한다고 표현했다.

"…너희로 그리스도 예수를 본받아 서로 뜻이 같게 하여 주사 한마음과 한 입으로 하나님 곧 우리 주 예수 그리스도의 *아버지께* 영*광을 돌리게* 하려 하노라. 그러므로 그리스도께서 우리를 받아 하나님께 영광을 돌리심과 같이 너희도 서로 받으라…이방인들도 그 긍휼하심으로 말미암아 *하나님께* 영광을 돌리게 하려 하심이라"(롬 15:5-7, 9).

바울 사도에 의하면, 그리스도인은 세 가지 측면에서 하나님께 영광을 돌려야 한다. 첫째 측면은 그리스도 예수를 본받을 때, 하나님께 영광을 돌린다는 것이다. 그러면 그분을 본받는 것은 구체적으로 무엇을 뜻하는가? '뜻'과 '마음'과 '입'이 같아야 한다는 것이다. '뜻'은 의지를 말하고, '마음'은 정서를 뜻하며, '입'은 언행을 대표한다. 그러니까 예수 그리스도를 본받아서 뜻과 마음과 입이 한결같아질 때, 하나님께 영광을 돌린다는 것이다.

둘째 측면은 그리스도가 우리를 조건 없이 받아주신 것처럼 우리도 '서로 받을 때' 하나님께 영광을 돌린다는 것이다. 그리스도가 받아주신 '우리'는 어떤 인간이었는가? 우리는 죄인이었으며, 하나님을 거부했으며, 자신이라는 우상을 섬기던 죄인 중의 괴수였다. 그런데도 그분은 우리를 받아주셨다면, 우리도 마찬가지로 마음에 들던 그렇지 않던 서로를 받아들여야 한다. 그렇게 할 때, 하나님께 영광을 돌린다는 것이다.

셋째 측면은 이방인들이 경험한 긍휼로 인해 하나님께 영광을 돌린다는 것이다. 유대인들은 이방인들을 개나 돼지처럼 취급했으며, 지옥의 불쏘시개에 지나지 않는다고 믿었다. 그러나 그들도 예수 그리스도의 구속적 죽음을 통해 긍휼을 얻어 하나님의 자녀가 된 것이다. 마찬가지로 우리 그리스도인이 불신자들에게 복음을 전해 그들로 하나님의 긍휼을 얻게 한다면, 우리는 하나님께 영광을 돌리게 된다는 것이다.

이처럼 세 가지 측면에서 하나님께 영광을 돌린다는 것은 그리스도인의 모든 영역을 망라한다. 위로는 그리스도 예수를 닮아가는 삶이고, 옆으로는 다른 그리스도인들을 무조건적인 사랑으로 받아들이는 삶이고, 아래로는 불신자들에게 복음을 전하는 전도자의 삶이다.

40

하나님의 말씀에는 오류가 없는가?

성경을 연구하는 사람은 성경에서 오류처럼 보이는 것들을 종종 발견한다. 예를 들면, 다윗이 인구조사를 시켰을 때, 사무엘하 24장에서는 여호와가 이스라엘에게 진노하셔서 그들을 심판하고자 다윗을 격동시키셨다고 기록한다 (삼하 24:1). 그러나, 역대상 21장에서는 사탄이 이스라엘을 대적하고 다윗을 충동했다고 기록한다 (대상 21:1). 어떻게 같은 내용을 가지고 하나님과 사탄이 다윗을 동시에 격동시킬 수 있었는가?

이런 차이점들이 성경에 포함된 사실은 소극적이면서도 적극적인 반응을 일으킨다. 소극적으로는 성경이 참으로 하나님의 말씀인가에 대한 의문이다. 하나님의 말씀이라면 어떻게 이런 차이점이 있을 수 있는가? 반면, 적극적인 반응도 일으킬 수 있는데, 그것은 어떤 인간도 성경의 내용을 수정하지 않았다는 사실에 놀라워하는 반응이다. 이런 차이점을 없애려고 인위적으로 그 내용을 바꿀 수도 있었는데, 그렇게 하지 않았다는 것이다.

왜 성경은 인위적으로 수정되거나 보완되지 않았는가? 그 이유는 성경이 하나님의 말씀이라는 확신 때문이다. 오류처럼 보이는 것도 인간이 건드릴 수 없는 하나님의 말씀이라는 것이다. 실제로, 사람들이 하나님의 말씀을 복사하면서 종종 사소한 실수를 한 것도 사실이다. 구약성경의 언어인 히브리어는 작은 점이나 획이 있는데, 열악한 환경에서 복사하다 보니 어떤 때는 점이나 획을 빼기도 하고 덧붙이기도 했다.

그것만이 아니다! 그런 하나님의 말씀이 다른 언어로 번역되는 과정에서 철자나 숫자가 조금씩 틀리게 번역되기도 하였다. 이처럼 수천 년 동안 하나님의 말씀이 복사되고 번역되는 과정에서 작은 실수들이 일어나기도 했다. 생각해보라! 침침한 호롱불 밑에서 복사하는 모습! 그것도 조잡한 붓으로 식물의 줄기에 복사하는 모습! 후에는 잘 가공되지 않은 동물의 가죽에 기록된 성경! 이런 과정에서 전혀 실수가 일어나지 않는 것은 있을 수 없었다.

그렇다면 하나님의 말씀이 최초로 기록된 원본에는 오류가 전혀 없단 말인가? 바로 그것이 정답이다! 그런데 불행하게도 최초의 원본은 존재하지 않는다. 현존하는 가장 오래된 성경은 주전 300년 경에 복사된 것이다. *파피루스*라는 식물 줄기에 기록된 것인데, 그것이 현재까지 존재한다는 사실도 기적에 가깝다. 그러면 아무도 본 사람이 없는데, 원본에는 아무런 오류도 없다는 것을 어떻게 알 수 있는가?

그것은 성경의 목적이 지금도 이루어지고 있다는 사실 때문이다. 하나님의 말씀이 주어진 가장 근본적인 목적은 죄인들이 예수 그리스도를 통하여 구원받아 변화된 삶을 사는 것이다. 그런데 그 목적은 21세기인 현재도 세계 도처에서 성취되고 있다. 많은 죄인들이 지금도 죄를 용서받고, 구원 받아서 변화된 경험을 간증하고 있다. 만일 성경이 하나님의 말씀이 아니라면, 그런 변화는 결코 일어나지 않을 것이다.

성경의 원본에 어떤 오류도 없다는 것은 예언의 성취를 보아도 알 수 있다. 인간적으로 말해서 10가지 예언이 모두 성취될 수 있는 가능성은 1,024분의 1이다. 다른 말로 하면, 10가지 예언이 이루어진다는 것은 거의 불가능하다. 그런데 성경에는 수백 가지의 예언이 있는데, 이미 80% 이상은 문자 그대로 성취되었다. 어떻게 예언과 성취가 그렇게 이루어질 수 있었는가? 과거와 현재와 미래를 아시는 전지의 하나님이 성경의 저자들에게 영감을 불어 넣어주셨기 때문이다 (벧후 1:21).

다윗의 인구조사에서 나타난 차이점을 다시 보자. 하나님이 이스라엘을 심판하기로 작정하시자. 사탄은 그 순간을 이용해서 다윗을 충동시켰다. 시간을 따져보면 하나님이 진노하신 것이 먼저이고, 그 후 사탄이 개입했다. 사무엘과 역대기의 말씀에 오류가 없다는 말이다.

41

하나님의 말씀이 왜 *이해*되지 않는가?

그리스도인이 성경을 읽으나 잘 이해하지 못하는 이유가 크게 두 가지인데, 하나는 진정으로 거듭나지 않았기 때문이다. 하나님의 말씀은 '내' 안에 거하시는 성령의 조명으로 이해할 수 있는데, 성령의 내주가 없는 사람이 하나님의 말씀을 어떻게 깨달을 수 있겠는가? 바울 사도의 설명이다. "육에 속한 사람은 하나님의 성령의 일들을 받지 아니하나니 이는 그것들이 그에게는 어리석게 보임이요, 또 그는 그것들을 알 수도 없나니 그러한 일은 영적으로 분별되기 때문이라"(고전 2:14).

이 말씀에서 '육에 속한 사람'은 '물과 성령'으로 거듭나지 못한 자연인을 가리킨다. 자연인은 아무리 오래 교회를 다녀도 하나님의 말씀을 깊이 이해할 수 없다. 성경은 성령의 감동을 받은 사람들이 하나님에게서 받아 기록했기 때문이다. 베드로 사도의 말을 들어보자. "예언은 언제든지 사람의 뜻으로 낸 것이 아니요, 오직 성령의 감동하심을 받은 사람들이 하나님께 받아 말한 것임이라"(벧전 1:21). 이 말씀에서 예언은 성경을 가리킨다.

성경이 다른 책과 다른 것이 바로 이 점이다. 다른 책은 인간이 저술한 것이지만, 성경은 궁극적으로 하나님에게서 나온 것이다. 하나님이 성경의 저자들에게 성령의 영감을 넣어주셔서, 그들이 하나님으로부터 받아서 기록했기 때문이다. 인간의 책은 인간의 지성과 노력으로 이해할 수 있으나, 하나님의 말씀은 인간의 노력만으로는 이해하는 데 한계가 있다. 거듭나서 '내' 안에 계시는 성령의 도움을 받아야 깨닫고 이해할 수 있다.

그다음, 거듭난 그리스도인이라도 성경을 잘 이해하지 못하는 이유는 적용에 문제가 있기 때문이다. 하나님의 말씀은 '내'가 이해하기 위해서 주어진 책이 아니다. 물론 이해하는 것도 중요하나, 이해만으로 끝나면 하나님이 그리스도인에게 말씀을 주신 목적을 오해한 것이다. 성경은 말씀을 읽고, 이해하고, 그리고 궁극적으로 삶의 현장에 적용하기 위한 것이다.

예를 들면, 이런 말씀을 읽었다고 하자. "내 사랑하는 자들아, 너희가 친히 원수를 갚지 말고 하나님의 진노하심에 맡기라. 기록되었으되 원수 갚는 것이 내게 있으니 내가 갚으리라…네 원수가 주리거든 먹이고 목마르거든 마시게 하라. 그리함으로 네가 숯불을 그 머리에 쌓아 놓으리라"(롬 12:19-20). 이 말씀에 의하면, 그리스도인은 스스로 원수를 갚지 말고, 하나님에게 맡겨야 한다. 한발 더 나아가서 그 원수의 필요까지도 채워주어야 한다.

그러나 그 말씀을 머리로는 이해했지만 '내'가 원수를 여전히 미워한다면, 그는 이해한 하나님의 말씀을 삶의 현장에 적용하지 않는 것이다. 적용은커녕 하나님이 분명히 알려주신 명령을 의도적으로 거부한 셈이다. 그렇게 하나님의 말씀을 삶에 적용하지 않는 그리스도인이 어떻게 하나님의 말씀을 깊이 이해할 수 있겠는가? 하나님도 기뻐하지 않으실 뿐 아니라, 성령도 그를 도와서 하나님의 말씀을 깨닫게 하지 않으실 것이다.

하나님의 말씀을 삶의 현장에 적용하는 일에서 두 가지를 염두에 두어야 하는데, 곧 믿음과 순종이다. 하나님의 말씀에는 약속들이 얼마나 많은지 모른다. 어떤 성경 연구자는 적어도 800여 가지나 된다고 한다. 성경을 읽으면서 그런 약속을 만나면, 그 약속을 믿음으로 받아들여야 한다. 그렇게 믿음으로 받아들일 때, 하나님의 약속은 '나'의 것이 되며, 하나님은 약속대로 '나'와 동행하시면서 복을 안겨주신다.

하나님의 말씀에는 약속뿐 아니라 명령도 가득하다. 물론 그리스도인은 명령을 다 지킬 수 없지만, 하나님이 주시는 구체적인 명령에는 순종해야 한다. 그렇게 명령에 순종할 때, 하나님은 그에게 성령을 부어주신다. 그 약속을 보자. "…하나님이 자기에게 순종하는 사람들에게 주신 성령도 그러하니라 하더라" (행 5:32).

42

사람의 *이중적인* 측면이란?

하나님은 사람을 동물과 다르게 창조하셨는데, 그분의 생기를 동물에게는 허락하지 않으시고 사람에게만 허락하셨기 때문이다. 그 사실을 하나님의 말씀에서 확인하자. "여호와 하나님이 땅의 흙으로 사람을 지으시고, *생기를 그 코에 불어넣으시니 사람이 생령이 되니라*"(창 2:7). 여기에서 생기는 하나님의 영을 가리키며, 그 하나님의 영 때문에 사람은 동물과 다르다.

사람은 동물과는 다르게 이중적 측면이 있다. 하나는 흙으로 된 육체이고, 또 하나는 그 육체 안으로 들어온 생기, 즉 하나님의 영이다. 하나님에 의해 만들어진 육체를 가진 사람은 당연히 창조주 하나님을 100% 의존하지 않으면 존재할 수 없다. 바울 사도도 이렇게 확인했다. "우리가 그를 힘입어 살며 기동하며 존재하느니라" (행 17:28a).

사람의 다른 측면, 곧 하나님의 영은 그를 지정의가 있는 인격체로 만들었다. 그 결과 사람은 인격적인 결정을 할 수 있는 자유를 누린다. 그 자유로 사람은 하나님으로부터 독립하기로 결정할 수 있는데, 그러면 사람은 하나님을 의존하지 않는 존재로 전락한다. 실제로 무신론자들은 하나님을 조금도 의존하지 않는다. 하나님 때문에 존재하는데도 말이다.

여기에서도 사람의 이중적 측면을 볼 수 있는데, 하나는 하나님을 전적으로 의존해야 하는 로봇과 같은 존재라는 것이다. 또 하나는 스스로 선택하고, 스스로 방향을 결정하면서, 스스로 운명을 개척해 나가면서 하나님으로부터 독립할 수 있는 존재이다. 마치 어린아이가 전적으로 엄마를 의존하다가 자라면서 엄마를 의존하지 않는 이중적 측면처럼 말이다.

이와 같은 이중적 측면을 거부하고, 하나님의 전권만을 강조하면서 사람이 할 것은 아무것도 없다고 주장하는 사람들도 없지 않아 있다. 그렇게 주장하는 사람들은 숙명론자가 되어, 인격이 부족한 사람답지 않은 사람으로 전락한다. 반면, 자유를 극대화하는 사람들은 하나님의 주권을 거부할 뿐 아니라, 자신을 신격화하는 오류에 빠질 수 있다.

하나님의 주권을 지나치게 강조하는 일부 칼빈주의자들은 사람의 인격과 자유를 깊이 받아들여야 한다. 그런가 하면, 사람의 자유를 지나치게 강조하는 일부 알미니안주의자들은 하나님의 주권을 수용해야 한다. 그렇지만 이와 같은 이중적 측면을 균형 있게 받아들이고 적용하는 건전한 그리스도인들도 얼마든지 있다.

사람의 인격과 자유가 무시되면, 하나님의 말씀이 가르치는 불순종은 그 의미를 잃게 된다. 불순종이라는 말 자체가 인격과 자유를 부정적으로 사용했다는 사실을 함축하고 있기 때문이다. 아담에게 말씀하신 "선악을 알게 하는 나무의 열매는 먹지 말라; 네가 먹는 날에는 반드시 죽으리라"는 경고는 인격적으로 받아들일 수 있는 명령이었다 (창 2:17).

아담을 비롯한 죄인들은 어떻게 구원받을 수 있는가? 하나님에 의하여 창조된, 그래서 그분만을 의존해야 하는 사람은 스스로 죄와 죽음의 문제를 해결할 수 없다. 하나님이 개입하지 않으시면 절대로 가능하지 않은 일이다. 그런 이유로 하나님은 무기력한 사람을 위하여 독생자 예수 그리스도를 십자가에서 희생시키시는 은혜를 베푸셨다.

그렇다면 그 희생 때문에 죄인들이 저절로 용서받는가? 물론 아니다! 그들에게 주어진 인격과 자유를 사용해서 회개하고 믿어야 하는데, 예수님의 말씀대로이다. "때가 찼고 하나님의 나라가 가까이 왔으니, 회개하고 복음을 믿으라!" (막 1:15). 결국, 죄의 용서와 구원에도 이중적인 측면이 있는데, 하나는 하나님이 베푸신 은혜이며, 또 하나는 사람들의 적극적인 반응이다.

사람은 완전히 타락했기에 스스로 구원할 수 없다는 칼빈주의자들의 주장과 인격과 자유를 활용해서 회개하고 믿어야 한다고 강조하는 알미니안주의자들의 주장이 조화를 이룰 때, 건전한 구원의 역사가 일어난다. 사람에게 주어진 이중적 측면이 그만큼 중요하다는 말이다.

43

구약의 율법을 지켜야 하는가?

구원받은 그리스도인은 율법을 지키지 않아도 되는가? 그렇지 않다! 바울 사도는 오히려 그 반대를 역설했다. "그런즉 우리가 믿음으로 말미암아 율법을 파기하느냐? 그럴 수 없느니라! 도리어 율법을 굳게 세우느니라"(롬 3:31). 구원받은 사람도 율법을 무시하거나 폐기하지 못하고, 오히려 더욱 굳게 세워야 한다는 것이다. 그렇다면 그리스도인은 구약성경의 율법을 다 지켜야 하는가? 물론 아니다! 다 지킬 수 없기에 선별적으로 지켜야 한다.

토라로 불리는 율법은 모세오경을 가리킨다. 그 율법에는 크게 세 가지, 곧 십계명, 율례 및 규례가 있다. 모세의 율법 가운데 가장 근간이 되는 것은 십계명이다. 하나님이 십계명을 주신 목적은 거룩하게 살라는 것이다. 그런데 십계명을 지키려고 할 때 많은 질문들이 생겼다. 예를 들면, 안식일을 어떻게 구체적으로 지켜야 하는가? 안식일에 불을 때서 밥을 해도 좋은지, 아니면 불을 때면 안 되는지 등이다. 하나님은 율법의 근간인 십계명을 구체적으로 실천할 수 있도록 보충설명을 주셨는데, 그것이 바로 율례이다.

그 후로도 필요에 따라 율례를 더하셨는데, 한 실례를 들어보자. "안식일에는 너희의 모든 처소에서 불도 피우지 말지니라"(출 35:3). 그런데 이스라엘 백성에게 또 문제가 생겼다. 만일 어떤 사람이 안식일을 범하면 어떻게 처리해야 할지 알 수가 없었다. 그래서 하나님은 그들에게 안식일을 범한 사람에 대한 처리방법도 추가해서 알려주셨는데, 그것이 바로 법도였다. 안식일과 연관된 법도, 곧 하나님의 심판을 보면 다음과 같다. "…그 날을 더럽히는 자는 모두 죽일지며, 그 날에 일하는 자는 모두 그 백성 중에서 그 생명이 끊어지리라…안식일에 일하는 자는 누구든지 반드시 죽일지니라"(출 31:14). 이렇게 율례 외에 심판의 법도가 더해진 법을 규례라고 한다.

그리스도인도 거룩하게 살기 위하여 십계명을 지켜야 한다. 그러나 이스라엘 백성이 그들의 노력으로 십계명을 지키지 못한 것처럼, 그리스도인도 자신의 노력으로 지킬 수 없다. 십계명을 지킬 수 있도록 도우시는 분이 성령이다. 거듭난 그리스도인은 성령의 도우심으로 우상을 섬기지 않으며, 안식일도 지키며, 부모도 공경하며, 살인하지도 않고, 간음하지도 않으며, 도적질도 그리고 거짓 증거도 하지 않는다. 그뿐 아니라 탐심도 극복할 수 있다.

이미 언급한 것처럼, 율례는 이스라엘 백성을 위한 십계명의 보충설명이자 시행령이었다. 그러므로 율례는 그리스도인에게 해당하지 않는다. 더군다나 그리스도인이 지켜야 할 규례는 있을 수 없다. 안식일을 범하는 자를 죽이라는 규례는 예수 그리스도의 이타적 사랑에도 어긋난다. 율법대로 그렇게 죽을 수밖에 없는 죄인들을 위하여 예수님은 십자가에서 죽으셨고, 그리고 그들의 용서를 선포하기 위하여 다시 살아나셨기 때문이다.

십계명처럼 구약성경의 가르침이 신약성경으로 연결되는 것을 연속의 원리라고 한다. 반대로 율례나 규례처럼 신약성경으로 연결되지 않는 것을 불연속의 원리라고 한다. 구약성경의 율법 중 대부분은 불연속의 원리에 따라 신약성경에서 폐지되었다. 성전과 제물을 위한 모든 율례와 규례도 불연속의 원리에 따라 그리스도인은 지킬 필요가 없게 되었다.

히브리서의 저자도 같은 맥락에서 이렇게 말했다. "전에 있던 계명은 연약하고 무익하므로 폐하고 (율법은 아무 것도 온전하게 못할지라), 이에 더 좋은 소망이 생기니 이것으로 우리가 하나님께 가까이 가느니라"(히 7:18-19). 전에 있던 계명은 구약시대에 있던 율법을 뜻하는데, 이런 것을 통해서가 아니라 예수 그리스도와 성령을 통한 소망만이 참 소망이라는 것이다. 그 소망으로 인하여 그리스도인은 하나님께 나아가서 교제를 나눌 수 있다. 그리스도인에게 이런 소망을 안겨주기 위하여 '율법의 마침이 되신' 그리스도께 감사하자! (롬 10:4).

44

기독교 윤리의 특징은?

모든 종교에는 윤리가 있으며, 그 내용도 유사한 것이 많다. 그런데 다른 종교의 윤리와 기독교 윤리 사이에는 두드러진 차이점이 있는데, 그것은 근원이다. 모든 일반 종교의 윤리가 사람으로부터 시작되었지만, 기독교 윤리는 하나님에게서 시작되었다. 얼마나 큰 차이인가?

하나님은 이스라엘 백성을 애굽에서 건져내신 후, 십계명을 주셨다. 그 목적은 그들이 거룩한 삶을 살게 하기 위함이었는데, 거룩한 삶을 통해 하나님을 알지 못하는 이방인들에게 그 하나님을 소개할 수 있기 때문이었다.

거룩한 삶의 뿌리인 십계명이 이스라엘 백성에게 주어진 방법은 다른 어떤 종교에서도 볼 수 없을 만큼 특이했다. 하나님께서 두 돌판에 십계명을 직접 쓰셔서 주셨기 때문이다. "그 판은 하나님이 만드신 것이요, 글자는 하나님이 쓰셔서 판에 새기신 것이더라"(출 32:16). 어떤 종교에서 이처럼 하나님이 손수 써서 주신 계명을 찾아볼 수 있겠는가?

십계명의 내용은 우선 이스라엘 백성이 우상을 섬기지도 말고 만들지도 말라는 것이다. 십계명이 주어질 당시 사람들은 갖가지 우상을 섬겼는데, 그 우상 숭배와 연루된 많은 비윤리적인 행위들도 따랐다. 가장 추악한 행위는 성적 문란과 금전적 착취였다. 많은 종교 지도자들이 신앙을 앞세워서 성적으로 여성들을 농락했을 뿐 아니라, 신도들로부터 금전을 착복했다.

그러나 하나님은 그런 비윤리적인 행위를 십계명을 통하여 금하셨다. 무엇보다도 우상을 섬기지 말라는 계명을 주셨다. 그리고 구체적으로 '간음하지 말며', '도적질 하지 말라'고 하셨다. 그뿐 아니었다! 그 당시 많은 종교들이 사람들의 목숨을 빼앗았다. 소위 그들의 신에게 제물로 바친답시고 주저하지 않고 자식을 포함한 사람들을 죽였다. 그러나 십계명은 살생을 엄하게 금하면서, '살인하지 말라!'는 명령도 주셨다.

누가 십계명을 지킬 수 있는가? 예를 들면, '탐내지 말라'는 명령에서 어떤 인간이 자유로울 수 있겠는가? 이런 명령은 인간이 지키려고 해도 지킬 수 없는 불가능한 것이다. 하나님이 제시하신 윤리가 고상하더라도 지킬 수 없다면, 무슨 소용이 있겠는가? 그런데 그런 명령을 지킬 수 있다는 사실을 삶과 가르침을 통하여 보여주신 분이 나타나셨다.

그분은 다름 아닌 예수 그리스도였다. 그분은 율법을 폐하러 세상에 오신 것이 아니라, 완전하게 하려고 오셨다 (마 5:17). '완전하게 하다'라는 말에는 그분이 십계명은 물론 모든 율법을 다 지키셨다는 뜻도 포함되어 있다. 그렇다! 예수 그리스도는 인간으로 세상에 오셨지만, 한 번도 십계명을 어기신 적이 없었다. 그분의 형상을 닮아가는 그리스도인들도 그분의 본을 따라서 십계명을 지킬 수 있게 하셨다.

그렇다면 인간이 예수님처럼 십계명을 지킬 수 있는가? 물론 가능하지 않다! 그런데 놀라지 말라! 지킬 수 있도록 돕는 분이 있는데, 그분은 바로 성령님이시다. 성령님은 그리스도인들 삶 속에 내주하시면서 그들을 도우신다.

하나님은 그리스도인들에게 십계명을 지키라고 명령만 하지 않으셨다. 그들이 십계명을 삶의 현장에서 지킬 수 있도록 성령을 부어주셨다. 그들의 삶 속에 내주하시는 성령님은 그들의 결단만으로 가능하지 않은 것을 실천할 수 있는 능력을 부여하신다. 성령님의 도움과 능력으로 십계명대로 살면서 높은 윤리를 실천한 그리스도인들이 얼마나 많은가!

다시 요약해보면, 기독교 윤리의 시발점은 성부 하나님이시다. 그 하나님은 윤리의 내용을 주었고, 성자 하나님은 그 내용을 삶의 현장에서 실천하심으로 본을 보이셨다. 그리스도인들이 십계명을 지키려 할 때, 그들 속에 내주하시는 성령 하나님이 도우신다. 그 결과 그리스도인들도 기독교 윤리를 그들의 삶에서 예수님처럼 실천할 수 있게 된 것이다!

그리스도
예수

예수의 뜻과 유래는?

'예수'는 헬라어로 *이애수스*(Ἰησοῦς)인데, 그 호격과 소유격은 *이애수*(Ἰησοῦ)이다. 한글성경에서는 호격과 소유격을 그대로 받아들여서 '예수'라고 번역되었다. 영어성경에서 '예수'가 *지저스*^{Jesus}인 것을 감안하면, 한글로 번역된 '예수'가 헬라어에 더 가깝다고 할 수 있다.

그런데 '예수'는 히브리어로 *예수아*(יֵשׁוּעַ)이며, 구약성경의 예언대로 이 세상에 오신 분이다. 그런 까닭에 '예수'의 뜻을 파악하기 위하여 히브리어 이름을 알아볼 필요가 있다. *예수아*의 어원은 *야사*(יָשַׁע)라는 동사인데, 그 뜻은 '건져내다' '구출하다' '구원하다' 등이다. 그 동사가 들어간 말씀을 인용해보자. "그 날에 여호와께서 이같이 이스라엘을 애굽 사람의 손에서 *구원하시매*, 이스라엘이 바닷가에서 애굽 사람들이 죽어 있는 것을 보았더라" (출 14:30).

이 말씀에서 *구원하시매*라는 동사의 히브리어 어원은 *야사*이다. 그런데 이 동사를 구원이라는 명사로 바꾸려고, 그 동사에 호(ה)를 덧붙여서, *호야사*가 된다. 그렇지만 히브리어에서 문자를 덧붙일 때, 발음이 약간씩 바뀜으로써 호세아(הושע)로 읽힌다. 이 명사가 들어간 말씀도 보자. "에브라임 지파에서는 눈의 아들 호세아요" (민 13:8).

호세아는 가나안 땅으로 파송된 정탐자 중 한 사람이었는데, 모세는 그의 이름을 여호수아로 바꾸었다. 그 사실을 하나님의 말씀에서 찾아보자. "이는 모세가 땅을 정탐하러 보낸 자들의 이름이라. 모세가 눈의 아들 호세아를 여호수아라 불렀더라" (민 13:16).

그러니까 구원의 뜻인 호세아에 여를 덧붙인 것인데, 이것은 매우 의미심장하다. 그 이유는 여가 여호와를 가리키는 접두어이기 때문이다. 이렇게 바뀐 여호수아라는 이름은 '여호와의 구원'이라는 뜻이다. 모세가 호세아를 여호수아로 바꾸어서 부른 이유는 적진 속에서도 여호와의 구원을 이루라고 한 것 같다. 그가 이스라엘 백성이 아말렉과 싸울 때, 진두에서 싸움을 지휘했을 때도 역시 여호수아로 불렸었다 (출 17:9-10).

그런데 세월이 흘러서 바벨론 포로 이후에는 여호수아를 줄여서 부르기 시작했는데, 곧 예수아이다. 여호수아에서 호를 뺀 것인데, 호는 위에서 본대로 구원하다는 동사를 명사형으로 만들기 위해 덧붙였던 것이다. 예수아가 들어간 하나님의 말씀을 찾아보자: "스룹바벨과 예수아와 느헤미야와 아사랴와...함께 나온 이스라엘 백성의 명수가 이러하니라" (느 7:7).

이미 위에서 언급한 것처럼, 예수아는 히브리어식 이름이고 '예수'는 헬라어식 이름이다. 그리고 그 뜻은 '여호와의 구원'이다. 이와 같은 이름의 뜻 때문에 예수님의 탄생을 요셉에게 알려준 주의 사자가 이렇게 언급했다. "아들을 낳으리니 이름을 예수라 하라; 이는 그가 자기 백성을 그들의 죄에서 *구원할* 자이심이라" (마 1:21).

유대인들에게 이름은 말할 수 없이 중요한데, 그 이유는 이름마다 뜻이 있기 때문이다. '예수'라는 이름이 중요한 것은 그분이 죄인들을 그들의 죄로부터 구원하여 하나님의 자녀로 삼으시려고 이 세상에 오신 구속의 사역을 포함하기 때문이다.

이 시점에서 한 가지 짚고 넘어가야 할 것이 있는데, 그것은 여호와라는 이름이다. 이 이름은 유대인에게 너무나 중요하다. 그런데 이 여호와가 성육신하여 인간의 모습으로 이 세상에 오셨는데, 바로 '예수'이시다. '예수'에서 예는 여호와를 함축하고, 수는 구원을 함축한다. 이처럼 여호와가 예수로 이 세상에 오셨기 때문에 신약성경에서는 '여호와'라는 이름이 전혀 나오지 않는다. 그분이 바로 성육신하신 '예수'이시기 때문이다. 구태여 '여호와'가 들어간 구약의 말씀을 신약에서 인용할 땐, '여호와'를 '주'로 바꾸었다. 한 예를 들어보자. "주의 성령이 내게 임하셨으니…주의 은혜의 해를 전파하게 하려 하심이라" (눅 4:18-19). 이사야 61장 1-2절에서 사용된 여호와가 누가복음에서는 주로 바뀐 것이다.

46

임마누엘의 함의는?

임마누엘은 성경에서 세 번밖에 나오지 않으나 (사 7:14, 8:8, 마 1:23), 그것이 함축하는 뜻은 깊다. 임마누엘은 세 단어, 곧 '함께'를 뜻하는 임과, '우리'를 뜻하는 누, 그리고 '하나님'을 뜻하는 엘이 합성되어 만들어진 단어이다. 임과 누 사이에 아가 삽입된 것은 발음을 위해서이다. 그 결과 '하나님이 우리와 함께 하신다'는 뜻의 임마누엘이 생성된 것이다.

하나님은 '우리' 곧 인간을 창조하시고 함께 하셨다. 그러나 인간이 불순종으로 더러워지자 '우리'와 함께 하실 수 없었다. 그분이 '우리와 함께 하시기' 위해서는 죄가 제거되어야 했다. 하나님은 죄를 제거하고 '우리와 함께 하실 수 있는' 방안을 마련하셨는데, 곧 성막이었다.

성막의 번제단에 바쳐진 양은 죄의 제거를 뜻하고, 대제사장이 지성소로 들어가는 것은 '우리와 함께 하시는' 하나님을 만나려는 목적이었다. '하나님이 함께 하지' 않으셨다면, 그 제사장에게 이렇게 말씀하지 않으셨을 것이다. "거기서 내가 너와 만나고…내가 이스라엘 자손을 위하여 네게 명령할 모든 일을 네게 이르리라" (출 25:22). 그 후 성막을 대신해서 솔로몬이 성전을 완성하자 하나님이 불 가운데 임하셨는데, 그것은 '하나님이 우리와 함께 계신' 세 번째의 역사였다 (대하 7:1).

그러나 성전을 매개로 한 하나님의 임재는 제한이 많았다. 사람들이 제물을 가지고 성전이 있는 곳으로 가야 했다. 그것도 이스라엘 백성만이 정해진 때에 갈 수 있었다. 그런 제한들을 극복하기 위해 예수 그리스도가 이 세상에 오셨는데, 그분은 '하나님이 우리와 함께 계시'는 임마누엘이시었다. "보라 처녀가 잉태하여 아들을 낳을 것이요 그의 이름은 *임마누엘*이라 하리라 하셨으니, 이를 번역한즉 '하나님이 우리와 함께 계시다' 함이라" (마 1:23).

그런데 그 임마누엘도 제한이 있었다. 그분은 한 번에 한 곳에만, 그것도 주로 팔레스타인 주변에만 계셨다. 거기다가 '우리'의 더러운 죄가 아직 해결되지 않았다. 그래서 그분은 우리의 죄 문제를 해결하기 위해 십자가에서 죽으셨다. 그렇게 죽으신 분이 어떻게 '우리와 함께 하신단' 말인가? 그분은 '하나님이 우리와 함께 하시는' 임마누엘이심을 증명이라도 하듯, 죽은 지 삼 일만에 다시 살아나셨다.

살아나신 그분은 자신이 임마누엘이란 사실을 이렇게 확인하셨다. "볼지어다! 내가 세상 끝날까지 *너희와 항상 함께 있으리라*'" (마 28:20). 이것은 임마누엘을 풀어놓은 말씀이었다. '함께 있으리라'는 임이고, '너희'는 일차적으로는 제자들이나 이차적으로는 '우리', 곧 누이고, '내가'의 '나'는 엘이신 예수님이다. 결국, 부활하신 그리스도 예수는 당신이 *임마누엘*이라고 몸소 선언하신 것이다.

이 말씀에 두 단어가 첨가되었는데, 하나는 항상이고 또 하나는 끝날이다. 얼마 후에 예수님은 하늘로 승천하셨는데, 어떻게 항상 '우리와 함께 하실 수 있는가?' 우리에게 다른 보혜사인 성령을 보내심으로써 그것을 가능하게 하셨다. 그리스도인들의 마음 안에 내주하시는 성령은 우리와 함께 하시는 임마누엘로서, 항상 '우리와 함께 하신다' (요 14:16).

끝날은 그리스도가 재림하실 때를 가리킨다. 그분은 재림주로 오셔서 '우리와 영원히 함께 하실' 것이다. "보라! 하나님의 장막이 사람들과 함께 있으매, 하나님이 그들과 함께 계시리니 그들은 하나님의 백성이 되고 하나님은 친히 그들과 함께 계시리라" (계 21:3). 얼마나 확실한 임마누엘이신가!

첫 인간, 성막 및 성전에서 세 번씩 '우리와 함께 하신' 임마누엘이 마침내 세상에 오셨다. 십자가의 죽음 후 부활, 성령 및 재림을 통해 '우리와 함께 하는' 사실을 세 번이나 더 보여주셨다. 그러니까 예수님의 탄생은 앞의 세 번과 뒤의 세 번을 연결해주는 중심축과 같은 임마누엘이었다.

'오늘 내가 너를 낳았다' 의 함의는?

'오늘 내가 너를 낳았도다'는 표현은 시편에 처음 나온다. "내가 여호와의 명령을 전하노라; 여호와께서 내게 이르시되, '너는 내 아들이라 오늘 *내가 너를 낳았도다*'" (시 2:7). 이 말씀의 배경은 세상의 군왕들과 관원들이었는데, 그들이 들고일어나서 기름 부은 자를 대적했다 (시 2:2). 하나님은 그에 대한 반응으로 '오늘 내가 너를 낳았도다'라고 말씀하셨다.

이 예언적인 말씀이 일차적으로 성취된 것은 사도들이 박해를 받았을 때였다. 그들의 기도를 들어보자. "…어찌하여 열방이 분노하며 족속들이 허사를 경영하였는고? 세상의 군왕들이 나서며 관리들이 함께 모여 주와 그의 그리스도를 대적하도다" (행 4:25-26). 사도들이 언급한 군왕들은 헤롯과 빌라도였으며, 관리들은 이방인과 이스라엘 백성이었다 (행 4:27).

그러나 이 말씀의 온전한 성취는 마지막 때, 아마겟돈 전쟁에서 이루어 진다. 적그리스도가 이끄는 왕들과 장군들과 군대들이 그리스도를 대적하나, '만왕의 왕이요 만주의 주'이신 그리스도 예수는 철장으로 그들을 궤멸시키실 것이다 (계 19:15-18). 결국, '너는 내 아들이라. 오늘 내가 너를 낳았도다'라는 시편의 말씀은 그분을 *재림주*로 소개한다.

'오늘 내가 너를 낳았도다'는 신약성경에서 세 번 인용되었는데, 우선 한 곳을 보자. "그가 천사보다 훨씬 뛰어남은 그들보다 더욱 아름다운 이름을 기업으로 얻으심이니, 하나님께서 어느 때에 천사 중 누구에게, '너는 내 아들이라. *오늘 내가 너를 낳았다* 하셨으며' 또다시 '나는 그에게 아버지가 되고 그는 내게 아들이 되리라' 하셨느냐?" (히 1:4-5).

하나님의 아들은 천사들보다 뛰어나신데, 그들은 그분의 탄생과 사역을 도운 조력자였다 (마 2:13, 4:11, 26:53, 눅 22:43). 그러나 하나님은 그분을 가리키면서 '나는 그에게 아버지가 되고 그는 내게 아들'이라고 하셨다. 그 말씀은 하나님의 선포에 대한 재확인이다 (마 3:17, 17:5). 히브리서 저자는 '오늘 내가 너를 낳았다'고 하면서 그분을 초림주로 소개했다.

신약성경에서 '오늘 내가 너를 낳았도다'를 인용한 두 번째 말씀은 바울 사도의 설교에서 찾을 수 있다. "하나님이 죽은 자 가운데서 그를 살리신지라. 갈릴리로부터 예루살렘에 함께 올라간 사람들에게 여러 날 보이셨으니 그들이 이제 백성 앞에서 그의 증인이라. 우리도 조상들에게 주신 약속을 너희에게 전파하노니,…시편 둘째 편에 기록한 바와 같이 '너는 내 아들이라. *오늘 너를 낳았다*' 하셨고" (행 13:30-33).

예수님은 십자가에서 죽으셨으나 하나님이 다시 살리셨다. 그 부활을 통해 새롭고 영원한 생명으로 다시 태어나신 것인데, 그 사실을 바울 사도는 역시 시편 2편을 인용하면서 '오늘 내가 너를 낳았다'라고 했다. 바울 사도는 그분이 부활하셨다는 사실을 확인하기 위하여 인용했는데, '오늘 내가 너를 낳았다'고 하면서 그분을 *부활의 주님*으로 소개하였다.

신약성경에서 '오늘 내가 너를 낳았다'를 인용한 세 번째 말씀을 보자. "또한 이와 같이 그리스도께서 대제사장 되심도 스스로 영광을 취하심이 아니요, 오직 말씀하신 이가 그에게 이르시되, '너는 내 아들이니 *내가 오늘 너를 낳았다*' 하셨고, 또한 이와 같이 다른 데서 말씀하시되 '네가 영원히 멜기세덱의 반차를 따르는 제사장이라 하셨으니' (히 5:5-6).

예수 그리스도는 부활하신 후, 승천하셔서 하나님 우편에 앉으셨다. 그렇게 앉으신 목적은 구속 사역을 마치고 새로운 사역으로 들어가기 위해서였다. 그것은 교회를 위한 기도의 사역, 곧 제사장의 사역이다. 히브리서 저자는 그분을 제사장으로 소개하기 위하여 '내가 오늘 너를 낳았다'는 말씀을 인용했다. 결국, 이 말씀의 의미는 그분이 *제사장*이시라는 것이다.

예수님이 초림주, 부활의 주님, 제사장, 재림주이심을 함축하는 '오늘 내가 너를 낳았다'는 '깊도다! 하나님의 지혜와 지식의 풍성함이여!'라는 반응을 일으키기에 충분하다 (롬 11:33).

48

선한 목자란?

양을 치는 목자는 선한 목자가 되어야 하는데, 그 본보기는 예수 그리스도이시다. 어떻게 하셨기에 그분은 선한 목자라 불리셨는가? 그분이 직접 하신 말씀에서 세 가지를 찾을 수 있다. 첫째, 그분은 양들을 구원의 길로 인도하셨다. 그분의 말씀으로 확인하자. "나는 양의 문이니 누구든지 나로 말미암아 들어가면 구원을 받고 또는 들어가며 나오며 꼴을 얻으리라"(요 10:9). 양들 가운데 구원받지 못한 사람들이 있다면, 그 책임은 목자에게로 돌아간다.

둘째, 간격 없는 관계를 유지하셨다. 그분의 말씀이다. "나는 선한 목자라; 나는 내 양을 알고 양도 나를 아는 것이, 아버지께서 나를 아시고 내가 아버지를 아는 것 같으니…"(요 10:14-15). 이 말씀에서 관계를 강조하는 '안다'가 네 번씩이나 나온다. 헬라어로 *기노스코*인 이 동사는 성부와 성자의 관계처럼 깊은 관계를 말한다. 구태여 인간적으로 비유하면 부부의 관계와 같은 것이다. 부부의 관계는 다른 어떤 관계보다 깊을 뿐 아니라, 갈수록 깊어지는 관계이다. 결국, 목자는 양들과 깊은 관계를 맺을 뿐 아니라, 시간이 지날수록 그 관계가 깊어져야 한다는 것이다.

그와 같은 관계가 되기 위해서는 복음으로 맺어져야 한다. 목자가 양들에게 복음을 분명히 전해서 그들이 구원의 확신을 갖게 되면, 목자와 양들은 특별한 관계로 들어가기 때문이다. 다시 말해서, 그들은 영적으로 아버지와 자녀의 관계를 갖게 되는 것이다. 그 이후 양육의 과정을 통해 갈수록 관계가 깊어질 것이다.

그렇게 관계가 깊어지는 과정에서 목자가 보여주는 삶은 절대적인 영향을 끼친다. 목자는 무엇보다도 투명한 삶을 보여주어야 한다. 잘한 것도 나누며, 잘못한 것도 솔직히 시인할 수 있어야 한다. 그렇게 할 때 양들도 그들의 잘못을 해결하는 방법을 배우게 된다. 만일 목자가 전혀 잘못을 범하지 않는 사람으로 비춰지면 양들은 그들의 부족함을 보면서 관계를 포기하게 될 수도 있다. 그러나 목자가 투명한 삶을 보여주면 자연스럽게 신뢰의 관계를 갖게 된다. 신뢰 때문에 양들은 목자를 따르며, 존경하며, 목자처럼 변화되는 삶을 살게 될 것이다.

셋째, 선한 목자는 '양을 위하여 목숨을 버리는' 사람이다 (요 10:15b). 일반적으로 목자가 양을 키우는 목적은 팔거나 잡아먹기 위해서이다. 자신들의 욕구와 이익을 위하여 양들을 키운다는 말이다. 그러나 진정한 목자가 양들을 키우는 목적은 그들의 욕구와 이익을 위해서라는 것이다. 이런 삶은 성도를 위한 것인데, 한 마디로 그들의 종처럼 산다는 것이다.

만일 목자가 다른 사역에 몰두한 나머지 이상의 세 가지 핵심적인 주님의 가르침을 소홀히 한다면, 그는 선한 목자가 아니다. 그는 자신도 모르는 사이에 자신을 위한 삯군 목자로 변질되어 가는 중이다. 종이라기보다는 주인으로 바뀌어 가는 것이다.

그러한 선한 목자의 삶에는 무슨 보상이라도 있는가? 물론 있다! 양들이 구원과 양육의 과정에서 누리는 평강을 보는 즐거움! 양들과 누리는 끈끈한 신뢰의 관계! 주님이 다시 오실 때, 양들이 '저 목자 때문에 행복했어요'라고 할 말!

바울 사도가 환희에 가득해서 이렇게 외친 적이 있었다. "우리의 소망이나 기쁨이나 자랑의 면류관이 무엇이냐? 그가 강림하실 때 우리 주 예수 앞에 너희가 아니냐? 너희는 우리의 영광이요 기쁨이니라" (살전 2:19-20).

바울 사도는 양들을 위하여 목숨을 초개같이 여기는 삶을 살면서 사역했다. 두말할 필요도 없이 그런 삶은 '선한 목자'이신 예수 그리스도의 가르침과 삶에서 배웠을 것이다. 양들을 위하여 버려진 삶, 복음과 양육으로 관계를 맺은 삶, 한 번 맺은 관계를 끊임없이 계발하고 발전시킨 삶--이런 삶을 보여주신 '선한 목자'의 본보기를 따르는 목자의 행복은 자못 크다.

유대인은 언제부터 예수를 *죽이기로* 했는가?

예수 그리스도가 인간의 모습으로 이 세상에 오신 가장 중요한 목적은 십자가에서 죽기 위해서였다. 그분이 그렇게 죽지 않으셨다면, 어떤 죄인도 의인이 될 수 없다. 의인이 되면 그는 하나님의 자녀가 되어 이 세상에서 변화된 삶을 영위할 뿐 아니라, 저 세상에서 하나님 아버지와 영생을 누리게 된다. 그러므로 그분이 이 세상에 오신 가장 중요한 목적은 '죽음'이었다.

유대인들은 그 목적을 이루기 위하여 그분을 죽음으로 내몰았는가? 물론 아니다! 만일 그들이 그런 목적을 알고 그렇게 했다면 예수님의 말씀대로 그들은 하나님으로부터 큰 복을 받았을 것이다. "너희가 이것을 알고 행하면 복이 있으리라"(요 13:37).

유대인들은 질투와 미움 때문에 예수 그리스도를 죽음으로 내몰았다. 그렇다면 그들은 언제부터 그분을 죽이기로 작정했는가? 예수님이 회당에서 손 마른 사람의 손을 성하게 하셨을 때부터였다. 그 사실을 하나님의 말씀에서 확인하자. "이에 그 사람에게 이르시되 손을 내밀라 하시니, 그가 내밀매 다른 손과 같이 회복되어 성하더라. 바리새인들이 나가서 어떻게 하여 예수를 죽일까 의논하거늘!"(마 12:13-14).

바리새인들이 예수님을 죽이기로 작정한 이유는 그분이 다른 날이 아닌 안식일에, 그것도 회당에서 병자를 고치셨기 때문이었다. 마가복음에 의하면 바리새인들은 헤롯당과 함께 예수를 죽이려고 의논했다 (막 3:6). 가장 성경적이며 거룩하다는 바리새인들이 가장 비성경적이며 정치적인 헤롯당과 공모하여 예수를 죽이려고 했다. 물론 표면적인 이유는 그분이 안식일에 병을 고치셨기 때문이지만, 실제로는 큰 역사를 이루신 분에 대한 질투와 미움 때문이었다.

요한복음에 의하면 예수님을 죽이기로 작정한 사람들은 유대인들이었다 (요 5:18). 그분은 안식일에 38년 된 중환자를 고쳐주셨는데, 유대인들에게 참 안식의 의미를 알려주기 위함이었다. 그렇지 않았다면 그분은 안식일에 그렇게 많은 치료의 역사를 이루지 않으셨을 것이다 (마 12:11-13, 막 1:21-26, 1:29-31, 눅 13:10-17, 14:1, 요 5:8-9, 9:14).

유대인들이 안식일을 범했다고 예수님을 박해하자 그분은 이렇게 응수하셨다. "내 아버지께서 이제까지 일하시니 나도 일한다"(요 5:17). 이 응수에 대한 유대인들의 반응은 그분을 죽여야 한다는 것이다. 하나님의 말씀에서 그 사실을 확인하자. "유대인들이 이로 말미암아 더욱 예수를 죽이고자 하니, 이는 안식일을 범할 뿐만 아니라 하나님을 자기의 친 아버지라 하여 자기를 하나님과 동등으로 삼으심이러라"(요 5:18).

결국, 유대인들은 두 가지 이유로 예수 그리스도를 죽이기로 작정했다. 한 가지 이유는 안식일에 병을 고쳐주셨기 때문이었다. 다른 이유는 그분이 하나님과 동등한 분이시라는 선언 때문이었다. 바리새인들을 포함한 유대인들은 모두 그분을 죽이려고 작정했던 것이다.

일단 그렇게 작정하자 시간이 지날수록 그 작정은 확고해졌다. 그들은 예수를 반드시 죽여야 한다고 믿었다 (요 7:1). 많은 사람들이 이렇게 말했다. "이는 그들이 죽이고자 하는 그 사람이 아니냐?" (요 7:25). 대제사장 가야바의 발언도 마찬가지였다. "한 사람이 백성을 위하여 죽어야" 한다 (요 11:50).

유대인들은 병자들을 고쳐주신 하나님의 아들을 죽이기로 작정했고, 그리고 마침내 그들의 작정을 실행에 옮겼다. 그들은 사탄의 도구가 되어 가당치도 않은 이유로 그분을 십자가에 못 박았다. 그러나 하나님은 그 죽음을 구속적 죽음으로 승화시키셨다! 결국, 유대인들의 악행도 하나님의 허용적인 뜻 가운데서 이루어졌던 것이다. 하나님은 한편 예수를 죽음으로 몰아붙인 유대인들에게 그 책임을 묻고 심판하실 것이지만, 또 한편 그 죽음을 구원의 방편으로 받아들인 사람들에게 영생의 기쁨을 허락하실 것이다.

50

예수에 대한 삼중적 증언이란?

   예수님이 38년 된 중환자를 고쳐주셨는데, 그 날은 마침 안식일
이었다 (요 5:9). 안식일을 중요하게 여기는 유대인들이 안식일에
병을 고쳤다고 비난하면서 벌떼처럼 일어나서 예수님을 박해하기
시작했다. 왜 예수님은 안식일에 병자를 고쳐주셨는가? 유대인들
이 안식일을 깨뜨렸다고 달려들 것이 너무나 분명한데도 말이다. 안
식일이 아닌 평일에 고쳐주셨더라면 아무 문제도 없을 뿐 아니라,
오히려 유대인들로부터 칭송을 받았을 수도 있었는데 말이다.

   예수님이 안식일에 병을 고치신 것은 의도적이었다. 율법적으로
만 안식일을 지키는 유대인들에게 안식의 참된 의미를 깨우쳐주기
위해서였다. 그 병자는 제대로 움직이지 못하는 중환자였다. 그가
어떻게 안식일의 율례를 깨면서 거의 1km나 되는 2,000규빗이나
걸을 수 있었겠는가? 그는 38년 동안 안식일에만 그 율례를 지킨
것이 아니라, 매일 그 율례를 지킴으로 육체적으로는 하루도 빼지
않고 안식일을 지켰다. 그렇다고 그에게 진정한 안식이 있었는가?

   예수님은 맹공을 퍼붓는 유대인들에게 '내 아버지께서 이제까지

일하시니 나도 일한다'고 응수하셨다 (요 5:17). 그러자 예수님이 '하나님을 자기의 친 아버지라고 하여 자기를 하나님과 동등'하게 여겼다고 하면서 유대인들이 그분을 죽이려고 했다 (요 5:18). 이에 삼중적인 증언을 통하여 죽일 수 없다는 증거를 제시하셨는데, 그것은 "모든 죄에 관하여는 한 증인으로만 정할 것이 아니요, 두 증인의 입으로나 또는 세 증인의 입"으로 확정하라는 율법을 염두에 둔 것이었다 (신 19:15).

그렇다면 예수님이 언급하신 삼중적 증언은 무엇인가? 첫째는 그분이 일구신 역사로 그분의 말씀을 직접 보자. "아버지께서 내게 주사 이루게 하시는 역사, 곧 내가 하는 그 역사가 아버지께서 나를 보내신 것을 나를 위하여 증언하는 것이요"(요 5:36). 예수님이 이루신 역사는 헤아릴 수 없을 만큼 많다. 그러나 현시점에서 가장 확실한 역사는 역시 38년 된 병자를 고치신 역사였다. 하나님이 함께하지 않으셨다면, 어떻게 그런 역사를 일굴 수 있었겠는가?

두 번째 증언은 하나님 아버지이신데, 그분의 말씀으로 확인하자. "또한 나를 보내신 아버지께서 친히 나를 위하여 증언하셨느니라"(요 5:37). 하나님 아버지는 언제 그분을 위하여 증언하셨는가? 먼저, 예수님이 세례를 받으셨을 때였다. "예수께서 세례를 받으시고 곧 물에서 올라오실새, 하늘이 열리고…하늘로부터 소리가 있어 말씀하시되 이는 내 사랑하는 아들이요 내 기뻐하는 자라 하시니라"(마 3:16-17). 얼마나 분명한 증언인가!

또 한 번은 변화산 위에서였다. 예수님은 요한, 베드로 및 안드레를 데리고 높은 산에 오르셨는데, 갑자기 모세와 엘리야가 예수님과 더불어 대화하는 모습이 보였다. 베드로는 얼떨결에 예수님과 그들을 위하여 초막 셋을 짓자고 하였다. 그렇게 "말할 때에 홀연히 빛난 구름이 그들을 덮으며 구름 속에서 소리가 나서 이르시되, '이는 내 사랑하는 아들이요 내 기뻐하는 자니 너희는 그의 말을 들으라' 하시는지라" (마 17:5). 얼마나 확실한 증언인가?

세 번째 증언은 성경인데, 그것도 그분의 말씀으로 확인하자. "너희가 성경에서 영생을 얻는 줄 생각하고 성경을 연구하거니와, 이 성경이 곧 내게 대하여 증언하는 것이니라" (요 5:39). 이 말씀에서 '성경'은 구약성경을 가리키는데, 그때까지 신약성경이 존재하지 않았기 때문이다. 39권으로 이루어진 구약성경은 처음부터 끝까지 앞으로 오실 메시야에 대하여 예언하고 있는데, 그 메시야는 두말할 필요도 없이 예수 그리스도이시다.

유대인들은 영생을 얻으려고 성경을 연구하면서도, 그 성경이 증언하는 메시야를 놓쳤다. 얼마나 불행한 일인가? 그러나 그 못지않게 불행한 것은 이런 삼중적인 증언에도 불구하고 예수 그리스도를 죽였다는 사실이다. 유대인들은 그처럼 자랑하며 의지하는 율법의 분명한 가르침인 삼중적 증언을 무시하고, 그분을 십자가에 달려 죽게 하였다. 얼마나 불행한 사람들인가!

51
'그 피를 우리에게 돌리소서'의 대가는?

금요일 새벽 '모든 제사장과 백성의 장로들'이 예수님을 죽이기로 작정하고 빌라도에게 넘겼다 (마 27:1-2). 빌라도는 아무 죄도 찾지 못하여 방면하려 했으나 그들은 결사적으로 반대했다. 빌라도는 그들의 요구를 받아들이면서 이렇게 말했다. "이 사람의 피에 대하여 나는 무죄하니 너희가 당하라" (마 27:24).

그 말을 기다렸다는 듯 유대인들은 이렇게 응수했다. "백성이 다 대답하여 이르되, '그 피를 우리와 우리 자손에게 돌릴지어다'" (마 27:25). 이 말은 "만일 예수에게 죄가 없다면 그분의 피에 대하여 우리와 우리 자손이 책임을 지겠다"라는 뜻이었다. 그들의 말에 따라 빌라도는 예수를 그들에게 넘겨주어 십자가에서 피투성이가 되어 죽게 했다.

예수 그리스도가 피를 흘리며 죽으신 때는 유월절이었다. 유월절을 지키기 위하여 예루살렘에 운집한 수많은 유대인들이 그분의 죽음을 지켜보는 동안 그들의 미움을 삭히면서 즐거워하고 있었다. 책임을 지겠다고 하나같이 외친 소리가 그들에게 어떤 운명을 가져올

지도 모르면서 말이다.

'그 피를 우리와 우리 자손에게 돌릴지어다'라고 외친 유대인들 가운데 많은 사람들이 여전히 생존하던 주후 70년으로 가보자. 유대인들은 로마의 통치를 반대하며 반항했으며, 이를 진압하기 위하여 티투스Titus 장군의 군대는 예루살렘을 포위하였다. 이 전쟁에 참여했다가 방면된 역사학자 요세푸스Josephus는 그 상황을 상세히 기록했는데, 그중 일부를 옮겨보자.

그런 대치 중에 예루살렘을 몰래 빠져나왔다가 로마 군인들에게 잡힌 유대인들은 십자가에 달려 처형되었다. 그렇게 처형된 유대인들이 얼마나 많았던지 나중에는 십자가를 만들 나무가 모자랐고, 십자가를 세울 장소가 부족할 지경이었다. 그들은 메시야를 십자가에 달리게 한 대가가 이렇게 클 줄 알았겠는가?

많은 유대인들은 금을 삼키고 예루살렘을 빠져나왔는데, 그것이 로마 군인들에게 발각되었다. 로마 군인들은 금을 찾기 위하여 유대인들의 배를 갈랐는데, 어떤 날에는 하루 밤에 2,000여 명이 그렇게 배가 갈려서 죽었다. 그러나 그보다 훨씬 큰 비극이 기다리고 있었다.

로마 군대가 마침내 예루살렘을 진입하여 도성과 성전을 불태웠다. 그때가 마침 유월절이어서, 절기를 지키려고 예루살렘에 모여든 사람은 2,700,200명이나 되었다. 이렇게 몰려든 유대인들은 예루살렘에 갇혀서 꼼짝없이 수난을 당했다. 그날 죽임을 당한 유대인은 11만 명이었고, 포로로 잡혀간 사람의 수는 97,000명이었다. 그 외에도 17세 이상 된 수많은 사람들이 애굽의 광산으로 팔려갔다. 오히려 부정한 자로 여겨져서 절기에 참여할 수 없었던 사람들, 곧 나병환자. 임질병자. 눈먼 자. 월경의 여인, 중풍병자 등은 화를 면할 수 있었다.

로마 군대가 예루살렘을 포위하기 전과 후에 죽은 유대인들의 수는 자그마치 1,337,490명이나 되었다. 이런 비극이 선민인 유대인에게 일어난 것은 하나님의 허용이 없었다면 절대로 가능하지 않았다. 모세를 통하여 매년 유월절의 절기를 지키라고 명령한 이래(출 13:10), 유대의 역사에서 그때까지 유월절에 이방인들의 손에 멸망 당한 적은 한 번도 없었다. 이처럼 엄청난 참사는 유대인들이 그들의 메시야인 예수 그리스도를 십자가에 못 박히게 하면서 그들이 말한 '보증' 때문이었다.

그들의 보증을 확인이라도 하시듯, 예수님은 통곡하시면서 이렇게 예언하셨다. "가까이 오사 성을 보시고 우시며 이르시되…날이 이를지라! 네 원수들이 토둔을 쌓고 너를 둘러 사면으로 가두고, 또 너와 및 그 가운데 있는 네 자식들을 땅에 메어치며 돌 하나도 돌 위에 남기지 아니하리니, 이는 네가 보살핌(심판) 받는 날을 알지 못함을 인함이니라" (눅 19:41-44).

52

유대인의 *기도 시간에?*

유대인이 매일 세 번씩 기도하는 습관은 널리 알려진 사실이다. 다니엘도 하루에 세 번씩 기도했고 (단 6:10), 다윗은 그 기도의 시간도 알려주었다. "저녁과 아침과 정오에 내가 근심하여 탄식하리니 여호와께서 내 소리를 들으시리로다" (시 55:17).

유대인의 기도 중 저녁과 아침에 하는 기도는 번제와 밀접한 관계가 있다. 하나님은 제사장의 임무 중 하나가 매일 번제물을 드리는 것이라고 말씀하셨다. "네가 제단 위에 드릴 것은 이러하니라; 매일 일 년 된 어린 양 두 마리니, 한 어린 양은 아침에 드리고 한 어린 양은 저녁 때에 드릴지라" (출 29:38-39).

이렇게 매일 아침저녁으로 드리는 번제물을 상번제라고 하는데, 상은 '항상' '늘'의 뜻을 지닌 한자이다 (민 28:3). 제사장이 그렇게 아침저녁으로 하나님께 상번제를 드릴 때, 하나님은 그들에게 임하시겠다고 약속하셨다. "이 '상번제'는 너희가 대대로 여호와 앞 회막 문에서 늘 드릴 번제라; 내가 거기서 너희와 만나고 네게 말하리라" (출 29:42).

그러나 성전이 파괴된 후부터 유대인이 상번제를 포함해서 어떤 제물도 드릴 수 없게 되었다. 그러자 유대인은 상번제를 드리는 시간에 기도하기 시작했다.

그런데 놀랍게도 상번제를 드리던 그 시간에, 다시 말해서 유대인이 기도하는 시간에 성령님이 강림하셨다. 의사인 누가는 그 시간을 이렇게 명기했다. "때가 제 삼 시니 너희 생각과 같이 이 사람들이 취한 것이 아니라"(행 2:15). 그렇다! 성령님이 강림한 시간은 삼 시였는데, 그 시간은 아침 9시로 유대인이 기도를 드리는 시간이었다.

구약시대에는 시간개념이 뚜렷하지 않아서 그냥 '저녁과 아침과 정오'로 표시했는데, 신약시대에는 분명해졌다. 그러니까 유대인의 기도 시간은 오전 9시, 12시 및 오후 3시였다. 누가는 사도들이 기도하러 성전으로 올라간 시간도 이렇게 명기했다. "제 구 시 기도 시간에 베드로와 요한이 성전에 올라갈새"(행 3:1). 이 말씀에서 제 구 시는 오후 3시를 가리킨다.

사복음서의 저자들은 이런 유대인의 기도 시간을 염두에 둔 듯, 예수 그리스도가 십자가에 못 박히신 시간도 분명히 밝혔는데, 그 시간은 제 삼 시, 곧 오전 9시였다. "때가 제 삼 시가 되어 십자가에 못 박으니라"(막 15:25). 그렇다! 그분은 금요일 오전 9시에 십자가에 못 박히셨는데, 그때는 유대인이 기도하는 시간이었다.

예수님이 십자가에서 보낸 마지막 시간을 마태는 이렇게 묘사했다. "제 육 시로부터 온 땅에 어둠이 임하여 제 구 시까지 계속되더니, 제 구 시쯤에 예수께서 크게 소리 질러 이르시되, '엘리 엘리 라마 사박다니 하시니' 이는 곧 '나의 하나님, 나의 하나님, 어찌하여 나를 버리셨나이까?' 하는 뜻이라" (마 27:45-46).

그분은 오전 9시에 십자가에 못 박히셨는데, 세 시간 후인 12시에 어두움이 온 세상에 임했다. 그때도 유대인이 기도하는 시간이었다. 그 어두움이 세 시간 후인 오후 3시에 걷히자. 그분은 마지막 기도를 하신 후에 운명하셨다. 그 시간도 역시 유대인이 기도하는 시간이었다.

이런 처절한 예수님의 죽음은 상번제로 죽은 어린 양을 상기시키고도 남는다. 상번제로 어린 양 두 마리가 번제물로 죽었는데, 한 마리는 오전이었고, 또 한 마리는 저녁이었다. 양 한 마리가 번제물로 죽은 아침에 예수님은 십자가에 달리셨고, 또 다른 양이 죽은 저녁에 예수님은 죽으셨다. 그 어린 양들처럼 예수님도 어린 양으로 죽으셨던 것이다 (요 1:29, 계 5:7).

하나님이 상번제를 '향기로운 화제'로 받으신 것처럼 (민 28:6), 예수님의 죽음을 받으셨다. '내가 거기서 너희와 만나고 네게 말하리라' (출 29:42)는 하나님의 약속이 이루어졌다는 말이다. 그렇지 않았다면, 누가 구원을 받을 수 있겠는가?

삼중적 *부활*이란?

　예수님은 38년 된 중환자를 안식일에 고치셨다. 그처럼 놀라운 일을 받아들이지 못한 유대인들은 예수님을 박해하면서 죽이려고까지 했다. 예수님은 그런 유대인들에게 이렇게 말씀하셨다. "아버지께서 아들을 사랑하사 자기가 행하시는 것을 다 아들에게 보이시고, 또 그보다 더 큰 일을 보이사 너희로 놀랍게 여기게 하시리라"(요 5:20). 예수님은 유대인들이 놀랍게 여길 큰 일을 보여주겠다고 하시면서 다음과 같이 세 가지를 말씀하셨다.

　"아버지께서 죽은 자들을 일으켜 *살리심* 같이, 아들도 자기가 원하는 자들을 *살리느니라*"(요 5:21). "진실로 진실로 너희에게 이르노니, 죽은 자들이 하나님의 아들의 음성을 들을 때가 오나니 곧 이 때라; 듣는 자는 *살아나리라*"(요 5:25). "이를 놀랍게 여기지 말라 무덤 속에 있는 자가 다 그의 음성을 들을 때가 오나니, 선한 일을 행한 자는 생명의 부활로, 악한 일을 행한 자는 심판의 *부활로 나오리라*"(요 5:28-29).

　위의 세 구절에 '살리느니라' '살아나리라' '부활로 나오리라'는 표현은 모두 죽음에서 다시 살아나는 부활을 뜻한다. 그런데 이 세 가지 표현에서 '살리다'의 뜻은 같지만, 살리는 내용과 시기는 전혀 다르다.

첫 번째, '아버지께서 죽은 자들을 일으켜 살리심 같이'는 어떤 부활을 가리키는가? 일찍이 하나님은 죽은 자를 두 번씩이나 살리셨는데, 하나는 사르밧 여인의 죽은 아들이었고 (왕상 17:22), 또 하나는 수넴 여인의 죽은 늦둥이였다 (왕하 4:35).

예수님은 이어서 이렇게 말씀하셨다. '아들도 자기가 원하는 자들을 살리느니라.' 예수님은 짧은 공생애 기간 중 세 번씩이나 죽은 자들을 살리셨는데, 첫째는 회당장 야이로의 죽은 딸이었고 (막 5:41-42), 둘째는 나인성 과부의 죽은 독자였다 (눅 7:14-15). 셋째는 죽은 지 나흘이나 된 나사로였다 (요 11:43-44). 하나님이 두 번씩이나 살리시고 예수님이 세 번씩 살리신 역사에는 공통적인 특징이 있는데, 그것은 모두 육체의 부활이었다.

그들은 육체적으로 죽었다가 육체적으로 살아난 것이었다. 다시 말해서, 육체를 지배하는 영혼이 육체를 떠나갔다가 다시 영혼이 육체에 돌아온 것이다. 이런 사실을 확인이라도 하듯 엘리야는 이렇게 말했다. "여호와께서 엘리야의 소리를 들으시므로, 그 아이의 혼이 몸으로 돌아오고 *살아난지라*" (왕상 17:22). 물론 그들의 육체적 부활은 과거에 일어난 역사였다.

두 번째의 '살리심'을 보자. "죽은 자들이 하나님의 아들의 음성을 들을 때가 오나니 곧 이 때라; 듣는 자는 살아나리라." 이 말씀에서 '죽은 자들'은 누구를 가리키는가? 모든 아담의 후손을 가리키는데, 아담의 불순종으로 아담은 물론 모든 사람이 영적으로 죽었기 때문이다. 영적으로 죽은 사람들이 예수 그리스도를 구주로 믿고 영접할 때, 그들의 죄가 용서되면서 성령이 그들 안으로 들어가신다. 이것은 현재에 거듭나서 영적으로 살게 되는 것을 가리킨다.

세 번째, '무덤 속에 있는 자가 다 그의 음성을 들을 때가 오나니'는 미래, 곧 심판의 때에 일어날 부활을 가리킨다. 그때 죽은 자들이 부활하는데, 믿는 자들은 부활하여 영생을 누리게 되나, 믿지 않는 자들은 부활하여 영원한 심판을 받게 된다. 그런 이유로 예수님은 이렇게 덧붙이셨다. "선한 일을 행한 자는 생명의 부활로, 악한 일을 행한 자는 심판의 부활로 나오리라" (요 5:29). '선한 일'은 예수님을 구주로 받아들인 믿음이나, '악한 일'은 거부한 불신이다.

예수님은 이처럼 짧은 말씀에서 이처럼 놀라운 삼중적인 부활을 가르치셨다. 그런데 그 가운데서 두 번째의 부활이 가장 중요하다. 육체적으로 살아나도 언젠가는 다시 죽을 것이기 때문이다. 영적으로 죽은 자들이 거듭나서 영적으로 살아나면, 현재의 삶도 의미 있게 되고, 미래에 '생명의 부활'에 참여하여 하나님과 영원한 행복을 누릴 것이기 때문이다.

54

유대인의 절기와 기독교의 관계는?

유대인들은 일 년에 세 번씩 절기를 지켰는데, 곧 유월절과 오순절과 수장절이었다. 유월절은 보리를 추수하는 봄에, 오순절은 밀을 추수하는 초여름에, 그리고 수장절은 주된 곡식과 과일을 추수하는 가을에 각각 지켰다. 이 세 절기가 제정될 당시 유대인들의 주업은 농업이었기에, 그들의 절기는 이처럼 추수와 밀접한 관계가 있었다.

봄의 절기인 유월절에는 무교절과 첫 이삭 절기도 포함되어 있고, 수장절에는 나팔절과 속죄일이 포함되어 있었다. 그러니까 유대의 삼대 절기는 세분하면 일곱 절기라고 할 수 있다. 유대의 종교력에 의하면, 봄의 세 절기가 1월에 집중되어 있고 (태양력으로는 3~4월), 또 가을의 절기는 7월에 집중되어 있다 (태양력으로는 9~10월). 결국, 유대의 절기에는 봄 절기, 초여름 절기 및 가을 절기가 있다. 모세는 출애굽기 23장과 신명기 16장에서는 세 절기만 제시했고, 레위기 23장과 민수기 28-29장에서는 일곱 절기로 세분해서 제시했다.

먼저, 유월절은 구원과 깊은 연관이 있는데, 그 이유는 출애굽 사건과 연루되기 때문이다. 이스라엘 백성이 흠 없는 어린 양을 잡아서 그 피를 문의 좌우 기둥과 인방에 뿌림으로 죽음을 피하고 출애굽을 할 수 있었다. 예수 그리스도는 죄가 없는데도 어린 양처럼 십자가에서 피를 쏟으며 죽으셨고, 그 결과 죄인들이 그들의 죄와 심판으로부터 벗어날 수 있었다. 그런 이유로 바울 사도는 예수님을 어린 양이라고 했고 (고전 5:7), 사도 요한도 요한계시록에서 그분을 어린 양이라고 31번이나 언급했다.

그다음, 오순절은 밀을 추수하는 때이므로 맥추절이라고도 하고, 유월절 이후 7주가 지난 후에 있는 절기이기에 칠칠절이라고도 한다. 이스라엘 백성이 홍해를 건넌 후 50일째 되는 날, 시내산에서 하나님이 임하셔서 그들에게 율법을 주셨다. 그런 이유로 이스라엘 백성에게 오순절은 유월절의 구원과도 연결되고 그분의 임재와도 연결되었다.

오순절은 이스라엘 백성에게만 중요한 절기가 아니었다. 예수 그리스도가 죽은 지 삼 일째 되는 날 부활하셨다. 그 부활을 상징하는 절기가 첫 이삭 절기였다. 그때부터 50일째 되는 오순절 날에 성령이 기도하던 120명에게 강림하셔서 그들을 충만하게 하셨다 (행 2:1-4). 그 성령이 제일 먼저 교회를 일구셨기에, 그때부터 교회의 시대로 들어간 것이다.

마지막으로, 오순절 이후 여러 달이 지나서 찾아오는 수장절은 이스라엘 백성이 가을 추수를 저장한 절기였는데, 긴 겨울을 준비하기 위해서였다. 그들은 한편 한 해를 잘 지내면서 풍성한 추수를 허락하신 하나님께 감사하며, 또 한편 한 해 동안 잘못 살았던 것을 용서받기 위해 성전에 모여서 절기를 지켰다. 그러나 그렇게 많은 사람들을 수용할만한 잠자리가 없었기에, 그들은 나무와 풀로 초막을 만들었다. 이렇게 만든 초막에서 음식과 잠자리를 해결하며 7일 동안 절기를 지켰다. 그런 이유로 수장절은 초막절이라고도 한다.

수장절도 예수 그리스도와 밀접하게 연결되어 있다. 오순절이 한참 지나서 수장절이 찾아오는 것처럼, 오순절로 시작되어 오랜 후에 교회의 시대가 끝나면, 그분이 재림하신다. 다시 말해서, 수장절은 그분의 재림을 함축한다. 그때 그분은 교회를 '구름 속으로 끌어올려 공중에서 주를 영접하게' 하실 것이다 (살전 4:17). 그렇게 재회한 그분은 교회를 위해 두 가지를 하시는데, 하나는 그리스도인들의 삶을 보상하시고, 또 하나는 혼인예식으로 그들과 결합하신다.

먼 옛날 이스라엘 백성에게 허락하신 삼대 절기가 예수 그리스도의 삼중 사역과 연결되다니, 놀라울 뿐이다. 그렇다! 유월절은 그분의 구원 사역을, 오순절은 그분의 사람들에게 주신 성령의 충만을, 수장절은 그분의 재림을, 각각 함축한다. 유대의 삼대 절기는 구원을 강조하는 중생과 성령의 충만을 함축하는 성결을, 그리고 그분의 재림을 알려준다.

55

전가의 함의는?

전가는 자신의 허물이나 책임을 남에게 돌린다는 뜻이다. 그래서 하나님의 말씀에서는 전가라는 의미의 동사가 '돌린다'라고 번역되기도 했다. "곧 하나님께서 그리스도 안에 계시사 세상을 자기와 화목하게 하시며, 그들의 죄를 그들에게 돌리지 아니하시고 화목하게 하는 말씀을 우리에게 부탁하셨느니라" (고후 5:19).

비록 전가라는 단어는 한글성경에는 나오지 않지만 그런 뜻의 동사는 제법 많다 (눅 22:37, 행 19:27, 롬 2:26, 3;28, 4:3, 5, 6, 9, 10, 11, 22, 23, 24, 5:13, 8:36, 고전 13:5, 몬 18). 이 모든 동사의 헬라어 원어는 하나인데, 곧 *로기조마이*이다.

전가의 의미를 알면 하나님의 말씀이 품고 있는 중요한 내용을 깊게 이해할 수 있을 것이다. 특히 두 사람, 곧 아담과 예수 그리스도 때문에 일어난 전가를 알면 도움이 될 것이다. 그들은 첫 사람과 둘째 사람으로 불리기도 하는데 (고전 15:47), 그들로 인하여 생긴 전가는 구원의 원리를 이해하는 열쇠가 될 수 있다.

먼저, 아담과 연루된 전가를 보자. 그는 하나님의 뜻을 거스르고 불순종하므로 죄인이 되었다. '죄의 삯은 사망이요'라는 원리에 따라 아담은 죽음을 떠안고 살다가 마침내 죽었다 (롬 6:23). 그런데 본인의 죽음으로 끝난 것이 아니었는데, 그의 죄가 인간에게 전가되었기 때문이다. 아담의 죄와 사망이 인간에게 전가된 사실을 바울 사도는 이렇게 명시했다. "그러므로 한 사람으로 말미암아 죄가 세상에 들어오고 죄로 말미암아 사망이 들어왔나니, 이와 같이 모든 사람이 죄를 지었으므로 사망이 모든 사람에게 이르렀느니라" (롬 5:12).

이 말씀에 의하면, 모든 인간은 죄인이 되어 짧은 인생을 죄와 연루된 삶을 살다가 마침내 죽는다. 그런데 죽음으로 끝나지 않고 범죄한 모든 죄에 대하여 책임추궁을 받고 심판을 받는다. 그렇다! 죽음과 심판은 아담이 인간에게 돌린 절망적인 전가이다.

그러나 인간이 그런 절망에서 나올 수 있는 소망이 주어졌는데, 예수 그리스도의 전가 때문이다. 그분도 아담의 전가처럼, 이 세상에 오셔서 죄인인 것처럼 죽음을 떠안고 사시다가 마침내 죽음과 심판을 받으셨다. 죽음과 심판은 예수가 떠안으신 소극적 전가인데, 그 소극적 전가 때문에 인간에게 소망이 생긴 것이다.

그분은 죽은 지 삼 일만에 다시 살아나셨는데, 그 목적은 그분이 다시는 죽지 않는 영원한 분이라는 사실을 보여주기 위함이었다. 그분이 살아생전에 하신 말씀대로이다. "나는 부활이요 생명이니 나를 믿는 자는 죽어도 살겠고, 무릇 살아서 나를 믿는 자는 영원히 죽지 아니하리라" (요 11:25-26).

그분이 부활하셔서 영원한 생명이심을 증명하시는데, 그 생명이 믿는 자들에게 그대로 전가된다. 이것은 적극적인 전가의 첫 번째

이다. 그렇다! 예수 그리스도를 구주로 모신 모든 그리스도인은 육체적으로 한 번 죽지만 그것으로 끝나지 않는다. 그분이 '만왕의 왕이요 만주의 주'로 재림하실 때, 모든 그리스도인도 부활하여 영원한 생명을 누리게 된다. 아담 때문에 사망이 인간에게 전가된 것처럼, 그분으로 인해 부활의 생명이 전가된 것이다. "사망이 한 사람으로 말미암았으니, 죽은 자의 부활도 한 사람으로 말미암는도다" (고전 15:21).

생명만 전가된 것이 아니라, 그분의 의도 전가된다. 아담 때문에 정죄를 당한 인간이 그분 때문에 의인이 된다. "그런즉 한 범죄로 많은 사람들이 정죄에 이른 것 같이, 한 의로운 행위로 말미암아 많은 사람들이 *의롭다 하심*을 받아 생명에 이르렀느니라. 한 사람이 순종하지 아니함으로 많은 사람들이 죄인 된 것 같이, 한 사람이 순종하심으로 많은 사람들이 *의인*이 되리라" (롬 5:18-19). 그런 전가 때문에 인간은 의인으로 살다 천국에서 영생을 누리게 될 것이다!

성령

성령의 삼중적 역할이란?

　예수님은 요한복음 16장에서 그분 대신 오실 보혜사 성령에 대해 가르치셨다. 그 가르침은 성령의 삼중적 역할에 관한 것이었는데, 간단하지만 심오한 그 가르침에 대하여 알아보자.

　성령의 첫 번째 역할은 세상, 곧 불신자들을 책망하는 것이다. *"그가 와서 죄에 대하여, 의에 대하여, 심판에 대하여 세상을 책망하시리라"*(요 16:8). 이 말씀에서 책망은 구원을 위한 것이다. 왜 책망이 구원을 위한 성령의 역할인가?

　어떤 사람도 하나님 앞에서 죄인이라는 사실을 깨닫지 못하면, 십자가 앞에 나와서 죄를 용서받아 구원받을 수 없다. 그러니까 죄인들이 용서받을 수 있도록 성령은 죄는 물론 잘못된 의와 심판에 대해서 책망하신다.

　'책망'은 죄를 드러내고, 꾸짖고, 그리고 한발 더 나아가서 그 죄에서 돌이키라는 명령을 포함한다. 특히 예수 그리스도를 통해서 하나님 앞으로 나아오기를 거부한 불신의 죄를 호되게 책망하는 것이 성령의 역할 중 하나이다.

성령은 의에 대해서도 책망하신다. "의에 대하여라 함은 내가 아버지께로 가니 너희가 다시 나를 보지 못함이요" (요 16:10). '내가 아버지께로 가니'라는 것은 승천을 가리키며, 예수님이 승천하시자 성령이 강림하였다. 그렇게 강림한 성령은 불신자들의 선행과 공적이 '더러운 옷' 곧 냄새나고 추한 옷과 같다는 사실을 드러낼 뿐 아니라 (사 64:6), 꾸짖고, 그것들을 의지하지 말고 돌이켜서 예수님을 의지하라고 하신다.

성령은 심판에 대해서도 책망하신다. "심판에 대하여라 함은 이 세상 임금이 심판을 받았음이라" (요 16:11). '이 세상 임금'은 사탄을 가리키는데, 그는 그리스도 예수가 십자가에서 죽으셨다 부활하셨을 때, 심판을 받았다 (골 2:15). 불신자들은 지금까지 추종하던 사탄이 심판받은 사실을 인지하고 거기에 걸맞는 행동을 해야 한다. 그 행동을 돕기 위해 성령은 사탄의 종으로 살던 그들의 잘못을 드러내고, 꾸짖고, 그리고 사탄 대신 부활의 주님을 추종하라고 하신다.

성령의 두 번째 역할은 그렇게 죄를 깨닫고 용서받아 하나님의 자녀가 된 그리스도인들을 위한 것이다. "그러나 진리의 성령이 오시면 그가 너희를 모든 진리 가운데로 인도하시리니, 그가 스스로 말하지 않고 오직 들은 것을 말하며 장래 일을 너희에게 알리시리라" (요 16:13).

그리스도인들이 하나님의 자녀다운 삶을 살기 위해서는 성령의 도움이 절대로 필요하다. 그 이유는 삶의 기준과 방법을 알려주는 하나님의 말씀, 곧 진리를 깨닫기 위해서 성령의 조명이 있어야 하기 때문이다. 그렇게 깨달은 말씀을 삶의 현장에서 실천하기 위해서 성령의 능력도 있어야 한다. 성령의 조명과 능력 없이 하나님의 말씀대로 살 수 있는 그리스도인은 없다.

하나님의 자녀다운 삶을 위하여 성령은 그리스도인들을 '진리 가운데로 인도하실' 뿐 아니라, '장래 일을 알려주신다.' 앞으로 그리스도인들과 세상이 어떻게 될지 알려준다는 말이다. 그런 장래에 대한 확신 때문에 그리스도인들은 흔들리지 않는 믿음으로 힘차게 전진할 수 있다.

성령의 세 번째 역할은 예수 그리스도의 영광을 드러내는 것이다. "그가 내 영광을 나타내리니, 내 것을 가지고 너희에게 알리시겠음이라"(요 16:14). 이 세 가지 역할 중 그리스도의 영광을 드러내는 것이 가장 중요하다.

그분의 영광을 나타내는 방법도 알려주셨다. '내 것을 가지고 너희에게 알리시겠음이라!' 성령은 그리스도의 것, 곧 그분의 가르침과 역사를 알려주신다. 그 결과 제자들은 신약성경을 기록하였다! 그 성경을 통해 그분이 지금까지 얼마나 많은 영광을 받으셨는가? 그뿐 아니라, 그분의 영광을 위해 역사적으로도 사도신경, 니케아신경, 아타나시아신경이 이루어졌다. 그 외에도 성령은 그리스도의 영광을 위해 얼마나 많은 중요한 교리들을 알려주셨는지 모른다.

57

성령의 삼중적 역사란?

우리가 믿을 때에 성령은 우리 안에서 세 가지로 역사하시는데, 곧 인침과 보증과 증언이다. 우선 두 가지 역사를 포함한 말씀을 보자. "그 안에서 너희도 진리의 말씀 곧 너희의 구원의 복음을 듣고 그 안에서 또한 믿어 약속의 성령으로 *인치심*을 받았으니, 이는 우리 기업의 보증이 되사 그 얻으신 것을 속량하시고 그의 영광을 찬송하게 하려 하심이라" (엡 1:13-14).

우리가 '구원의 복음을 듣고' 믿을 때, 약속된 대로 성령은 우리 안에 들어오셔서 인을 치신다. 이 말씀에서 인침이란 도장을 찍는다는 뜻이다. 왜 성령은 도장을 찍으시는가? 그 이유를 설명하기 위해서 아파트 매매를 예로 들어보자. 판매자가 잔금을 받고 매매증서에 도장을 찍는 순간 그 아파트의 소유권은 구매자에게 넘어간다.

성령의 인침도 마찬가지이다. 우리의 소유권이 완전히 하나님에게로 넘어갔다는 뜻이다. 성령이 인을 치는 순간부터 우리는 '우리'의 것이 아니며, 따라서 세상과 마귀의 소유도 아니다. 그 순간부터 '우리'는 하나님의 소유로 구별된 것이다.

인간은 보석과 같은 아무 인격도 없는 돌을 소중히 여긴다. 하물며 하나님은 당신의 형상대로 지음을 받았고 또 그분의 소유가 된 사람, 곧 인격자를 얼마나 소중히 여기시겠는가? 하나님의 소유가 된 '우리'를 그분은 보석처럼 귀하게 여기면서 보호하신다. 그런 하나님의 마음을 아는 유대인이 보석과 소유를 같은 단어로 사용한 것은 자연스럽기조차 하다 (대하 29:3, 전 2:8). 결국, 성령의 인침은 하나님의 소유와 보호를 위함이다.

성령의 인침은 동시에 '우리 기업의 보증'인데, 이 보증은 우리를 위한 성령의 두 번째 사역이다. '보증'을 설명하기 위하여 다시 아파트 매매의 예를 들어보자. 아파트 구매자는 우선 계약금을 지불한다. 그 후 약속된 날에 잔금을 치루면 매매가 끝나며, 그 아파트는 구매자의 소유가 된다. 그런데 헬라어 성경에 의하면 계약금과 보증은 같은 단어이다.

성령의 인침은 마치 계약금과 같아서 잔금을 전제로 한다. 잔금은 우리가 이 세상을 떠나 주님을 만날 때 이루어진다. 그때 우리는 영원한 몸으로 변화될 뿐 아니라, 하나님이 약속하신 기업을 받게 된다. 그리스도 예수의 핏값으로 속량된 구원이 마침내 완성되는 것이다. 그러니까 시발점은 성령의 인침이고, 종착점은 보증의 성취이다.

우리의 삶에 들어오신 성령은 장래에 대한 보증이다. 현재에도 성령의 조명으로 말씀을 깨닫지만, 잔금이 치루어지면 말씀과 삶은 하나가 될 것이다. 현재에도 성화의 과정을 밟고 있지만, 잔금이 치루어질 때는 절대적이고 완전한 성결을 경험할 것이다. 참으로 놀라운 보증이다!

우리가 믿을 때 우리 안에 들어오신 성령의 세 번째 사역은 증언이다. 무엇을 증언하신단 말인가? 세 가지인데, 첫째는 우리의 죄가 용서되었다는 증언이다. "또한 성령이 우리에게 *증언하시되*…또 그들의 죄와 그들의 불법을 내가 다시 기억하지 아니하리라" (히 10:15, 17). 그렇다! 율법을 따라 드리는 제사로는 죄 문제를 해결할 수 없었지만, 죄를 위한 예수의 제물로 해결되었다는 사실을 성령은 확실히 증언하며 알려주신다 (히 10:12).

둘째는 우리가 하나님의 자녀가 되었다는 증언이다. "성령이 친히 우리의 영과 더불어 우리가 하나님의 자녀인 것을 *증언하시나니*" (롬 8:16). 이런 성령의 증언 때문에 우리는 감히 하나님을 '아빠 아버지'라고 부를 수 있게 된 것이다 (롬 8:15, 갈 4:6).

셋째는 우리에게 영생이 주어졌다는 증언이다. "또 증거(증언)는 이것이니 하나님이 우리에게 영생을 주신 것과 이 생명이 그의 아들 안에 있는 그것이니라" (요일 5:11). 우리가 믿을 때, 그리스도 예수의 생명이 주어졌기에 우리도 그분처럼 영생을 갖게 되었다는 증언이다. 이처럼 놀라운 성령의 증언 때문에 우리는 담대히 전도할 수 있다.

성령에 대한 삼중적 죄란?

　성령을 거스르는 죄가 세 가지인데, 곧 성령을 모독하는 죄, 성령을 근심하게 하는 죄, 성령을 소멸하는 죄 등이다. 이 세 가지 죄악 가운데 성령을 모독하는 죄는 불신자들이 저지르는 죄악이나, 성령을 근심하게 하는 죄와 성령을 소멸하는 죄는 신자들이 범하는 죄악이다.

　먼저, 성령을 모독하는 죄에 대해 알아보자. 한 번은 예수님이 보지도 말도 못하는 벙어리를 고치셨다. "그 때에 귀신 들려 눈멀고 말 못하는 사람을 데리고 왔거늘 예수께서 고쳐 주시매 그 말 못하는 사람이 말하며 보게 된지라"(마 12:22). 그러자 바리새인들은 바알세불을 의지해서 귀신을 쫓아냈다고 비난했다 (마 12:24).

　그런 비난에 대해 주님은 이렇게 응수하셨다. "그러므로 내가 너희에게 이르노니, '사람에 대한 모든 죄와 모독은 사하심을 얻되 성령을 모독하는 것은 사하심을 얻지 못하겠고, 또 누구든지 말로 인자를 거역하면 사하심을 얻되 누구든지 말로 성령을 거역하면 이 세상과 오는 세상에서도 사하심을 얻지 못하리라"(마 12:31-32).

하나님의 성령이 역사하지 않았다면, 어떻게 귀신들려 보지도 말하지도 못하는 사람이 고침을 받겠는가? 그처럼 확실한 성령의 역사와 증거를 거부한 바리새인은 절대로 심판과 지옥을 피할 수 없다는 말씀이다. 물론 바리새인은 예수 그리스도를 거부할 수 있으나, 언제든지 마음을 바꿀 수 있다. 많은 제사장들이 마음을 바꾸고 돌이킨 것처럼 말이다 (행 6:7). 그러나 성령의 역사를 거부하면 그것으로 끝장이며, '용서받지 못할 죄'를 범한 사람들이 된다.

그다음, 성령을 근심하게 하는 죄에 대해 알아보자. 이것은 바울 사도가 그의 서신에서 언급한 죄이다. "하나님의 *성령을 근심하게* 하지 말라; 그 안에서 너희가 구원의 날까지 인치심을 받았느니라" (엡 4:30). 성령으로 거듭난 신자들이 어떻게 성령을 근심하게 하는가? 다음의 네 가지 언행에 연루될 때이다.

만일 신자가 거짓이나 위선을 말하면 성령을 근심하게 하는 것인데, 성령은 '진리의 영'이기 때문이다 (요 14:17). 만일 믿음으로 행하지 않고 의심하거나 염려하면 성령을 근심하게 한 것인데, 성령은 '믿음의 영'이기 때문이다 (고후 4:13. 원어에는 *마음*이 아니라 영이다). 만일 신자가 은혜로운 말 대신 악의적이거나 용서하지 못하는 말을 하면 성령을 근심하게 한 것인데, 성령은 '은혜의 영'이기 때문이다 (히 10:29). 만일 순결하지 않거나 불결한 말이나 행동에 연루된다면 성령을 근심하게 한 것인데, 성령은 '성결의 영'이기 때문이다 (롬 1:4).

마지막으로, 성령을 소멸하는 죄에 대해 알아보자. 이 죄도 역시 바울 사도의 편지에서 언급된 죄이다. "성령을 소멸하지 말며" (살전 5:19). 거듭나서 성령의 내주를 즐기는 신자가 어떻게 성령을 소멸할 수 있는가? '소멸하다'가 '끄다' '억누르다'의 뜻임을 감안하면, '성령을 소멸하지 말라'는 명령은 활활 타는 성령의 불을 끄거나 억누르지 말라는 뜻이다.

신자가 성령을 소멸하게 하는 죄악은 두 가지인데, 하나는 해야 할 것을 하지 않는 죄이며, 또 하나는 하지 말아야 할 것을 행한 죄이다. 경건의 시간을 소홀히 하는 죄는 전자에 속하는 죄 중 하나인데, 신자라면 매일 하나님의 말씀을 읽고 기도해야 한다. 이런 경건의 시간은 신앙을 유지하는 핵심적 요소이기에 그것을 소홀히 하면 당연히 성령을 소멸하는 죄악이 된다.

죄를 범하므로 거룩한 삶을 살지 못하는 죄는 후자에 속하며, 당연히 성령을 소멸한다. 그런 신자는 하나님과의 친밀한 교제가 단절되면서 기쁨과 사랑과 능력을 잃게 된다. 그렇다고 하나님과의 관계까지 끊어지는 것은 아니지만 말이다.

만일 신자가 성령을 근심하게 했거나 소멸했다면, 그 잘못이 무엇이든 자백하고 버려야 한다 (잠 28:13). 그렇게 하면 하나님과의 교제도 회복되고, 기쁨과 능력도 회복될 것이다.

59

그리스도인은 왜 갈등하는가?

　'물과 성령으로 거듭난' 그리스도인도 종종 갈등을 갖는데, 그 원인을 세 가지로 찾을 수 있다. 우선, 그의 삶의 방식이 세상의 원리와 부딪치기 때문이다. 그는 주일에 교회에서 예배를 드려야 하는데, 직장 동료들이 놀러 가자고 강력하게 제안한다면, 당연히 갈등을 일으킨다.

　그다음, 다른 그리스도인들과 부딪치기 때문이다. 그리스도인은 다른 그리스도인들과 당연히 사랑의 교제를 나누어야 하는데, 그렇지 못할 때가 종종 있다. 왜 그처럼 많은 그리스도인들이 서로 미워하고, 싸우고, 갈라지고, 원수가 되는가? 그 과정에서 생기는 갈등은 참으로 크다.

　마지막으로, 갈등의 원인이 자신일 수 있다. 하나님의 뜻을 뻔히 알면서도 그 뜻을 받아들이지 않으면, 내적으로 갈등하게 된다. 그뿐 아니라 죄를 범해도 갈등이 생기는데, 그 갈등은 영적 갈등이기도 하다. 영적 갈등에 대해 좀 더 알아보자.

　결국, 그리스도인이 갈등을 갖는다는 것은 하나님과 정상적인 교제를 누리고 있지 못하는 신앙 상태를 말한다. 하나님은 그가 평안과 기쁨을 누리기를 원하시는데, 그런 신앙 상태는 하나님과 올바른 교제를 나눌 때 생긴다.

그렇다면 어떻게 갈등을 극복하고 다시 하나님과 정상적으로 교제할 수 있는가? 사도 요한은 교제의 회복을 위해서는 자백해야 한다고 했는데, 그의 말을 인용해보자. "만일 우리가 우리 죄를 자백하면, 그는 미쁘시고 의로우사 우리 죄를 사하시며 우리를 모든 불의에서 깨끗하게 하실 것이요" (요일 1:9). 이 말씀에서 '자백'은 하나님의 말씀에 동의한다는 뜻이다. 다시 말해서, 하나님이 그 생각과 언행이 죄라고 하실 때, 그 말씀에 동의해야 한다는 말이다. 그가 그렇게 자백하면, 하나님은 예수 그리스도의 피로 깨끗하게 씻어주신다 (요일 1:7).

그런데 문제가 있다! 그것은 그리스도인이 똑같은 죄를 반복해서 범할 수 있다는 것이다. 물론 죄를 짓는 즉시 자백하면 용서받고 깨끗해진다. 그런데 그 죄를 또 짓고 또 짓는다는 것이다. 물론 또 자백하고 또 자백해야 한다. 도대체 얼마나 자주 똑같은 죄를 자백해야 하는가?

여기에 비밀이 있다! 다람쥐가 쳇바퀴를 돌 듯 똑같은 죄를 짓고 자백하기를 반복하다가 보면, 자신에 대해 한심하다고 느끼기 시작한다. 나중에는 자신을 미워하게 될 수도 있다. 이런 소극적인 경험을 통해 바울 사도의 간증을 더 깊이 이해하게 된다. "내가 원하는 바 선은 행하지 아니하고, 도리어 원하지 아니하는 바 악을 행하는도다" (롬 7:19).

왜 성령으로 거듭났는데도 '내가 원하는 바 선은 행하지 않는가?'

그것은 두 가지 이유 때문이라고 바울 사도는 밝혔는데, 하나는 그 속에 거하는 죄, 곧 죄성 때문이다 (롬 7:20). 다른 이유는 그 안에 선한 것이 없기 때문이다. "내 속 곧 내 육신에 선한 것이 거하지 아니하는 줄을 아노니, 원함은 내게 있으나 선을 행하는 것은 없노라" (롬 7:18).

그리스도인이 이런 사실을 경험적으로 깨닫게 되면, 하나님의 두 번째 은혜를 받을 준비가 된 셈이다. 그는 십자가에서 죽으신 예수 그리스도가 과거의 모든 죄를 구속하기 위함이라는 사실은 이미 깨달은 바 있다. 그런데 그분의 죽음이 한발 더 나아가서 그의 죄성도 위해서라는 사실을 경험적으로 깨닫게 된 것이다. 그 깨달음은 그가 그리스도와 함께 십자가에 못 박혔다는 다음 단계의 깨달음으로 인도한다 (갈 2:20). 그 순간 성령이 그에게 충만하게 임하면서 그를 더 높은 차원의 신앙으로 이끌어간다.

결국, 그리스도인이 내적으로나 영적으로 갈등한다는 것은 '물과 성령으로 거듭났다'는 사실에 대한 확실한 경험적 증언이다. 그뿐 아니라, 그런 갈등은 그를 두 번째 은혜로 인도하는 촉진제가 될 수 있다. 그런데도 많은 신자들이 아무런 영적 갈등도 없다는 것은 거듭나지 않았거나, 아니면 하나님의 뜻에 무관심해진 서글픈 신앙 상태를 말한다.

성령 충만을 위한 삼중적 비결은?

예수님은 이 세상에서 사랑하는 제자들과 마지막으로 대화하시는 중 이런 약속을 하셨다. '너희는 몇 날이 못되어 성령으로 세례를 받으리라' (행 1:5). 이 약속대로 얼마 지나지 않아서 제자들은 성령의 세례를 받았다. 사도행전을 기록한 누가는 그 세례를 '성령의 충만'으로 묘사했다 (행 2:4). 그러니까 '성령 세례'와 '성령 충만'은 같은 뜻이다.

제자들은 그 약속을 조금도 의심하지 않았다. 그렇다면 그들의 믿음 때문에 자동적으로 성령 충만을 경험했는가? 물론 아니다! 그 약속을 믿은 믿음의 행위가 따라야 했는데, 사도행전 1장에 기록된 그들의 행위는 세 가지였는데, 곧 삼중적 비결이다.

첫 번째 비결은 '순종'인데, 제자들은 예수님의 명령에 무조건 순종했다. 예수님은 그들에게 '예루살렘을 떠나지 말고 내게서 들은 바 아버지께서 약속하신 것을 *기다리라*'고 명하셨다 (행 1:4). 그곳에서 기다리는 것은 인간적으로 어려운 명령이었는데, 그곳에는 그들도 죽이려는 종교지도자들로 가득했기 때문이다. 그들은 고향인 갈릴리로 돌아가고 싶었을 것이다.

제자들이 조건 없이 순종한 것처럼, 우리도 주님의 명령에 순종해야 한다. 그런데 주님은 우리 모두에게 같은 명령을 주지 않으시고, 우리의 성숙도에 걸맞는 명령을 주신다. 어떤 이에게는 매일 성경 읽고 기도하라는 명령을 주시나, 다른 이에게는 선교사가 되라는 명령을 주신다. 어떤 명령을 주시든지, 그 명령에 무조건 순종해야 한다.

두 번째 비결은 '기도'인데, 제자들은 열흘 동안 기도에 전념했다. 다락방에 모인 120명의 성도는 '마음을 같이하여 오로지 기도에 힘썼다' (행 1:14). '아버지께서 약속하신 것', 곧 성령 충만을 위해서 열심히 기도했다 (눅 24:49, 욜 2:28-29).

그렇다면 우리도 성령 충만을 위해서 열흘 동안 기도에 전념해야 하는가? 그렇지 않다! 제자들이 열흘간 기도하자 하나님의 섭리와 예정대로 오순절에 성령 충만을 받았다. 우리가 성령 충만을 위해 얼마나 기도해야 할지는 성도와 처지에 따라 다르다.

역사적인 실례를 하나 들자면, 건초 더미 기도회이다. 다섯 명의 대학생이 갑자기 퍼붓는 폭우를 피해 건초 더미에 의지하며 비를 피하면서 기도했다. 비가 그치는 데는 오래 걸리지 않았지만, 그들은 성령 충만을 경험하고 현대 선교의 문을 열었다. 결국, 성령 충만의 비결은 얼마나 오래 기도하느냐가 아니라, 같은 마음으로 그리고 전심으로 기도하는 것이다.

하나님은 그런 기도를 들으시고 성령을 부어주신다. 우리는 하나님의 섭리와 예정을 알 수 없지만, 하나님의 약속을 의지해서 한편 순종하고 또 한편 기도한다면, 하나님은 반드시 성령 충만을 허락하실 것이다. 성도의 성령 충만은 하나님의 뜻이기 때문이다. 하나님은 바울 사도를 통해 '성령의 충만을 받으라'고 말씀하셨다 (엡 5:18). 그렇게 성령 충만을 경험하면, 그분의 능력을 힘입어 하나님의 뜻대로 살게 된다. 그러나 성령 충만을 경험하지 못하면 성경적인 신앙생활을 영위할 수 없다.

세 번째 비결은 '자기 포기'인데, 말씀으로 확인하자. "제비 뽑아 맛디아를 얻으니, 그가 열한 사도의 수에 들어가니라" (행 1:26). 이 말씀이 어떻게 자기 포기를 뜻하는가? 이 말씀은 가룟 유다의 배반과 죽음으로 궐석이 생긴 사도를 보충할 때, 120명의 성도가 취한 행동이다.

그 성도들이 제비를 뽑았다! 이 사실은 어떤 사람도 자기의 권리를 주장하지 않았다는 뜻이다. 예수님의 수제자인 베드로와 사랑의 제자인 요한은 그들의 위치를 이용해서 목소리를 높이지 않았다. 그분의 어머니와 동생도 마찬가지였다. 모두 자신을 포기하고 묵묵히 제비를 뽑았다.

우리도 성령 충만을 경험하기 위해서 자신의 뜻을 하나님의 뜻과 섭리에 맡길 수 있어야 한다. 그렇지 않으면 어떻게 하나님의 뜻인 성령 충만이 허용되겠는가?

성령으로 충만하면?

바울 사도는 모든 그리스도인이 성령의 충만을 경험해야 한다고 명령했다. "술 취하지 말라 이는 방탕한 것이니, 오직 성령으로 충만함을 받으라"(엡 5:18). 이 명령에서 성령 충만은 한 번만 받는 것이 아니라 반복적으로 받아야 한다는 중요한 사실을 내포하고 있다.

바울 사도는 왜 그런 명령을 했는가? 그 이유는 분명한데, 성령으로 충만해야 하나님의 영광을 위해 살 수 있기 때문이다. 그 이유는 성령의 중요한 사역이 그분의 영광을 위한 것이기 때문이다. "그[보혜사]가 내 영광을 나타내리니 내 것을 가지고 너희에게 알리시겠음이라"(요 16:14). 그렇다! 성령 충만은 하나님께 영광을 돌리는 삶을 살기 위해 허락되는 은혜이다.

성령으로 충만하면 당연히 성령의 인도와 지배를 받기에 하나님의 영광을 위해 살게 된다. 두말할 필요도 없이 그리스도인은 일상생활에서 하나님의 영광을 위해 살아야 하는데, 바울 사도의 권면도 마찬가지이다. "그런즉 너희가 먹든지 마시든지 무엇을 하든지 다 하나님의 영광을 위하여 하라"(고전 10:31).

일상생활에서 하나님께 영광을 돌려야 하는 첫 번째 측면은 '거룩한 삶'이다. '거룩하다'는 '다르다' '성별하다'의 뜻인데, 그의 사고와 언행에서 다른 사람들과 달라야 한다. 물론 어떤 그리스도인도 자신의 결심과 힘만으로 성별된 삶을 살 수 없기에, 성령의 도움이 있어야 한다. 성령의 도움을 위해 그는 성경 읽기와 기도를 게을리해서는 안 된다. 그렇게 할 때 그는 성령의 충만을 유지하여 성결한 삶을 영위하며, 따라서 하나님께 영광을 돌리게 된다.

하나님께 영광을 돌릴 수 있도록 성령의 도움과 능력이 필요한 두 번째 측면은 '섬기는 삶'이다. 그리스도인이 개인적으로 거룩하다 해도 혼자 신앙생활을 할 수 없고 또 해서도 안 된다. 그는 반드시 다른 그리스도인들과 더불어 삶을 나누어야 하며, 그렇게 나눌 수 있는 좋은 곳은 신앙공동체인 교회이다. 교회에는 당연히 서로를 보듬는 섬김이 있어야 한다. 어떤 사람은 구제에 힘쓰고, 어떤 사람은 권면하고, 또 어떤 사람은 가르친다. 어떤 사람은 소그룹을 인도하면서 성도들을 이끌어가기도 한다. 어떤 사역을 하든 성령으로 충만 받아야 성령의 도움과 능력으로 하나님께 영광을 돌릴 수 있다.

신앙공동체에서 서로를 섬긴다는 것은 서로의 종이 된다는 뜻인데, 성령의 충만을 받지 못하면서 그렇게 되기란 거의 불가능하다(행 6:5, 13:52). 서로에게 종이 되기 위해서는 사랑이 바탕이 되지 않으면 안 되는데, 그런 아가페 사랑은 성령으로 충만할 때만 가능하다.

하나님께 영광을 돌릴 수 있는 세 번째 측면은 '전도'이다. 비록 그리스도인은 세상에 속해 있지 않지만, 그래도 그 세상을 떠나서 살 수는 없다. 세상에서 살아야 하는 중요한 목적 가운데 하나는 세상에 속한 사람들에게 복음을 전하기 위함이다. 어떤 때는 그 복음 때문에 미움과 박해도 받지만 말이다. "너희가 세상에 속하였으면 세상이 자기의 것을 사랑할 것이나, 너희는 세상에 속한 자가 아니요 도리어 내가 너희를 세상에서 택하였기 때문에 세상이 너희를 미워하느니라" (요 15:19).

베드로 사도는 복음을 능력있게 전하기 위하여 반복적으로 성령의 충만을 경험했다 (행 2:4, 4:8, 4:31). 스데반도 성령의 충만으로 담대하게 복음을 전하다 순교했다 (행 7:55). 바울 사도도 마찬가지로 성령의 충만함을 받아 능력있게 복음을 전했다 (행 9:17, 13:9).

어떤 그리스도인도 성령으로 충만하지 않으면 성경적인 신앙생활을 영위할 수 없다. 개인적으로 거룩한 삶, 신앙공동체에서 종이 되는 삶 및 세상에서 전도의 삶은 그의 행동반경 전체를 망라하기 때문이다. 그가 무엇을 하든 거룩해야 하며, 다른 그리스도인들과 함께 하는 신앙공동체에서 섬겨야 하며, 세상으로 나아가서 복음을 전해야 하는데, 성령으로 충만할 때만 가능하다.

성령 *세례*와 성령 *충만*은 다른가?

    신약성경에서 성령 세례라는 표현은 7번 나오는데 (마 3:11, 막 1:8, 눅 3:16, 요 1:33, 행 1:5, 11:6, 고전 12:13), 우선 바울이 사용한 성령 세례에 대해 알아보자. "우리가 유대인이나 헬라인이나 종이나 자유인이나 다 한 *성령*으로 *세례*를 받아 한 몸이 되었고 또 다 한 성령을 마시게 하셨느니라" (고전 12:3).

    바울은 민족과 신분을 초월해서 '한 몸'을 이룬다고 했는데, '한 몸'은 우주적 교회를 가리킨다. 바울은 그 교회의 일원이 되는 방법도 알려주었는데, 곧 *성령 세례*를 통해서이다. 그러니까 누구든지 '물과 성령'으로 거듭나는 순간 우주적 교회의 일원이 된다. 거듭난다는 것은 개인의 경험이나, 성령 세례는 우주적 교회로 들어가서 공동체의 일원이 되는 경험이다.

    성령으로 거듭나서 우주적 교회의 일원이 된 그리스도인은 성령 충만을 경험해야 하는데, 그 경험에 대한 약속이 바로 성령 세례이다. 그 약속을 제일 먼저 언급한 사람은 세례 요한이었다. "나는 너희에게 물로 세례를 베풀었거니와, 그는 너희에게 성령으로 *세례*를 베푸시리라"(막 1:8). 3년 후에 주님이 성도들에게 성령 세례를 베풀어주시겠다는 약속이다.

다음으로 성령의 세례를 약속한 분은 다른 분이 아닌 예수 그리스도였는데, 그분의 말씀을 인용해보자. "요한은 물로 세례를 베풀었으나 너희는 몇 날이 못 되어 성령으로 세례를 받으리라"(행 1:5). 그 약속대로 120명의 성도는 열흘 후에 성령의 세례를 받았는데, 누가는 그 성령의 세례를 이렇게 묘사했다. "그들이 다 성령의 충만함을 받고 성령이 말하게 하심을 따라 다른 언어들로 말하기를 시작하니라"(행 2:4).

누가에 의하면, 성령의 세례와 성령의 충만은 똑같다. 그런데 왜 누가는 '그들이 다 성령의 세례를 받고'라고 하지 않고, '그들이 다 성령의 충만함을 받고'라고 바꾸었는가? 의사인 누가가 같은 내용이지만 달리 묘사한 이유가 있다. 그 이유는 약속을 강조할 때는 성령의 세례라고 했으나, 그 약속이 성취된 경험을 강조할 때는 성령의 충만으로 묘사한 것이다.

누가는 그의 저서 누가복음에서 그런 구분을 분명히 했다. 그는 약속을 말하면서 성령의 세례라고 했고 (눅 3:16), 경험을 강조할 때는 성령의 충만이라고 했다. 그는 세례 요한과 그 부모가 성령의 충만함을 받았다고 했으며 (눅 1:15, 41, 67), 예수님도 똑같이 성령의 충만함을 입으셨다고, "예수께서 성령의 충만함을 입어 요단강에서 돌아오사 광야에서 사십 일 동안 성령에게 이끌리시며"(눅 4:1)라고 묘사했다.

누가는 그의 두 번째 저서인 사도행전에서도 약속을 말할 때는 성령 세례로 묘사했으나 (행 1:5, 11:16), 경험을 강조할 때는 성령 충만으로 표현했다. 한 실례를 들어보자. "이에 베드로가 *성령이 충만하여* 이르되, '백성의 관리들과 장로들아!'" (행 4:8).

베드로와 사도들은 기적을 동반한 복음선포 때문에 온갖 박해를 받자 기도로 응수했다. 그 기도의 응답으로 그들은 다시 성령 충만을 경험했다. "빌기를 다하매 모인 곳이 진동하더니 무리가 다 성령이 충만하여 담대히 하나님의 말씀을 전하니라" (행 4:31).

베드로와 바울은 성령의 충만을 한 번만이 아니라 반복적으로 받았다. 베드로는 오순절에 다른 성도들과 함께 성령의 충만을 받았는데, 그 후 복음을 전할 때와 박해를 받아 기도할 때도 성령의 충만을 받았다 (행 2:4, 4:8, 31). 바울도 예수님을 만난 직후와 전도 여행 중에 각각 성령의 충만을 경험했다 (행 9:17, 13:9). 그런 경험을 바탕으로 바울은 '오직 성령으로 충만함을 받으라'고 명령하면서 그 경험이 반복적이어야 한다는 사실을 강조했다 (엡 5:18).

그렇다! 성령의 세례와 성령의 충만은 같은 내용이나, 약속과 경험을 각각 강조하는 표현이다. 그리고 그리스도인이라면 당연히 베드로와 바울처럼 반복적으로 성령 충만을 경험해야 할 것이다.

방언은 필요한가?

방언에는 두 가지가 있는데, 하나는 사람이 알아들을 수 있는 외국어이고, 다른 하나는 사람이 알아들을 수 없는 말이다. 사도행전 2장에 나오는 방언은 외국어인데, 그때 예루살렘에 모였던 여러 나라에서 온 사람들이 그들의 언어로 복음을 들었다. 그들의 증언이다. "…이 말하는 사람들이 다 갈릴리 사람이 아니냐? 우리가 우리 각 사람이 난 곳 방언으로 듣게 되는 것이 어찌 됨이냐?"(행 2:7-8). 여기에서 나오는 방언은 복음을 전하기 위한 은사이다.

반면에 사도행전 19장에 나오는 방언의 은사는 알아들을 수 없는 천사의 말이다 (행 19:6-7). 이런 방언도 역시 인간의 노력으로 받는 것이 아니다. 방언은 성령이 임의로 주시는 은사이다. 방언을 받는 사람들의 자격이나 업적과 상관없이 주어지는 은혜의 선물이라는 뜻이다.

달리 말하면, 방언은 스스로 원하거나 아니면 다른 그리스도인들의 추천으로 주어지는 것이 아니다. 바울 사도는 방언을 포함한 성령의 은사 9가지를 열거하면서 그 은사들을 성령이 주신다고 명시했다. "이 모든 일은 같은 한 성령이 행하사, 그의 뜻대로 각 사람에게 나누어 주시는 것이니라"(고전 12:11). 그렇다! 은사는 '그의 뜻대로' 주어진다. 그런데도 어떤 그리스도인들은 이런 분명한 가르침에 반하여 방언의 은사를 달라고 몸부림친다.

중요한 것이 또 있는데, 그것은 모든 그리스도인이 방언할 수도 없고 또 해서도 안 된다. 바울의 가르침을 들어보자. "다 사도이겠느냐? 다 선지자이겠느냐?⋯다 방언을 말하는 자이겠느냐? 다 통역하는 자이겠느냐?"(고전 12:29-30). 성령은 모든 그리스도인에게 똑같은 은사만을 주지 않으신다는 분명한 말씀이다. 그들이 각기 다른 은사를 사용할 때, 교회가 균형 잡힌 성장을 할 수 있기 때문이다.

성령은 언제 그리스도인들에게 은사를 주시는가? 그들이 거듭날 때인가? 아니면 성령으로 충만함을 받을 때인가? 아니면 기도를 많이 할 때인가? 이 질문에 대한 대답은 간단하다! 은사를 주시는 분이 성령이라는 사실을 기억하면 간단히 대답할 수 있다. 다음과 같은 질문을 하면서 풀어보자. 그리스도인들에게 언제 성령이 들어오시는가? 물론 거듭나는 순간이다. 그들이 거듭날 때, 성령이 그들 안에 들어오시며, 따라서 그때 은사도 주어진다.

그런데 왜 그리스도인들은 그들이 은사를 받았는지, 또 받았다면 어떤 은사를 받았는지 모르는가? 그 이유는 그들에게 주어진 은사가 무엇인지 찾지 않았기 때문이다. 그들의 은사가 무엇인지 찾아야 한다. 그래야 교회에서 그 은사를 활용할 수 있기 때문이다. 그런데 그 은사를 잘 활용하기 위해선 연구와 교육도 필요하다. 예를 들면, 가르침의 은사를 받은 사람은 가르칠 내용을 알아야 하며, 알기 위해서는 연구와 교육이 필요하다.

그렇다면 모든 은사는 성령이 '각 사람에게' 나누어주셨기에 똑같이 중요한가? 물론이다! 모든 은사는 성령이 주시기에 그 중요성에 있어서는 똑같다. 그러나 똑같지 않은 것도 있는데, 그것은 은사들이 다른 사람들에게 미치는 영향이다. 더 많은 사람들에게 영향을 끼치는 은사는 그만큼 더 큰 은사이다. 가장 큰 은사는 사도이며, 그다음은 선지자이다. 그들의 전도와 가르침을 통하여 교회가 세워졌기 때문이다 (엡 2:20).

그런가 하면 다른 사람들에게 영향을 거의 끼치지 못하는 은사가 있는데, 곧 방언이다. 방언의 은사는 본인에게만 유익하기 때문이다. 이 시점에서 바울 사도의 명령에 귀를 기울여보자. "너희는 더욱 큰 은사를 사모하라; 내가 또한 가장 좋은 길을 너희에게 보이리라"(고전 12:31). 이왕 은사를 위하여 기도하려면, 많은 사람들에게 영향을 끼치는 큰 은사를 사모하라는 명령이다. 이런 분명한 명령이 있는데도, 왜 많은 그리스도인들이 방언의 은사를 받지 못해서 안달하는지 모르겠다.

64

믿음과 사람의 *지혜*는 어떻게 다른가?

민수기 14장에는 가나안으로 가던 여정에서 이스라엘 백성에게 일어난 중요한 사건이 기록되어 있다. 12명의 정탐꾼이 가나안으로 들어갔는데, 그들이 돌아와서 두 가지 다른 보고를 했다. 2명은 하나님의 도움을 받아서 가나안 땅을 정복할 수 있다고 보고했지만, 나머지 10명은 그곳을 정복할 수 없다고 보고했다.

이 두 가지 보고에서 신적神的 믿음과 인간적 지혜의 차이점을 찾을 수 있다. 10명의 정탐꾼은 가나안 땅을 그들의 지혜로 보았고, 또 본대로 보고했기에 조금도 잘못된 것이 없었다. 그들의 경험과 지식은 그들에게 나름대로 지혜를 갖게 하였고, 그리고 그 위기의 순간에 지혜를 발휘하여 이스라엘 백성을 보호하려고 그렇게 보고했던 것이다.

그러나 10명의 정탐꾼의 지혜는 잘못된 것으로 판명되었고, 그들은 물론 그들을 따른 백성은 한 사람도 가나안으로 들어가지 못했다. 이런 사실은 사람의 지혜에는 한계가 있다는 것을 말해준다. 반면, 2명의 정탐꾼은 믿음의 보고를 했고, 하나님은 그들의 믿음대로 마침내 그들이 가나안 땅을 정복하고 들어가는 것을 허락하셨다.

하나님이 2명의 보고를 받아주신 이유는 하나님의 약속을 믿었기 때문이다. 하나님은 이스라엘 백성에게 반복적으로 가나안 땅을 주시겠다고 약속하신 바 있었다 (창 15:18-21, 26:2-4, 35:12, 50:24). 그리고 그 약속을 이루시기 위하여 하나님은 이스라엘 백성을 애굽에서 이끌고 나오셨다. 그러니까 출애굽의 목적은 가나안의 입성이었다. 이런 하나님의 약속을 2명의 정탐꾼은 받아들였고, 또 믿었던 것이다. 하나님도 약속을 믿은 그들의 믿음을 수용하셨고, 따라서 그들을 가나안으로 들어가도록 허락하셨다.

이제 믿음과 인간적 지혜의 차이점이 드러난 것 같다. 믿음은 하나님의 약속을 받아들이는 것인데 반하여, 사람의 지혜는 하나님의 약속과 상관없이 인간의 지식과 경험을 바탕으로 이루어진 것이다. 그리스도인이 중요한 결정을 할 때, 어떤 때는 이런 지혜를 십분 활용해야 하나, 또 어떤 때는 믿음을 구사해야 한다. 그러나 많은 경우 믿음과 지혜를 같이 발휘해야 한다. 그리할 때 균형 잡힌 결정을 내릴 수 있기 때문이다.

예를 들면, 교회를 건축할 때도 믿음과 사람의 지혜를 동시에 사용해야 한다. 하나님의 약속이 없는데도 믿음으로 교회 건축을 하는 것은 믿음이 아니다. 그것은 인간적인 신념이요 소망일 뿐이다. 아무리 기도를 많이 하고, 그것이 하나님의 뜻이라고 선포해도 하나님의 구체적인 약속이 없는 것은 믿음이 아니라 신념일 뿐이다.

실제로 신념을 바탕으로 교회를 건축했다가 심각한 문제에 빠진 교회들이 얼마나 많은지 모른다. 어떤 교회는 내분으로 갈라지기도 했고, 또 어떤 교회는 목회자가 쫓겨나기도 했다. 또 어떤 교회는 수 많은 건축 채무로 허덕이기도 한다. 그래도 그만하면 다행인 편이다. 어떤 교회는 결국 은행 빚을 감당하지 못해 파산되기도 했다. 건물은 은행에 넘어가고, 교인들은 뿔뿔이 흩어졌다.

그러므로 교회 건축에는 믿음과 사람의 지혜가 똑같이 필요하다. 먼저, 교회의 재정 상태를 진단해야 한다. 비록 하나님이 교회 건축을 약속하셨더라도 그리스도인들은 지금까지의 지식과 경험으로 다져진 지혜를 사용해서 건축에 들어가는 비용을 계산해야 한다. 하나님의 약속은 교회 건축이지, 다음 세대가 갚지 못할 채무를 지고 벅찰 정도로 크게 건축하라는 것은 아닐 수 있기 때문이다. 얼마나 큰 건물을 지으라는 구체적인 말씀이 없었다면, 사람의 지혜를 사용해서 교회의 크기를 정해야 한다.

실제로 하나님이 교회 건축을 하라는 확실한 약속을 받고 믿음으로 건축했는데도 파산된 교회도 없지 않아 있다. 교회 지도자들이 그들의 지혜를 사용하지 않았기 때문이다. 균형 잡힌 신앙생활에는 반드시 믿음과 사람의 지혜가 적절히 활용되어야 한다.

'의와 절제와 심판'의 함의는?

바울 사도는 유대인들의 고발로 졸지에 갇힌 몸이 되었다. 그는 유대의 총독인 벨릭스 앞에서 재판을 받게 되었는데, 그 재판관은 돈과 성을 탐닉하는 악명 높은 인간이었다. 그는 탐욕을 채우기 위해 남의 아내였던 미모의 드루실라를 유혹하여 세 번째 아내로 삼을 정도였다.

벨릭스는 아내와 함께 바울을 불러내어 그리스도 예수의 도에 대해 질문하면서 대면하게 되었다. 한 사람은 정치가였고, 한 사람은 전도자였다. 한 사람은 도덕적으로 타락했으나, 한 사람은 흠이 없었다. 한 사람은 돈을 좋아했고, 한 사람은 청빈했다. 한 사람은 재판관이었고, 한 사람은 피고인이었다. 한 사람은 '두려워했고', 한 사람은 담대했다.

그의 운명을 결정할 수 있는 총독에게 바울 사도는 '의와 절제와 오는 심판을 강론했다.' 조금도 타협하지 않고 담대하게 하나님의 뜻을 전했던 것이다. 어떻게 그렇게 담대할 수 있었는가? 첫째 이유는 그가 하나님의 종, 곧 그분에게 속한 사람이었기 때문이다. 그는 사람의 눈치나 보면서 책임을 회피하는 옹졸한 사람이 아니었다. 그는 갈라디아서에서 이렇게 소신을 밝힌 적이 있다. "이제 내가 사람들에게 좋게 하랴? 하나님께 좋게 하랴? 사람들에게 기쁨을 구하랴? 내가 지금까지 사람들의 기쁨을 구하였다면 그리스도의 종이 아니니라"(갈 1:10).

둘째 이유는 총독 벨릭스가 당장은 재판관이지만, 어느 날 그도 재판관이신 하나님 앞에서 심판을 받고 지옥으로 던져질 것을 알았기 때문이다. 만일 그가 복음을 받아들이지 않는다면 말이다. 바울 사도는 언제, 어디서, 누구를 만나든지 복음을 전했다. 그가 에베소의 장로들에게 한 간증을 들어보자. "그러므로 오늘 여러분에게 증언하거니와 모든 사람의 피에 대하여 내가 깨끗하니, 이는 내가 꺼리지 않고 하나님의 뜻을 다 여러분에게 전하였음이라"(행 20:26-27).

셋째 이유는 세상의 권력은 바람과 같이 빨리 지나가지만, 하나님의 나라는 영원하다는 사실을 알았기 때문이다. 그런 확신이 없었다면, 바울 사도도 벨릭스 총독에게 '의와 절제와 심판'의 메시지를 전하지 못했을 것이다.

'의'는 크게 두 가지 뜻이 있는데, 하나는 공의이고 또 하나는 칭의이다. 바울 사도는 두 가지 뜻을 다 풀어주었을 것이다. 벨릭스가 공의롭게 재판해야 한다는 것도 언급했을 것이다. 그러나 전도자인 바울 사도는 하나님의 의에 대해서도 언급하면서, 하나님 앞에서 의로워지지 않으면 하나님의 심판을 피할 수 없다는 사실도 알려주었을 것이다.

재판을 받는 피고인이 도덕적으로 타락한 재판관에게 '절제'를 강론하다니, 인간적으로는 거의 불가능한 일이었다. 그렇지만 바울 사도는 죄인인 벨릭스에게 예수 그리스도를 통해 하나님의 의를 받아들여야 성령으로 거듭나서 절제의 삶이 가능하다는 것도 알려주었을 것이다. 절제는 성령의 열매이기 때문이다 (갈 5:23).

'오는 심판'은 죽음과 더불어 모든 인간을 찾아오는 엄연한 사실이라는 것도 알려주었을 것이다. 바울 사도가 '강론했다'는 것은 상세히 설명해주었다는 사실을 시사한다. 예수 그리스도를 통해 의롭다 하심을 받지 못한 죄인은 막강한 권력을 휘두르는 정치가라도 심판을 받고 불과 유황으로 타는 불못에 던져져서 영원히 지내야 한다는 것도 알려주었을 것이다 (계 21:8).

바울 사도가 이런 '의와 절제와 심판'에 대해 강론할 때, 성령이 임했음이 틀림없다. 그렇지 않다면 피고인 앞에서 재판관인 벨릭스가 두려워했을 이유가 없다. "바울이 의와 절제와 장차 오는 심판을 강론하니, 벨릭스가 *두려워하여* 대답하되, '지금은 가라 내가 틈이 있으면 너를 부르리라'" (행 24:25).

'의와 절제와 심판'에서 '의'는 의롭게 되는 과거의 경험을 함축하고, '절제'는 현재의 삶을 강조하며, '심판'은 미래의 사건이다. 결국, 이 메시지는 인생 전체를 망라하는 복음의 심장이다!

66
권세자에게 복종하라?

모든 법의 근원은 하나님이시다. 그분은 인간에게 양심을 주셔서 양심의 법에 따라 살게 하셨다. 그러나 양심의 법은 개인과 시대와 문화에 따라 다르기에 객관적인 법을 더하셨다. 그 법이 계명과 율법이다. 하나님은 그 법을 실행하도록 제도와 권세자들도 제정하셨다. 바울 사도는 이처럼 하나님이 세우신 제도와 권세자들에게 복종하라고 한 것이다 (롬 13:1-7).

그리스도인들은 이 세 가지 법의 지배를 받기에, 권세자들을 위해 기도해야 한다. 그 이유는 분명한데, 권세자들이 양심의 법과 율법에 어긋나지 않게 하기 위해서이다. 그들에게 복종하라는 바울 사도는 이렇게 권면한다. "임금들과 높은 지위에 있는 모든 사람을 위하여 [기도]하라; 이는 우리가 모든 경건과 단정함으로 고요하고 평안한 생활을 하려 함이라" (딤전 2:2).

만일 권세자들이 말씀의 법과 양심의 법에 어긋난 결정을 하면, 그리스도인들의 삶이 흐트러질 수밖에 없다. 경건하고 평안한 삶을 영위하기는커녕 어떤 때는 신앙생활 자체도 어렵게 된다. 바울 사도 시대의 로마 황제 네로 때문에 얼마나 많은 그리스도인들의 삶이 엉망진창이 되었고, 또 목숨까지 잃었는가? 도대체 그리스도인들은 어디까지 권세자들에게 복종해야 하는가?

두말할 필요도 없이 제도와 권세자들은 양심의 법과 말씀의 법을 위하여 제정되었기에 그 법들이 상위의 법이다. 그런데도 네로와 같은 권세자들은 그런 법들을 무시하고, 제도의 법이 상위인 것처럼 행동하고 결정한다. 그들의 결정이 하나님의 법과 반대되는 것이라면, 그리스도인들은 주저 없이 그들의 결정을 반대해야 한다.

베드로 사도도 역시 제도에 복종하라고 권면했다. "인간의 모든 제도를 주를 위하여 순종하되 혹은 위에 있는 왕이나 혹은 그가 악행하는 자를 징벌하고 선행하는 자를 포상하기 위하여 보낸 총독에게 하라"(벧전 2:13-14). 그렇게 권면한 그는 하나님의 법을 어긴 권세자들에게는 복종하지 않았다. 그의 말을 직접 들어보자. "베드로와 사도들이 대답하여 이르되, '사람보다 하나님께 순종하는 것이 마땅하니라'"(행 5:29; 4:19 참고).

양심의 법도 매우 중요하다. 만일 권세자들이 그리스도인들의 신앙의 양심으로 받아들일 수 없는 결정을 하면, 과감히 반대해야 한다. 예를 들면, 교회의 예배를 부정한다든지, 또는 도덕적으로 거짓된 것을 진작시킨다든지 하면 반대해야 한다.

다니엘의 세 친구인 사드락과 메삭과 아벳느고는 왕의 엄명을 목숨 걸고 반대했다. 물론 하나님이 개입하지 않으셨다면, 그들은 즉시 불에 타서 죽었을 것이다. 그들의 경우 하나님이 살려내셨지만, 역사적으로 신앙의 양심을 지키다가 목숨을 잃은 그리스도인들이 얼마나 많은가? 당장은 그들이 패배한 것 같지만, 궁극적으로 그들은 부활의 승리를 누리게 될 것이다.

권세자들은 하나님이 허락하신 위임 권세를 갖지만, 그 권세로 그리스도인들을 박해하거나 기독교를 탄압하면 안 된다. 그들의 위임 권세가 그렇게 오래가지 않기에 그들은 반드시 하나님 앞에서 책임추궁을 당하게 될 것이기 때문이다.

애굽의 바로를 보라! 그는 하나님의 종인 모세와 이스라엘 백성을 박해하면서 하나님의 뜻을 정면으로 거부했고, 그 결과 그는 홍해에 빠져 죽었다. 그것이 하나님의 공의이다! 하나님이 허락하신 위임 권세를 마구 휘두르는 권세자들의 종말은 비참뿐이다. 하나님을 대적한 세상의 권세자들은 어느 날 하나님의 심판을 받고 영원한 지옥으로 던져질 것이다. 그런 결산 때문에 다음과 같은 진심을 담은 충고를 받아들여야 한다. "그런즉 군왕들아! 너희는 지혜를 얻으며, 세상의 재판관들아! 너희는 교훈을 받을지어다. 여호와를 경외함으로 섬기고 떨며 즐거워할지어다"(시 2:10-11). 얼마나 은혜가 넘치는 충고인가!

잘못된 권세자들을 위해 기도하자! 그들이 돌이켜서 심판을 면하게 될지 누가 알겠는가?

구원

성경적인 회개란?

　한글성경에서 *회개(하다)*는 단어가 구약에서 3번, 그리고 신약에서 57번 나온다. 횟수만으로 볼 때 회개는 다분히 신약적 용어인 것 같다. 그러나 구약에 나오는 회개를 히브리어로 보면 신약 못지않은 구약적 용어인 것을 알 수 있다.

　회개가 포함된 말씀을 한 곳 인용해보자. "주 여호와의 말씀이니라; 이스라엘 족속아, 내가 너희 각 사람이 행한 대로 심판할지라. 너희는 돌이켜 *회개하고* 모든 죄에서 떠날지어다…"(겔 18:30). 이 말씀에서 '회개하다'의 히브리어는 슈브(שׁוּב)인데, 구약에서 자그마치 1,056번이나 나온다. 이 단어의 기본적인 의미는 '돌아오다'이다. 하나님의 말씀을 어기고 떠난 이스라엘 백성은 심판을 받을 수밖에 없는데, 그 심판에서 벗어나려면 *돌아와야* 한다는 것이다.

　어떻게 돌아오는 것이 진정으로 회개하는 것인가? 선지자 요엘은 돌아오는 방법도 구체적으로 제시했다. "여호와의 말씀에 너희는 이제라도 금식하고 울며 애통하고 마음을 다하여 내게로 *돌아오라* 하셨나니, 너희는 옷을 찢지 말고 마음을 찢고 너희 하나님 여호와께로 돌아올지어다"(욜 2:12-13). 이 말씀에서 두 번씩이나 반복된 '돌아오다'는 '회개하다'를 뜻하는데, 그 방법은 '금식하고 울며 애통하고 마음을 찢으라'는 것이다.

이런 회개의 방법은 언제부터 시작되었는가? 그 유래는 속죄일(욤 키퍼)인데, 이스라엘 백성은 그들이 범한 죄를 용서받기 위하여 매년 7월 10일에 하나님이 좌정하신 성막에 모여서 회개를 해야 했다. 하나님의 말씀으로 확인하자. "일곱째 달 열흘날은 속죄일이니, 너희는 성회를 열고 스스로 괴롭게 하며 여호와께 화제를 드리고"(레 23:27).

이 말씀에서 '괴롭게 하며'는 회개의 방법인데, 금식과 죄의 고백을 함축한다. 이스라엘 백성이 얼마나 철저하게 회개했던지 7월 1일, 곧 나팔 절기에 모여서 10일간 두렵고 떨리는 마음으로 두려움의 나날The Days of Awe을 보냈다. 속죄일에는 대제사장이 야훼의 이름을 10번 불렀는데, 그때마다 이스라엘 백성도 그들의 죄를 고백했는데 모두 10번이나 했다. 10이 완전을 가리키는 숫자임을 감안하면, 그들은 철저하고도 완전하게 회개했다는 뜻이다.

이스라엘 백성이라면 속죄일의 회개를 모르는 사람은 없다. 그들에게 세례 요한은 단도직입적으로 회개의 메시지를 전했다. "그 때에 세례 요한이 이르러 유대 광야에서 전파하여 말하되, '회개하라! 천국이 가까이 왔느니라'"(마 3:1-2). 신약의 첫 번째 메시지인 '회개하라'는 선포는 속죄일의 회개를 근거로 하나님께 돌아오라는 선지자들의 절규를 반영한 것이었다.

예수님도 제일 먼저 선포하신 메시지가 '회개하라'였다. "이때부터 예수께서 비로소 전파하여 이르시되, '회개하라! 천국이 가까이 왔느니라'"(마 4:17). 예수님은 이스라엘 백성이 알고 있는 회개의 메시지를 이렇게 재확인하셨다. "화 있을진저! 고라신아, 화 있을진저! 벳새다야, 너희에게 행한 모든 권능을 두로와 시돈에서 행하였더라면, 그들이 벌써 베옷을 입고 재에 앉아 *회개하였으리라*"(마 11:20). 두말할 필요도 없이 이 회개는 속죄일의 회개를 연상시키고도 남는다.

예수님의 열두 제자들도 전도하면서 외친 메시지는 당연히 회개였다. "제자들이 나가서 *회개하라* 전파하고"(막 6:12). 오순절 날 성령으로 충만함을 받은 베드로 사도도 역시 절기를 지키려고 모인 유대인들에게 회개의 메시지를 전했다. "너희가 *회개하여* 각각 예수 그리스도의 이름으로 세례를 받고 죄 사함을 받으라; 그리하면 성령의 선물을 받으리니"(행 2:38). 그 회개의 메시지는 자그마치 3,000명이나 그리스도 앞으로 돌아오게 했다.

물론 회개만으로 구원받을 수 없기에 믿음도 따라야 한다. 그렇지만 철저한 회개를 전제로 하지 않는 믿음은 진정한 믿음이라고 단정하기 어렵다. 요즘처럼 얄팍하고 감상적인 믿음이 만연한 때, 성경적인 회개를 다시 음미해보는 것이 필요하지 않겠는가?

이신득의의 뿌리란?

한글성경에서 '믿음', '믿다'라는 표현이 구약에서 74번 그리고 신약에서 555번 나오는 것을 볼 때, 믿음은 분명히 신약에서 강조되는 표현이다. 그렇다고 신약에 그렇게 많이 나오는 믿음이 아무 근거 없이 불쑥 나타난 것은 아니다.

두말할 필요도 없이 믿음의 근거는 구약인데, 그 구약의 창세기에 묘사된 아브라함의 믿음이 뿌리이다. 그런 이유로 아브라함은 믿음의 조상이라고 불리는 것이다. 그렇다면 어떻게 아브라함이 믿음의 뿌리가 되었는가?

아브라함의 믿음은 하나님의 부르심에 대한 반응이었다. "너는 너의 고향과 친척과 아버지의 집을 떠나 내가 네게 보여 줄 땅으로 가라"(창 12:1). 그는 그 부르심에 응하여 고향을 떠났는데, 그런 적극적인 호응을 히브리서 저자는 믿음이라고 해석했다. "믿음으로 아브라함은 부르심을 받았을 때에 순종하여 장래의 유업으로 받을 땅에 나아갈새 갈 바를 알지 못하고 나아갔으며"(히 11:8). 그것은 아브라함이 구사한 첫째 단계의 믿음이었다.

첫째 단계의 믿음이 신약의 해석인 것과는 달리 둘째 단계는 아브라함이 실제로 구사한 믿음이었다. 그는 '큰 민족'을 이루기 위해 아들을 필요로 했는데, 불행하게도 그에게는 아들이 없었다. 세월이 많이 흘러서 그를 불러내신 하나님이 다시 그에게 이런 약속을 하셨다. "하늘을 우러러 뭇별을 셀 수 있나 보라. 또 그에게 이르시되 네 자손이 이와 같으리라"(창 15:5).

인간적으로 이것은 절대로 가능하지 않은 약속이었다. 그렇지만 아브라함은 그 약속을 주저하지 않고 믿었다. "아브람이 여호와를 *믿으니 여호와께서 이를 그의 의로 여기시고*"(창 15:6). 아브라함의 믿음은 창세기에서 나오는, 그러니까 성경에서 나오는 최초의 믿음이었다.

이 말씀에서 아브라함이 구사한 믿음이 신약에 나오는 믿음의 뿌리인데, 하나님이 그의 믿음을 의로 여기신 사실 때문이다. 그의 *믿음을 통한 의*는 신약은 물론 개신교의 핵심적인 가르침으로, 믿음으로 의롭다 하심을 받는, 곧 이신득의의 뿌리이다. 바울 사도는 반복적으로 아브라함의 믿음을 통한 의를 실례로 들면서 이신득의를 설명했다 (롬 4:3, 9, 11, 갈 3:6, 8).

비록 아브라함의 믿음이 믿음의 뿌리였지만, 그래도 그의 믿음은 자라지 않으면 안 되었다. 믿음은 하나님의 말씀이 삶의 현장에서 실현되는 경험을 통해서 자라기 때문이다. 바울 사도의 증언을 보자. "형제들아 우리가 너희를 위하여 항상 하나님께 감사할지니, 이것이 당연함은 너희의 *믿음이 더욱 자라고*…"(살후 1;3).

아브라함의 믿음이 차차 자라서 그 절정을 이룬 것은 그의 아들을 번제물로 바칠 때였다 (창 22:2). 아들을 꼭 필요로 하는 아브라함이 어떻게 하나밖에 없는 아들을 바칠 수 있었는가? 그것도 역시 그의 믿음 때문이었는데, 그것은 그의 셋째 단계의 믿음이었다.

아브라함은 도대체 외아들을 번제물로 바치면서 무엇을 믿었단 말인가? 히브리서 저자의 해답을 보자. "아브라함은 시험을 받을 때에 *믿음*으로 이삭을 드렸으니, 그는 약속들을 받은 자로되 그 외아들을 드렸느니라…그가 하나님이 능히 이삭을 죽은 자 가운데서 다시 살리실 줄로 생각한지라. 비유컨대 그를 죽은 자 가운데서 도로 받은 것이니라" (히 11:17, 19).

그렇다! 아브라함은 아들이 죽더라도 하나님이 다시 살리실 것을 믿었다. 아브라함이 믿은 부활을 바울 사도는 이렇게 확인해주었다. "…그[아브라함]가 *믿은* 바 하나님은 죽은 자를 살리시며 없는 것을 있는 것으로 부르시는 이시니라" (롬 4:17).

예수 그리스도는 죄인을 위해 죽으셨다가 다시 사셨다. 아브라함이 죽은 자의 부활을 믿음으로 '의롭다 하심'을 받은 것처럼 (약 2:21-23), 예수님의 죽음과 부활을 믿고 받아들이면 우리도 '의롭다 하심'을 받는다 (롬 4:23-24). 참으로 아브라함의 *믿음*은 이신득의의 뿌리이다.

이중적인 믿음이란?

믿음으로 구원받는다는 것은 성경의 핵심 진리이다. 그 진리 때문에 개신교가 일구어졌고, 그리고 그 개신교는 구원받은 사람들로 이루어진 교회를 통해 세계 각처로 퍼져나갔다. 그 진리를 바울 사도는 이렇게 표현했다. "사람이 의롭게 되는 것은 율법의 행위로 말미암음이 아니요 오직 예수 그리스도를 믿음으로 말미암는 줄 알므로 우리도 그리스도 예수를 믿나니, 이는 우리가 율법의 행위로써가 아니고 그리스도를 믿음으로써 의롭다 함을 얻으려 함이라. 율법의 행위로써는 의롭다 함을 얻을 육체가 없느니라"(갈 2:16).

이 말씀에서 '믿음'과 '의롭다 하심'이 각각 세 번씩 나온다. 그런데 헬라어 성경에 의하면, 이 세 번 나오는 믿음은 이중적이다. 처음 나오는 '예수 그리스도를 믿음으로 말미암는 줄'의 헬라어 뜻은 이 말씀에서 믿음의 주체는 예수 그리스도이며, 그분의 믿음으로 말미암아 우리가 의롭다 하심을 받는다는 것이다.

두 번째 나오는 '우리도 그리스도 예수를 믿나니'에서 믿음의 주체는 우리이다. 다시 말해서 우리가 믿음으로 의롭다 하심을 받는다는 것이다. 세 번째 나오는 '그리스도를 믿음으로써 의롭다 함을 얻으려 함이라'에서 헬라어 성경에 의하면, 그리스도의 믿음으로 우리가 의롭다 하심을 받는다는 것이다. 결국, 원어에 의하면 첫 번째와 세 번째는 그리스도 예수의 믿음인데, 한글성경에서는 모두 우리의 믿음으로 번역되었다.

갈라디아 2장 16절에 의하면, 그리스도의 믿음과 우리의 믿음으로 우리가 의롭다 하심을 받는다. 그런데 그리스도의 믿음은 이곳에만 아니라, 다음의 말씀에서도 나온다: 로마서 3장 22, 26절, 에베소서 3장 12절, 4장 13절, 빌립보서 3장 9절. 이처럼 헬라어 신약성경에서 일곱 번 나오는 '그리스도의 믿음'을 한글성경에서는 모두 '우리의 믿음'으로 번역했다.

물론 우리가 예수 그리스도를 믿어야 의롭다 하심을 받는다. 그런데 그 표현에는 위험성도 없지 않아 있다. 자칫하면 우리가 믿음이라는 행위 때문에 의롭다 하심을 받는다고 오해할 수 있기 때문이다. 두말할 필요도 없이 믿음은 행위가 아니다. 하나님이 그 아들 예수 그리스도를 통해 주시는 선물을 받아들이는 것이 하나님의 말씀이 가르치는 믿음이다. 다시 말해서 하나님의 은혜 때문에 우리가 믿음으로 구원의 선물을 받아들일 수 있다는 것이다. 바울 사도의 확언이다. "너희는 그 은혜에 의하여 믿음으로 말미암아 구원을 받았으니 이것은 너희에게서 난 것이 아니요, 하나님의 선물이라" (엡 2:8).

하나님의 은혜는 그 아들을 십자가에서 구속의 죽음을 겪은 후, 부활하게 하신 것이다. 그 아들이 죽었다가 부활하지 않으셨다면, 우리의 믿음은 헛것이다 (고전 15:14). 그분은 하나님의 뜻을 이

행하기 위하여 세상에 오셨고, 그리고 하나님이 그분을 죽음에서 다시 살리실 것을 믿으셨기에 죽음도 불사하셨다.

그 부활의 믿음이 없었다면, 그리스도 예수는 죽기 전에 이렇게 말씀하지 않으셨을 것이다. "내가 내 목숨을 버리는 것은 그것을 내가 다시 얻기 위함이니, 이로 말미암아 아버지께서 나를 사랑하시느니라. 이를 내게서 빼앗는 자가 있는 것이 아니라, 내가 스스로 버리노라. 나는 버릴 권세도 있고 다시 얻을 권세도 있으니, 이 계명은 내 아버지에게서 받았노라 하시니라" (요 10:17-18). 그렇다! 그리스도 예수는 하나님에게서 받은 약속 때문에 부활을 믿으셨다 (시 16:10).

예수 그리스도는 '믿음의 주'이시다 (히 12:2). 믿음의 시작이 그분이라는 뜻이다. 그분이 구사하신 믿음처럼 우리도 그분의 죽음과 부활을 믿음으로 받아들일 때, 의롭다 하심을 받는다.

구원을 위한 삼중적 증언이란?

하나님은 "모든 사람이 구원을 받으며 진리를 아는 데에 이르기를 원하신다"(딤전 2:4). 사람의 구원을 위하여 하나님은 가능한 모든 증언을 사용하시는데, 어떤 때는 자연을 통해서 속삭이시며, 어떤 때는 양심을 통해 찔러주신다.

히브리서 저자는 세 인물의 증언을 언급했는데, 그의 말을 인용하면서 설명해보자. "우리가 이같이 큰 구원을 등한히 여기면 어찌 그 보응을 피하리요? 이 구원은 처음에 주로 말씀하신 바요 들은 자들이 우리에게 확증한 바니, *하나님*도 표적들과 기사들과 여러 가지 능력과 및 자기의 뜻을 따라 성령이 나누어 주신 것으로써 그들과 함께 증언하셨느니라"(히 2:3-4).

이 말씀에 의하면, 구원을 위해 증언하는 세 인물은 주님과 들은 자들과 하나님이다. 물론 이 세 인물이 각자 따로 증언하는 것이 아니라 동시에 하는데, 그들 가운데 '주로 말씀하신 바요'로 언급된 주님의 증언이 증언의 핵심 내용이다.

히브리서 저자는 주님의 증언을 다음과 같이 묘사했다. "오직 우리가 천사들보다 잠시 동안 못하게 하심을 입은 자 곧 죽음의 고난 받으심으로 말미암아 영광과 존귀로 관을 쓰신 예수를 보니⋯모든 사람을 위하여 죽음을 맛보려 하심이라 (히 2:9).

주님의 증언은 언어만이 아니라 삶을 통해서도 이루어졌다. 그분의 삶은 세 단계로 묘사되었는데, 먼저는 '천사들보다 못하게 되신' 단계이다. 그분은 천사들을 다스리는 절대적인 통치자인데도 '잠시 동안' 그들보다 낮아져서 한계 있는 인간으로 성육신하셨다. 인간의 모든 희로애락을 경험하신 것도 모자라서 마침내 '죽음의 고난을 받으셨는데' 그 죽음은 다음 단계의 삶이었다. 그분의 죽음은 '모든 사람을 위한' 것이었는데, 히브리서 2장에 의하면 그 목적도 세 가지였다.

첫째 목적은 '⋯죽음을 통하여 죽음의 세력을 잡은 자 곧 마귀를 멸하시는' 것이다 (히 2:14). 둘째 목적은 '⋯한평생 매여 종 노릇하는 모든 자들을 놓아 주려하심이다' (히 2:15). 셋째 목적은 '⋯백성의 죄를 속량하려 하심이다' (히 2:17).

주님의 마지막 단계의 삶은 '영광과 존귀로 관을 쓰신' 것이다. 이 묘사에서 '영광'은 그분이 부활하셨을 뿐 아니라 승천하셔서 하나님 우편에 앉아 계신 사실을 함축한다. '존귀로 관을 쓰신' 표현은 그분이 마지막 때에 재림하셔서 '만왕의 왕'이 되신다는 사실을 함축한다. 이런 증언이 없다면 어떤 사람도 구원받을 수 없기에 그분의 증언이 모든 증언의 중심이다.

구원을 위해 증언하는 두 번째 인물은 '들은 자들'이다. 그들은 주님의 세 단계의 삶에 대해 듣고, 그분을 영접하여 구원받은 그리스도인들이다. 그들은 그들이 경험한 '큰 구원'을 그들만 누릴 수 없어서 생명을 걸고 증언하였다 (히 2:3). 그들의 확실한 변화, 그들의 놀라운 간증, 그들의 담대한 증언, 그들의 증언을 통해 나타나는 능력—이런 증언이야말로 힘이 있었다.

모든 사람의 구원을 위해 증언하는 세 번째 인물은 '하나님'이다. 하나님은 주님과 들은 자들처럼 직접 삶이나 입으로 증언하지 않으신다. 그러나 그분의 증언은 너무나 분명해서 많은 사람들로 예수 그리스도 앞에 무릎을 꿇게 한다. 도대체 그분은 어떻게 증언하시길래 많은 사람들을 변화시키시는가?

'들은 자들'이 주님이 일구신 역사를 전할 때, 하나님은 그들과 함께 증언하시는데, 곧 '표적들과 기사들과 여러 가지 능력과 및 자기의 뜻을 따라 성령이 나누어 주신 것으로써' 하신다 (히 2:4). 표적과 기사와 능력은 인간의 범주를 넘는, 그래서 하나님만이 하실 수 있는 역사이다. 하나님의 능력으로 표적이 일어나며, 그 표적은 사람들에게서 놀라움과 경외감을 일으키는데, 그런 반응을 동반하는 표적을 기사라고 한다. '들은 자들'이 예수님을 전할 때, 하나님의 능력이 나타나서 많은 사람들이 구원받게 하는 증언이다. 얼마나 놀라운 삼중적 증언인가!

의롭다 하심을 어떻게 경험하는가?

'의롭다 하심'은 죄인이 하나님처럼 의롭다고 여겨진다는 뜻이다. '의롭다 하심'이 존칭어인 이유는 하나님이 그렇게 여겨주시기 때문인데, 전문적인 용어로는 칭의稱義, 의인義認, 이신득의以信得意 등으로 표기된다.

마르틴 루터Martin Luther가 '의롭다 하심'을 경험하므로 개신교가 시작되었다. 존 웨슬리John Wesley도 '의롭다 하심'을 경험하므로 세계에서 가장 거대한 신앙공동체가 형성되었는데, 곧 감리교회, 성결교회, 나사렛교회, 웨슬리안교회, 순복음교회, 오순절교회 등이다.

루터와 웨슬리를 비롯한 수많은 그리스도인들은 어떻게 이처럼 엄청난 경험을 할 수 있었는가? 무엇보다도 하나님의 은혜 때문이었다. 심판받을 수밖에 없는 죄인이 '의롭다 하심'을 경험하게 된 것은 하나님의 은혜가 아니면 절대로 가능하지 않았다. 바울 사도도 그 사실을 이렇게 증언했다. "그리스도 예수 안에 있는 속량으로 말미암아 *하나님의* 은혜로 값없이 의롭다 하심을 얻은 자 되었느니라"(롬 3:24).

그렇다면 하나님의 은혜가 어떻게 구체적으로 나타났는가? 하나님은 죄인이 받을 심판을 그 아들 예수 그리스도에게 돌리셨다. 바울 사도의 증언을 다시 보자. "그러면 이제 우리가 그[예수 그리스도]의 피로 말미암아 의롭다 하심을 받았으니…"(롬 5:9a). 그분이 죄인을 대신해서 십자가에서 피를 흘리며 죽게 하신 것은 전적으로 하나님의 은혜였다.

하나님의 은혜는 그것으로 끝나지 않았는데, 죄인의 모든 죄가 용서된 사실을 선포하기 위하여 예수 그리스도를 죽은 지 삼 일만에 살리셨다. 바울 사도의 놀라운 증언이다. "예수는 우리가 범죄한 것 때문에 내줌이 되고 또한 우리를 의롭다 하시기 위하여 *살아나셨느니라*"(롬 4:25).

예수 그리스도가 죄인을 위해 죽으셨다 살아나셨기에 죄인은 자동적으로 '의롭다 하심'을 받는가? 물론 아니다! 죄인 한 사람 한 사람이 개인적으로 하나님의 은혜를 믿음으로 받아들여야 한다. 하나님이 그 아들 예수 그리스도를 통해 이루신 역사를 믿어야 한다는 말이다. 다시 바울 사도의 증언을 인용해보자. "그러므로 우리가 *믿음으로* 의롭다 하심을 받았으니, 우리 주 예수 그리스도로 말미암아 하나님과 화평을 누리자"(롬 5:1).

이처럼 죄인이 하나님의 은혜를 믿음으로 받아들일 때, 하나님은 또 다른 엄청난 은혜를 베푸시는데, 곧 성령이 그리스도 예수를 통해 죄 문제를 해결한 사람의 마음속에 들어오게 하신다. 그 사실도 바울 사도는 간과하지 않고 증언했다. "…주 예수 그리스도의 이름과 우리 하나님의 *성령 안에서* 씻음과 거룩함과 의롭다 하심을 받았느니라"(고전 6:11).

죄인이 하나님의 은혜로 '의롭다 하심'을 경험한 사실을 증명이라도 하듯, 성령의 내주로 인하여 그의 삶이 변화된다. 만일 죄인이 변하여 성도가 되지 못한다면, 그의 신앙은 십중팔구 형식과 외식에 지나지 않는다. 그런 위선자를 염두에 둔 듯, 바울 사도는 이렇게 날카롭게 증언했다. "그들이 하나님을 시인하나 행위로는 부인하니 가증한 자요 복종하지 아니하는 자요, 모든 선한 일을 버리는 자니라" (딛 1:16).

야고보도 이런 변화의 중요성을 다음과 같이 강조했다. "이로 보건대 사람이 *행함*으로 의롭다 하심을 받고 믿음으로만은 아니니라" (약 2:24). 야고보는 믿음의 조상 아브라함을 예로 들면서 비록 그가 믿음으로 의롭다 하심을 받았지만 (창 15:6), 그 믿음을 확인한 것이 그가 아들을 번제물로 바친 행위였다는 것이다 (창 22:12).

결론적으로, '의롭다 하심'을 경험하기 위해서는 다음과 같은 경험을 순서대로 해야 한다. 은혜 → 예수의 죽음 → 그리스도의 부활 → 죄인의 믿음 → 성령의 내주 → 변화된 삶! 이런 여섯 가지 요소 가운데 하나라도 빠지면 진정한 의미에서 의롭다 하심이 아니다.

72
느부갓네살의 *회심은?*

　이스라엘의 역사에서 그 백성을 대적하다가 바뀐 이방인 왕이 둘 있었는데, 하나는 느부갓네살이고 또 하나는 아하수에로이다. 바벨론의 왕 느부갓네살은 이스라엘 백성을 대적하여 그 나라를 멸망시켰다 (왕하 25:1-7). 바사제국의 아하수에로도 그들을 대적하여 진멸시키려고 했다 (에 3:13). 느부갓네살은 얼마나 많이 바뀌었는지 이스라엘의 하나님을 찬양하면서 받아들였다. 아하수에로도 얼마나 많이 바뀌었는지, 오히려 이스라엘 백성을 진멸시키려던 하만과 그의 종족을 진멸시켰다 (에 8:11).

　그 두 왕 중에서도 느부갓네살의 변화는 더 혁혁한데, 그 이유는 하나님을 가소롭게 여기면서 우상을 섬기던 그가 그 하나님 앞으로 돌아왔기 때문이다. 구태여 기독교의 언어로 표현한다면, 그는 하나님에게로 회심했던 것이다.

　물론 느부갓네살의 회심은 한순간에 이루어지지 않았다. 세계를 정복하고 통치하면서 스스로 신격화하던 그가 쉽게 회심할 리가 없다는 것은 쉽게 이해할 수 있다. 그의 회심은 일련의 과정을 통해서 이루어졌는데, 그 과정을 알아보자.

첫 번째 과정은 다니엘이 듣지도 못한 느부갓네살이 꾼 꿈을 그대로 묘사했을 뿐 아니라, 그 뜻을 해석해주었을 때였다. 느부갓네살은 기절초풍해서 자신의 신하인 젊은 다니엘에게 '엎드려 절하면서' 이렇게 말했다. "너희 하나님은 참으로 모든 신들의 신이시오, 모든 왕의 주재시로다…네 하나님은 또 은밀한 것을 나타내시는 이시로다!"(단 2:47). 그의 행동과 표현은 황제로서는 할 수 없는 것이었다. 이 표현에서 느부갓네살은 이스라엘의 하나님이 절대자요, 주권자요, 전지하신 분으로 고백한 것이다.

두 번째 과정은 다니엘의 세 친구가 금 신상에게 절하지 않자, 불못에 던져졌을 때였다. 놀랍게도 아무 해도 받지 않은 그들을 보고 느부갓네살을 다시 한번 기절초풍하면서 이렇게 고백했다. "사드락과 메삭과 아벳느고의 하나님을 찬송할지로다. 그가 그의 천사들을 보내사 자기를 의뢰하고 그들의 몸을 바쳐 왕의 명령을 거역하고 그 하나님 밖에는 다른 신을 섬기지 아니하며 그에게 절하지 아니한 종들을 구원하셨도다"(단 3:28).

먼저 고백에서 '너희 하나님'이라고 하면서 이스라엘의 하나님을 가리켰지만, 이번에는 세 사람의 하나님이라고 고백했다. 좀 더 구체적으로 세 사람에게 역사하신 하나님으로 부르면서 그 하나님에 대해 경솔히 말하지 못하게 했다. 그리고 이렇게 덧붙였다. "이는 이같이 사람을 구원할 다른 신이 없음이니라"(단 3:29).

세 번째 과정은 느부갓네살의 회심에 결정적인 계기가 되었는데, 그의 꿈을 다시 다니엘이 해석해준 때였다. 그 꿈과 해석대로 그는 7년 동안 왕위를 빼앗겼다가 회복했다. 그가 왕위를 빼앗긴 계기는 그의 교만 때문이었다. "이 큰 바벨론은 내가 능력과 권세로 건설하여 나의 도성으로 삼고 이것으로 내 위엄의 영광을 나타낸 것이 아니냐?" (단 4:30). 그는 짐승과 같은 삶을 7년이나 살다가 마침내 '하늘을 우러러 보자' 그의 왕위가 회복되었다 (단 4:34).

그렇게 회복된 후의 고백은 그의 회심을 뜻한다. "그러므로 지금 나 느부갓네살은 하늘의 왕을 찬양하며 칭송하며 경배하노니, 그의 일이 다 진실하고 그의 행하심이 의로우시므로 교만하게 행하는 자를 그가 능히 낮추심이라" (단 4:37). 처음 두 번의 고백과는 달리 이번에는 자신의 하나님으로 고백하면서 그분을 경배했는데, 그 경배는 회심의 증거였다.

그가 회심한 또 다른 증거는 그 하나님을 방방곡곡에 전한 사실이다 (단 4:1-3). 그렇다! 느부갓네살은 그의 경험을 통해 하나님 앞으로 돌아왔다. 다시 말해서 이론적으로만 아니라 경험적으로도 하나님께 돌아왔던 것이다. 이처럼 세 단계의 과정을 통해 하나님에게로 돌아온 느부갓네살의 회심은 점진적이었지만 너무나 확실했다.

73

삼중적 구원이란?

바울 사도는 삼중 구원을 이렇게 묘사한다. "그러면 이제 우리가 그의 피로 말미암아 의롭다 하심을 받았으니 더욱 그로 말미암아 진노하심에서 구원을 받을 것이니, 곧 우리가 원수 되었을 때에 그의 아들의 죽으심으로 말미암아 하나님과 화목하게 되었은즉, 화목하게 된 자로서는 더욱 그의 살아나심으로 말미암아 구원을 받을 것이니라" (롬 5:9-10).

'그의 피로 말미암아 의롭다 하심을 받았으니'는 일차적 구원, 즉 과거의 구원이다. 예수님이 십자가에서 흘리신 피 때문에 우리의 모든 죄가 용서받았다는 것이다. 바울 사도는 '의롭다 하심'을 구원이라고도 한다. "너희는 그 은혜에 의하여 믿음으로 말미암아 구원을 받았으니, 이것은 너희에게서 난 것이 아니요 하나님의 선물이라" (엡 2:8). 이런 구원은 우리가 믿을 때, 받는 영적 구원이다.

이처럼 우리가 예수님의 피로 씻김을 받아 구원을 경험하는 순간, 성령이 우리 안에 들어오셔서 우리의 삶을 변화시키신다. 바울 사도는 이런 성령의 내주를 '중생의 씻음'이라고도 표현한다. "우리를 구원하시되 우리가 행한 바 의로운 행위로 말미암지 아니하고, 오직 그의 긍휼하심을 따라 *중생의 씻음*과 성령의 새롭게 하심으로 하셨나니"(딛 3:5).

그런데 바울 사도는 거기에서 그치지 않고 과거의 구원은 현재의 구원과도 연결되어야 한다고 언급하는데, 그것이 이차적 구원, 곧 현재의 구원이다. "그의 아들의 죽으심으로···화목하게 된 자로서는 더욱 그의 살아나심으로 말미암아 구원을 받을 것이니라"(롬 5:10). 이 말씀에서 '화목하게 된 자'는 의롭다 하심을 받은 자, 곧 영적으로 구원받은 자를 가리키는데, 다시 '그의 살아나심으로 구원을 받아야' 한다는 것이다. 왜 또 구원을 받아야 하는가? 이 구원은 과거에 경험한 영적 구원이 아니라, 현재의 구원, 곧 생활의 구원을 가리킨다. 놀라운 사실은 생활의 구원도 역시 '그의 아들의 죽으심과 살아나심으로' 가능하다는 것이다.

이것을 달리 표현하면, 영적으로 구원받은 사람은 반드시 생활의 구원도 경험해야 한다. 생활의 구원이 가능한 것은 우리가 중생을 경험할 때, 우리 안에 들어오신 성령의 임재와 도우심 때문이다. 우리 안에 계시는 성령은 구원받아 하나님의 자녀가 된 우리가 하나님의 자녀답게 살 수 있도록 도우신다. 불신자들과는 다른 삶을 살면서 거룩한 삶과 능력의 삶을 영위하게 하시는데, 그런 삶을 '성결의 삶'이라고 한다.

한발 더 나아가서 바울 사도는 구원의 삼차적인 뜻도 알려주는데, 곧 미래의 구원이다. 다시 위에서 인용한 말씀을 보자. "그의 피로 말미암아 의롭다 하심을 받았으니 더욱 그로 말미암아 진노하심에서 구원을 받을 것이니"(롬 5:9)라는 말씀에서 '진노하심'은 주님의 재림을 가리킨다. 그때 모든 죄인이 하나님의 거룩한 심판을 받게 되기 때문이다. 과연 그날은 두려움의 날이자 동시에 진노의 날이다.

그러나 예수 그리스도의 핏값으로 구원받은 그리스도인은 그 진노를 피하게 된다. 하나님의 진노가 아무리 무서워도 예수 그리스도를 통해 하나님의 자녀가 되었기에, 그 진노와는 상관이 없다. 진노는 하나님의 사랑을 거부한 자들에게 퍼붓는 심판을 뜻하기 때문이다. 오히려 하나님의 자녀들은 그때 영광의 주님을 만나게 될 것이며, 몸이 성령의 역사로 완전하게 변화되어 하나님이 계신 천국으로 인도될 것이다. 그것이 바로 미래의 구원, 곧 몸의 구원이다.

구원은 그리스도의 십자가를 통해서만 가능하다. 그분의 죽음과 부활은 우리의 구원, 곧 영적 구원과 생활의 구원은 물론 몸의 구원을 아우른다. 이렇게 세 가지를 포함한 구원을 삼중적 구원이라고 한다. 성결은 영적 구원과 몸의 구원을 연결해주는 가교이다. 현재가 과거와 미래를 연결해주는 것처럼 말이다. 그러므로 성결이 삼중적 구원을 확인해주는 가장 중요한 증거이다.

74

죽은 자들을 위한 *세례*의 뜻은?

고린도전서 15장 29절은 난해 구절인데, 우선 그 말씀을 인용하면서 설명해보자. "만일 죽은 자들이 도무지 다시 살아나지 못하면 죽은 자들을 *위하여* 세례를 받는 자들이 무엇을 하겠느냐? 어찌하여 그들을 *위하여* 세례를 받느냐?"

'죽은 자들을 위한 세례'의 뜻을 풀기 위하여 이 구절에서 두 번씩 사용된 '위하여'의 의미를 알아야 한다. '위하여'는 원어로 휘페르(ὑπέρ)인데, '…을 대신하여'on behalf of 또는 '…을 보아서'for the sake of로 번역될 수 있다.

그런데 '위하여'를 '대신하여'로 번역하면 다음과 같은 문제가 일어난다. '죽은 자들을 *대신하여* 세례를 받는 자들이 무엇을 하겠느냐? 어찌하여 그들을 *대신하여* 세례를 받느냐?' 이런 의미는 기독교의 중요한 가르침을 왜곡시키는 오류를 범하게 된다. 어떤 사람도 다른 사람들을 위하여 *대신* 회개하고, 믿고, 세례를 받을 수 없기 때문이다. 회개와 믿음과 세례는 각자의 책임이지, 다른 어떤 사람, 예컨대 부모나 형제자매나 배우자도 대신할 수 없다.

그렇다면 '위하여'의 두 번째 의미인 '…을 보아서'로 해석하면 이 질문에 대한 해답이 되는가? 다음과 같은 실례를 들어보면 쉽게 이해될 수 있을 것이다. 신앙생활을 잘 하던 어머니가 죽음이 가까워지자. 자녀들이 임종하는 어머니를 보기 위하여 모였다. 그런데 그 자녀 중 한 아들은 신앙을 거부하며 살았다. 어머니는 눈물을 흘리면서 그 아들에게 유언을 남겼는데, 그 유언은 다음과 같이 요약될 수 있다. 그 아들이 예수 그리스도를 믿고 구원받아서 언젠가 천국에서 다시 만나자는 것이다.

그 아들의 마음이 흔들렸다. 세상을 떠난 어머니의 유언이 귓전에 맴돌아서 마침내 교회에 나가기 시작했고, 복음에 귀를 기울였다. 그는 어느 날 하나님 앞에 죄인이라는 사실을 깨닫고, 예수 그리스도를 자신의 구주로 영접하였다. 그리고 마침내 교회에서 세례를 받았다. 물론 그가 믿고 세례를 받은 것은 근본적으로 그의 구주이신 예수 그리스도 때문이었다. 그러나 동시에 돌아가신 어머니를 '보아서' 세례를 받은 셈이 되었다.

결국, 이 구절의 해석은 믿지 않고 죽은 불신자를 대신하여 세례를 받으면 죽은 자들도 구원을 받는다는 뜻이 아니다. 그러나 그렇게 주장하는 사람들은 성경 두 곳을 인용한다. "그가 또한 영으로 가서 옥에 있는 영들에게 선포하시니라"(벧전 3:19). 이 말씀은 하나님의 말씀을 거부한 결과 홍수로 멸망한 옥에 갇힌 영들에게 노아의 경고가 하나님에게서부터 전해진 말씀이었다는 사실을 확인한 것이지, 결코 복음이 전해졌다는 뜻이 아니다 (벧전 3:20).

또 다른 한 곳은 베드로전서 4장 6절이다. "이를 위하여 죽은 자들에게도 복음이 전파되었으니, 이는 육체로는 사람으로 심판을 받으나 영으로는 하나님을 따라 살게 하려 함이라." 이 구절은 지금은 비록 죽었지만 생존했을 때에 복음을 듣고, 받아들였고, 또 의지하면서 살았던 사람들에 대한 말씀이다. 인간적으로 볼 때, 그들은 다른 사람들처럼 육체적으로는 죽었지만, 그들의 영은 하나님 안에서 살아있다는 놀라운 확신을 가리킨다.

결론적으로 '죽은 자들을 위하여 세례를 받는다'는 것은 죽은 자들을 대신해서 세례를 받는다는 의미가 아니라, 죽은 자를 '보아서' 세례를 받는다는 의미이다. 어느 누구라도 예수 그리스도를 거부하고 죽으면, 다시는 복음을 들을 기회가 없다. 그들의 영혼은 음부에 던져져서 고통의 시간을 갖다가, 마침내 부활하여 그들의 행위대로 심판을 받고 지옥으로 던져져서 영원히 고통을 당할 것이다 (계 20:12-15).

이와 같은 비극적인 결말을 당하지 않으려면 죄인은 다른 그리스도인들의 신앙을 의지하지 말고, 현재 살아있을 때에 직접 예수 그리스도를 구주로 믿고 마음속에 영접해야 한다.

75
새로운 피조물의 함의는?

바울 사도는 예수 그리스도를 구주로 받아들여 그리스도인이 된 사람을 '새로운 피조물'이라고 하였다. 그의 표현을 직접 들어보자. "그런즉 누구든지 그리스도 안에 있으면 *새로운 피조물이라*; 이전 것은 지나갔으니, 보라! 새 것이 되었도다" (고후 5:17).

'새로운 피조물'과 '새 것'이란 묘사는 하나님이 재창조의 역사를 이루실 '새 하늘과 새 땅'을 연상시키고도 남는다 (계 21:1). 그런 연상이 자연스러운 것은 둘 다 하나님이 일구시는 재창조이기 때문이다. 아담의 타락 이후 심판을 피할 수 없는 죄인이 새롭게 태어나는 역사는 하나님만이 이루실 수 있는 재창조의 역사이다.

'새 하늘과 새 땅'은 조금도 흠이나 티가 없는 완전한 천국을 가리킨다. 그렇다면 예수 그리스도를 통해서 '새로운 피조물'이 된 그리스도인도 그처럼 완전한 사람으로 재창조되었단 말인가? 하나님의 재창조라는 관점에서 천국과 그리스도인은 같지만 다른 점도 있는데, 그리스도인에게는 여전히 흠과 티가 남아있다는 사실이다. 도덕적으로 변화된 것은 사실이지만, 변화되지 않은 것도 적지 않게 있다는 말이다.

그렇다면 무엇이 '새로워졌다'는 말인가? '새로운 피조물'은 도덕적으로 완전해졌다는 뜻이 아니다. 비록 그리스도인이 성령의 충만을 경험한다손 치더라도 여전히 많은 한계를 벗어나지 못한다. 절대적으로 완전해지기 위해서는 그리스도 예수가 재림하셔서 그 몸을 그분과 같이 변화시켜 주실 것을 기다려야 한다 (요일 3:2).

그렇다면 '새로운 피조물'에서 무엇이 새롭게 되었는가? 다음과 같이 세 가지 측면에서 그리스도인은 '새로운 피조물'인데, 첫 번째 측면은 인생의 목적이 새롭게 되었다는 뜻이다. 그가 예수 그리스도 밖에 있었던 시절에 인생의 목적은 한 마디로 자신이었다. 그는 공부와 취직, 결혼과 가정, 자녀의 생산과 양육 등, 모든 것이 자신을 위한 것이었다.

그러나 그가 그리스도 예수 안에서 '새로운 피조물'이 되자 인생의 목적이 완전히 달라졌다. 그는 무엇을 하든지 하나님의 영광을 위해 사고하고, 언행하며, 결정한다. 얼마나 놀라운 '새로운 피조물'인가! 바울 사도의 증언이다. "그런즉 너희가 먹든지 마시든지 무엇을 하든지 다 하나님의 영광을 위하여 하라" (고전 10:31). 이 증언에서 '먹든지 마시든지'는 인생 자체를 뜻하는데, 먹고 마시지 않는 인생은 가능하지 않기 때문이다.

'새로운 피조물'의 두 번째 측면은 인생을 살아가는 *방법*이 완전히 달라졌다는 뜻이다. 누구나 예수 그리스도를 통해 거듭나기 전에는 수단과 방법을 가리지 않고 살았다. 물론 사람에 따라 정도의 차이는 있을 수 있지만, 근본적으로 자신의 영달을 위한 삶이었다. 기회만 있으면 그 기회를 포착하는 영리함도 마음껏 발휘했다.

그러나 그가 '새로운 피조물'이 되자 삶을 살아가는 방법이 달라졌다. 하나님의 영광을 위한 삶은 당연히 방법도 포함한다. 목적이 선하다면 방법도 선해야 하기 때문이다. 다시 말해서, 그의 목적이 하나님의 영광을 위한 것이라면, 방법도 그에 걸맞아야 한다는 말이다. 그가 어떤 방법을 택해도 하나님의 눈길을 결코 피할 수가 없기 때문이다.

바울 사도의 진심어린 충고를 들어보자. "…이제부터 너희는 이방인이 그 마음의 허망한 것으로 행함 같이 행하지 말라. 그들이 감각 없는 자가 되어 자신을 방탕에 방임하여 모든 더러운 것을 욕심으로 행하되, 오직 너희는 그리스도를 그같이 배우지 아니하였느니라"(엡 4:17b, 19-20).

'새로운 피조물'의 세 번째 측면은 인생의 종착역이 달라졌다는 뜻이다. '물과 성령으로 거듭난' 그리스도인은 심판과 지옥에서 벗어나서, '새 하늘과 새 땅'으로 들어갈 것이다. 이것보다 더 확실한 종착역은 있을 수 없다. 그를 맞이해줄 천국을 향해 가는 순례자가 된 것이다!

76
왜 구원에 대해 *의심*이 생기는가?

　구원받은 사람이라도 구원에 대해서 한 번도 의심해보지 않은 그리스도인은 없을 것이다. 이런 의심의 근원은 두 가지인데, 하나는 사탄이고 또 하나는 하나님이다. 사탄이 그리스도인에게 구원을 의심하게 하는 것은 이해하기 쉽다. 그러나 구원의 확신을 주셔야 할 하나님이 반대로 구원에 대해서 의심을 일으키신다니 이해하기 어렵다.

　구원에 관한 한 두 종류의 교인이 있다. 하나는 분명히 구원을 받았는데도 때때로 의심하게 되는 그리스도인이고, 또 하나는 확신이 있다고 자부하나 실제로는 구원받지 못한 명목상의 신자이다. 구원의 확신이 있는 그리스도인에게 의심을 불어넣는 존재는 사탄이다. 사탄은 그리스도인이 구원의 확신 때문에 기쁨을 누리면서 다른 사람들에게 전도하는 것을 원하지 않는다. 사탄은 궁극적으로 전도를 막으려고 의심을 일으킨다.

　반면, 명목상의 신자에게 의심을 일으키시는 분은 하나님이시다. 하나님은 명목상의 신자도 구원받기를 원하시는데, 그런 하나님의 마음을 베드로 사도는 이렇게 표현했다. "오직 주께서는 너희를 대하여 오래 참으사, 아무도 멸망하지 아니하고 다 회개하기에 이르기를 원하시느니라"(벧후 3:9b). 그러니까 명목상의 신자가 구원에 대하여 의심이 생긴다는 것은 하나님의 크나큰 은총이다. 의심이라는 은총을 통해 하나님과 관계를 맺지 못한 허울뿐인 자신의 신앙을 알게 되어, 인격적인 회개와 믿음으로 그리스도를 영접하면 그도 구원받는다.

그런데 확실히 구원받은 그리스도인에게 왜 의심이 생기는가? 처음에 가졌던 기쁨이 사라졌기 때문은 아닌가? 그리스도인에게 구원의 기쁨은 중요하나, 항상 기쁨을 누린다는 것은 불가능하다. 실제로 예수님을 영접할 때 생기는 기쁨 때문에 구원의 확신이 생겼다면 오히려 위험하다. 기쁨은 구원의 확신을 주는 도구가 아니기 때문이다 (마 13:20-21 참고). 구원의 확신을 위해 그리스도인이 의지해야 하는 것은 주관적인 기쁨이 아니라, 객관적인 하나님의 말씀이다. 하나님의 약속의 말씀인 객관적인 사실fact을 믿음faith으로 받아들였다면, 기쁨feeling이 있든 없든 상관없이 구원받은 것이다.

구원받은 그리스도인에게는 말씀뿐만 아니라, 성령의 증언을 통한 확신도 있다. 성령이 마음에 인을 치셨기 때문이다. 바울의 말을 들어보자. "성령이 친히 우리의 영과 더불어 우리가 하나님의 자녀인 것을 증언하시나니"(롬 8:16). 이런 성령의 증언은 그리스도인에게 주어진 하나님의 약속들을 받아들이는 믿음도 포함된다. 그뿐 아니라 하나님과 성도들을 사랑하게 된 것도 성령의 증언이며, 어느 날 주님이 그를 데리러 오신다는 소망도 성령의 증언이다.

구원받은 그리스도인이 구원에 대하여 의심이 생기는 이유가 또 있는데, 죄를 범할 때이다. 그가 죄를 범할 때, 구원받지 못했기 때문은 아닌가 하고 의심할 수 있다. 그런데 죄를 범할 때 생기는 의심은 역설적으로 구원받았다는 증거일 수도 있다.

구원받기 전에는 죄를 범하면 수치감이 생겼는지는 모르지만, 죄의식은 없었다. 많은 경우 죄를 가볍게 여기거나, 아니면 여러 가지로 변명했다. 그런데 구원받은 후부터 죄에 대한 자세가 바뀌어, 죄를 지으면 괴로워한다. 그 이유는 두 가지이다. 하나는 하나님의 말씀을 통하여 그에게 죄에 대한 새로운 기준이 생겼기 때문이고, 또 하나는 그의 마음속에 들어오신 성령님 때문이다. 성령님은 그가 죄를 범할 때, 슬퍼하신다. 바울 사도의 말을 들어보자. '하나님의 성령을 근심하게 하지 말라!' (엡 4:30a). 그러니까 그리스도인이 죄를 범할 때 위로는 하나님이 아시고 아래로는 성령님이 슬퍼하시니 괴롭지 않을 수 없다. 이처럼 죄를 범할 때 죄의식이 생기면, 그는 확실히 구원받은 사람이다. 그에게 말씀의 기준과 성령의 내주가 있기 때문이다. 물론 그 죄를 빨리 자백하여 죄의식에서 벗어나야 하지만 말이다 (요일 1:9).

구원을 *잃을* 수 있는가?

그리스도인은 그의 구원을 잃을지도 모른다고 걱정할 때가 있다. 특히 그가 하나님에게 불순종할 때, 그런 걱정에 빠질 수 있다. 그렇게 걱정하는 그리스도인은 이런 말씀을 기억한다. "만일 그들이 우리 주 되신 구주 예수 그리스도를 앎으로 세상의 더러움을 피한 후에, 다시 그중에 얽매이고 지면 그 나중 형편이 처음보다 더 심하리라"(벧후 2:20).

이 말씀에서 '예수 그리스도를 앎으로'는 그분과 인격적인 관계를 맺었다는 뜻이다. 다시 말해서, 그분을 자신의 구주로 믿고 영접한 결과 그의 삶이 변화되었다는 것이다. 그런데 다시 예전보다 더 나쁜 상태로 돌아간다는 말이다. 그런 사람은 아예 믿지 않은 것이 더 좋을 뻔했다고까지 베드로는 말한다. "의의 도를 안 후에 받은 거룩한 명령을 저버리는 것보다 알지 못하는 것이 도리어 그들에게 나으니라"(벧후 2:21; 히 6:4-6 참고).

이런 그리스도인은 걱정은 하지만 그렇다고 애통해 하지도 않는 이유가 있는데, 역시 하나님의 말씀 때문이다. "내가 그들에게 영생을 주노니 영원히 멸망하지 아니할 것이요, 또 그들을 내 손에서 빼앗을 자가 없느니라. 그들을 주신 내 아버지는 만물보다 크시매 아무도 아버지 손에서 빼앗을 수 없느니라"(요 10:28-29). 얼마나 분명하고도 확실한 예수님의 약속인가?

위의 두 말씀에 의하면, 한 번 구원받으면 누구도 그 구원을 앗아갈 수 없지만, 동시에 구원받은 후에도 타락하면 결코 돌이킬 수 없다는 것이다. 그렇다면 그리스도인은 그런 약속과 경고 가운데 끼어버린 것이 아닌가? 그가 믿고 싶은 대로 두 가지 중 하나만 택하면 안 될까?

먼저, 한 번 구원받으면 그 구원은 영원하다는 약속을 적용해보자. 예수 그리스도가 주신 약속 때문에 어떤 경우에도 흔들리지 않는 장점이 있다. 비록 그가 죄를 범하거나 불순종해도 영원히 변치 않는 약속 때문에 구원에 대해서는 조금도 흔들리지 않는다. 그는 그런 확신을 근거로 그의 신앙 상태가 어떻든지 불신자들에게 복음을 전할 수 있다. 얼마나 큰 장점인가?

그런데 그렇게 믿는 그리스도인에게는 함정도 있다. 분명한 하나님의 약속을 믿고 의지한 것까지는 좋았는데, 반대로 '모든 행실에 거룩한 자가 되라'는 명령은 무시한 셈이 된다 (벧전 1:15). 그렇게 반복적으로 하나님의 명령을 거역하면 그의 죄의식은 갈수록 무디어진다. 급기야는 하나님의 법과 상반되는 삶을 영위하는 데까지 갈 수도 있다. 실제로 기독교 역사에서 이처럼 하나님의 법을 무시하며 사는 그리스도인들이 얼마나 많았는지 모른다.

이런 행태를 율법폐기론_{antinomianism}이라고 한다. 물론 이렇게 주장하는 사람들은 예수 그리스도가 십자가에서 죽으심으로 모든 율법의 요구가 끝났다고 주장한다. 이처럼 흔들리지 않는 구원의 확신은 잘못하면 방종한 기독교인을 만들 수 있다. 작금의 한국교회를 보면 쉽게 이해할 수 있다. 많은 그리스도인이 방탕하며 온갖 죄와 연루되어 있다. 교회 지도자들은 교회의 헌금을 가지고 정치판에 뛰어들어서 교계를 흐리게 한다. 그러나 더욱 소름 끼치게 하는 것은 그런 그리스도인이 구원의 확신을 근거로 조금도 가책을 느끼지 않는다는 사실이다.

다음, 구원받았지만 그 구원을 잃을 수도 있다는 말씀을 적용해 보자. 그런 말씀을 믿는 그리스도인은 조금만 빗나가도 구원을 잃을까 노심초사한다. 그런 그리스도인에게도 장점은 있다. 바울 사도의 권면대로 구원을 이루려는 마음의 결단이다. 이렇게 구원을 이루려고 애를 쓰는 그리스도인은 쉽사리 죄를 짓지 않으며, 또 죄를 지면 곧장 회개한다.

결론적으로, 그리스도인은 위의 두 가지 말씀을 똑같이 받아들여야 한다. 한편 하나님의 약속을 붙잡고 흔들리지 않는 구원의 확신을 유지해야 하며, 또 한편 구원을 잃지 않도록 거룩한 삶을 유지해야 한다. 그렇게 할 때, 다른 그리스도인들에게는 삶의 본이 되며, 불신자들에게는 쉽게 접근하여 그런 삶을 허락하신 주님을 소개할 수 있을 것이다.

인물

멜기세덱은 누구인가?

멜기세덱은 원어 성경에 10번밖에 나오지 않는 이름으로, 구약에서 2번 (창 14:18, 시 110:4), 신약에서 8번 나온다 (히 5:6, 10, 6:20, 7:1, 10, 11, 15, 17). 창세기에서 한 번밖에 등장하지 않은 인물인데도, 히브리서 저자가 제법 상세히 설명하는 이유는 그가 앞으로 오실 메시야의 모형이기 때문이다.

아브람이 포로로 잡혀가던 롯과 그의 식구들을 구출하고 돌아오는 길에 그를 맞이한 멜기세덱은 두 가지를 했다. 하나는 아브람과 일행에게 떡과 포도주를 제공했는데, 싸움에 지칠 대로 지친 그들의 육체적 필요를 채워주는 귀중한 음식이었다.

또 하나는 아브람을 축복하면서 기도한 것이다. "천지의 주재이시요 지극히 높으신 하나님이여, 아브람에게 복을 주옵소서!" 그렇게 축복한 이유도 덧붙였다. "너희 대적을 네 손에 붙이신 지극히 높으신 하나님을 찬송할지로다!" (창 14:19-20).

멜기세덱이 아브람에게 육체의 필요를 채워주고 영적으로 축복해준 이유는 아브람이 그를 우상 숭배로부터 불러내신 하나님을 의

지했기 때문이었다 (수 24:15). 하나님을 의지하지 않았다면, 그가 어떻게 롯과 그 식구들을 구출할 수 있었겠는가?

멜기세덱의 기도에는 하나님에 대해서 세 가지를 포함했는데, 첫째는 그분이 '천지의 주재' 곧 천지를 소유하는 주권자이시라는 것이다. 둘째는 '지극히 높으신 하나님' 곧 여호와이시라는 것이다 (창 14:22). 셋째는 아브람에게 복을 주실 수 있는 하나님이시라는 것이다.

아브람에게 하나님을 그렇게 소개한 멜기세덱은 누구인가? 두 가지로 소개되었는데, 하나는 살렘 왕이며 또 하나는 '지극히 높으신 하나님의 제사장'이었다 (창 14:18). 살렘, 곧 예루살렘 왕으로 평강의 왕이라는 뜻이다. 그의 다른 이름은 멜기세덱인데, 왕을 뜻하는 *멜기*와 의를 뜻하는 *세덱*이 합쳐진 '의의 왕'이다 (히 7:2). 아홉 왕이 뒤범벅되어 싸울 때, 멜기세덱은 그 전쟁에 가담하지 않고 그의 나라를 평강과 의로 다스린 것 같다 (창 14:1-2).

시편 기자는 제사장이요 왕인 멜기세덱이 앞으로 오실 메시야의 모형이라고 예언했다. 한 번 약속하면 바꾸지 아니하시는 하나님이 이렇게 말씀하셨다. "여호와는 맹세하고 변하지 아니하시리라. 너는 멜기세덱의 서열을 따라 영원한 제사장이라" (시 110:4). '너' 곧 메시야가 하나님 우편에서 멜기세덱처럼 하나님의 제사장이 되셨다는 사실은 그분이 십자가의 죽음과 부활의 관문을 통과하신 것을 함축한다. 그분은 그렇게 '영원한 제사장'이 되신 것이다.

멜기세덱이 부모와 족보도 없이 홀연히 나타난 제사장인 것처럼, 예수 그리스도도 아론의 후손이 아닌데도 제사장이 되셨다. 멜기세덱처럼 "아버지도 없고 어머니도 없고 족보도 없고 시작한 날도 없고 생명의 끝도 없어, 하나님의 아들과 닮아서 항상 제사장으로 있느니라"(히 7:3). 그리스도도 멜기세덱처럼 시작과 끝이 없는 하나님의 아들 제사장이시었다.

그뿐 아니라, 멜기세덱이 평강의 왕이요 의의 왕인 것처럼, 예수 그리스도도 똑같이 평강의 왕이요 의의 왕이시다. 그 왕은 평강과 의가 넘쳐나는 세상을 만들기 위해서 다음과 같은 일을 하실 것이다. "…주께서 그의 노하시는 날에 왕들을 쳐서 깨뜨리실 것이라. 뭇 나라를 심판하여 시체로 가득하게 하시고, 여러 나라의 머리를 쳐서 깨뜨리시며"(시 110:5-6).

멜기세덱과 같이 평강과 의의 왕이신 예수 그리스도는 평강과 의로 통치하시기 위해 혼동과 불의의 세력을 심판하고 깨뜨려버리셔야만 한다. 어느 날, 그분은 하나님을 대적하는 사탄과 그를 추종하는 왕들은 물론 그 추종자들을 심판하실 것이다. 그 후에 그리스도 예수는 천년왕국을 세우시고 평강과 의로 통치하실 것이다. 멜기세덱이 성경에서 최초로 나오는 평강과 의의 왕인 것처럼, 메시야는 성경에 나오는 마지막 평강과 의의 왕이시다.

고엘은 누구인가?

　히브리어인 고엘은 한글성경에서 문맥에 따라 열두 가지로 번역되었다: '친척'(민 5:8), '친족'(왕상 16:11), '기업 무를 자'(레 25:25), '복수할 자'(민 35:12), '보복하는 자'(민 35:19), '보복자'(신 19:12), '원수 갚는 자'(삼하 14:11), '대속자'(욥 19:25), '구속자'(시 19:14), '구원자'(사 44:6), '구속하신 자'(사 62:12), '구속함을 받은 자'(사 35:9).

　이 단어의 가장 근본적인 뜻은 동사를 통해 알 수 있는데, 곧 '구하다' '구원하다' '구속하다' '속량하다'이다. 고엘의 동사는 같인데, 자음(נאל)은 같으나 모음이 바뀌어서 발음이 바뀌었다. 그런데 이스라엘 백성을 출애굽시킨 구원의 역사를 묘사할 때 이 동사가 사용되었다. "나는 여호와라! 내가 애굽 사람의 무거운 짐 밑에서 너희를 빼내며 그들의 노역에서 너희를 건지며 편 팔과 여러 큰 심판들로써 너희를 속량하여, 너희를 내 백성으로 삼고…"(출 6:6-7). 그러니까 출애굽을 성사시킨 고엘은 여호와 하나님이었다.

　다음으로 '보복자'로 번역된 고엘에 대해 알아보자. 누구든지 사람을 죽이면 그도 죽어야 하는데, 그 이유는 하나님의 형상대로 지음을 받은 사람의 피를 흘렸기 때문이다. "내[하나님]가 반드시 너희의 피 곧 너희의 생명의 피를 찾으리니…사람이면 그에게서 그의 생명을 찾으리라"(창 9:5). 그런 하나님의 뜻을 받들어 피 흘린 자에게 보복하므로, 죽은 자의 실추된 명예를 회복시키는 것이 가까운 친족의 의무였다. 이 경우 고엘은 보복자였다 (민 35:19).

고엘이 '기업 무를 자'로 번역된 경우를 보자. 어떤 사람이 가난해서 땅을 팔았으면, 가까운 친족은 그 땅을 대신 사서 판 사람에게 돌려주어야 한다. "만일 네 형제가 가난하여 그의 기업 중에서 얼마를 팔았으면 그에게 가까운 기업 무를 자가 와서 그의 형제가 판 것을 무를 것이요"(레 25:25).

역사적으로 기업을 물어준 아름다운 실례가 있는데, 나오미와 룻의 경우이다. 남편들도 없이 가난에 찌든 그들은 가까운 친족이 구원해주지 않으면 아무것도 할 수 없었다. 그런데 그들의 친족인 보아스가 그들이 팔려고 내놓은 땅도 물어주었을 뿐 아니라, 룻과 결혼하므로 그들에게 큰 구원이 되었다. 이 경우 나오미와 룻의 고엘은 보아스였다 (룻 4:9-10).

고엘이 구속자로 번역된 경우를 살펴보자. 유다 왕국은 많은 범죄를 행하므로 나라를 잃었다. 특히 그들의 죄악은 세 가지로 요약될 수 있는데, 우상 숭배와 안식일의 파괴와 성적 타락이었다. 그 결과 유대인들은 바벨론에 팔려가는 신세가 되었다.

그러나 그들이 바벨론에서 그들의 범죄를 시인하고 애통해 하면서 회개하자 (단 9:3-19), 하나님은 한편 바벨론을 멸망시키시고, 또 한편 유대인들을 구원하셨다. "너희의 *구속자*요 이스라엘의 거룩한 이 여호와가 말하노라; 너희를 위하여 내가 바벨론에 사람을 보내어 모든 갈대아 사람에게 자기들이 연락하던 배를 타고 도망하여 내려가게 하리라"(사 43:14). 이 경우 유다를 바벨론에서 구속한 *고엘*은 하나님이었다

마지막으로 위에서 열거한 네 가지 의미를 모두 포함할 뿐 아니라, 한발 더 나아간 *고엘*이 있는데, 그분은 예수 그리스도이시다. 그분은 유대인뿐 아니라 세상에 사는 모든 죄인을 위한 *고엘*로 이 세상에 오셨다.

영적으로 애굽이나 바벨론과 같은 세상에 사는 죄 많은 사람들을 구원하시기 위해 예수 그리스도는 그들의 죗값을 당신의 피로 치루셨다. 그뿐 아니라 죽음에서 다시 부활하심으로 죄인들을 꽁꽁 묶어놓았던 사탄에게 철퇴를 가하므로 엄청난 보복을 하셨다.

그분은 그렇게 구원받은 사람들의 가까운 친척이 되셨는데, 그것만으로 만족하지 않으셨는지 그 사람들을 신부로 맞아주셨다. 이런 *고엘*을 달리 어디서 찾을 수 있겠는가?

솔로몬의 잘못은?

이스라엘의 역사에서 솔로몬만큼 뛰어난 왕은 찾아보기 어려울 것이다. 그의 통치 기간에 이스라엘은 크게 번성했다. 그렇게 나라를 번성시킨 이유는 하나님이 주신 지혜 때문이었다. 그는 하나님에게 다른 복들, 곧 건강이나 장수나 부를 구하지 않고 오직 하나님의 백성을 잘 다스릴 수 있는 지혜를 구했다.

그렇게 훌륭했던 솔로몬 왕이 어떻게 그렇게 타락할 수 있단 말인가? 그의 말년은 우상 숭배와 온갖 죄악으로 물들여져 있었다 (왕상 11:5-8). 그 결과 하나님은 그를 향해 진노하셨고, 사방에서 그를 대적하는 사람들이 일어났고, 통일 왕국은 그의 아들이 왕이 되자 둘로 찢어졌다.

일찍이 하나님은 모세를 통하여 이스라엘의 왕이 될 수 있는 자격을 제시하셨다. 물론 그 자격의 조건은 모든 왕에게 적용됨으로 솔로몬도 예외일 수 없었다. "…네 형제 아닌 타국인을 네 위에 세우지 말 것이며, 그는 병마를 많이 두지 말 것이요, 병마를 많이 얻으려고 그 백성을 애굽으로 돌아가게 하지 말 것이니, 이는 여호와께서 너희에게 이르시기를 너희가 이후에는 그 길로 다시 돌아가지 말 것이라 하셨음이며, 그에게 아내를 많이 두어 그의 마음이 미혹되게 하지 말 것이며, 자기를 위하여 은금을 많이 쌓지 말 것이니라" (신 17:15-17).

이 말씀에 의하면 왕이 되는 조건은 네 가지였다. 첫째는 타국인이 아닌 이스라엘 사람만 왕이 되어야 했다. 둘째는 병마를 많이 두면 안 되었다. 셋째는 아내를 많이 두어도 안 되었다. 넷째는 은과 금을 많이 쌓아두면 안 되었다.

솔로몬은 왕이 된 후, 얼마 동안은 이런 조건들을 잘 이행했고, 따라서 하나님은 그를 크게 번성시키셨다. 그러나 그가 번성하자 서서히 하나님을 등지면서 위에 열거한 말씀들을 무시했다. 그는 교만해진 나머지 하나님의 말씀을 지배의 원리로 삼지 않았다. 솔로몬은 자신의 생각대로 통치했고, 따라서 갈수록 하나님의 말씀과 어긋나는 삶을 살았다.

솔로몬이 하나님의 가르침을 어떻게 위배했는지 성경 말씀을 통하여 알아보자. "솔로몬의 세입금의 무게가 금 육백육십육 달란트요"(왕상 10:14). 그뿐 아니라, 솔로몬은 하나님의 말씀을 어기고 마병을 많이 두었고, 그 말들을 구하러 사람들을 애굽으로 보냈다 (왕상 10:28).

솔로몬은 한발 더 나아가서 아내를 많이 두었다. 그가 한 짓거리를 하나님의 말씀을 통하여 보자. "솔로몬 왕이 바로의 딸 외에 이방의 많은 여인을 사랑하였으니 곧 모압과 암몬과 에돔과 시돈과 헷 여인이라"(왕상 11:1). 솔로몬의 마음은 그 여인들로 인하여 하나님과 더욱 멀어지게 되었다. 그는 자연스럽게 그 여인들이 가지고 온 다른 신들을 받아들이기 시작했다. "그의 여인들이 왕의 마음을 돌아서게 하였더라"(왕상 11:3b). 하나님도 솔로몬을 귀하게 여기지 않으시고, 그를 향하여 진노의 칼을 뽑으셨다. "솔로몬이 마음을 돌려 이스라엘의 하나님 여호와를 떠나므로, 여호와께서 그에게 진노하시니라"(왕상 11:9).

이스라엘의 왕에게는 소극적인 조건 외에도 적극적인 것도 있었다. 그 조건을 직접 들어보자. "그가 왕위에 오르거든 이 율법서의 등사본을 레위 사람 제사장 앞에서 책에 기록하여, 평생에 자기 옆에 두고 읽어 그의 하나님 여호와 경외하기를 배우며 이 율법의 모든 말과 이 규례를 지켜 행할 것이라"(신 17:18-19). 얼마나 분명한 조건인가! 만일 그가 하나님의 말씀을 가까이하여 하나님을 경외했다면, 그렇게 타락하지 않았을 터인데 말이다.

그러나 그처럼 교만해지자 하나님은 그를 그대로 내버려 두시지 않고 낮아질 대로 낮아지게 하셨는데, 하나님의 말씀대로이다. "교만은 패망의 선봉이요 거만한 마음은 넘어짐의 앞잡이니라"(잠 16:18). 결국, 솔로몬 때문에 이스라엘이라는 나라는 남북으로 분열되었고, 그리고 마침내 주변 강대국의 외침에 의하여 두 나라는 멸망하고 말았다.

예레미야의 이중적 예언이란?

예레미야는 안팎으로 불행한 시대에 선지자로 부르심을 받았다. 밖으로는 북쪽의 앗수르와 바벨론이, 그리고 남쪽의 애굽이, 호시탐탐 유다를 먹으려 하고 있었다. 내적으로도 불행한 상황이었는데, 요시야 왕과 그 세 아들이 통치하던 시대였다. 성군인 요시야는 전쟁 중 애굽에 의해 죽임을 당했다. 그의 세 아들은 차례로 왕이 되었으나 첫째 아들은 애굽으로, 다른 두 아들은 바벨론으로 잡혀갔다. 그들 세 왕은 하나님을 멀리하고 우상을 섬기는 폭군들이었다.

그런 와중에서 예레미야는 신실하게 하나님의 말씀을 전했는데, 그 말씀에는 네 가지 이중적 예언이 포함되어 있었다. 첫째 이중적 예언은 유다에 관한 것이었다. 예레미야는 유다가 반드시 바벨론에 의하여 멸망될 것을 예언했는데, 그 이유도 밝혔다. 유다가 우상과 음욕에 빠졌고, 재판관은 불공정하게 판결했으며, 제사장들은 권력으로 다스렸고, 너나 할 것 없이 거짓을 행했기 때문이었다 (렘 5-6장). 그런 예언 때문에 예레미야는 모진 박해를 당하기도 했다.

비록 예레미야가 유다의 멸망에 대해 잔인할 정도로 무섭게 예언했지만, 그 예언은 이중적이었다. 유다가 바벨론을 70년 섬긴 후, 반드시 회복되어 본토로 돌아와서 부흥을 경험하게 될 것도 예언했기 때문이다 (렘 29:10-14).

둘째 *이중적 예언*은 바벨론에 관한 것이었다. 하나님은 유다의 잘못을 심판하기 위하여 바벨론을 사용하셨는데, 그렇게 하나님의 도구가 되기 위해 바벨론은 막강한 나라로 발돋움했다. 바벨론제국은 유다를 멸망시켰을 뿐 아니라, 당대의 세계를 호령하는 초강대국이 되었다.

그러나 예레미야는 바벨론의 통치를 예언했지만, 동시에 그 바벨론이 70년 후에 멸망할 것도 예언했고 이유도 밝혔는데, 바벨론은 하나님이 허락하신 것보다 훨씬 더 잔인하게 그리고 훨씬 더 많이 유대인들을 박해하고 죽였기 때문이었다. 그런 박해와 학살을 당하면서 신원해달라는 유대인들의 기도를 하나님이 들어주셨던 것이다 (렘 51:34-37). 바벨론의 패망을 위해 하나님이 도구로 사용하신 나라는 북쪽의 메데 바사였다 (렘 50:41-46, 51:28-49).

셋째 *이중적 예언*은 옛 언약과 새 언약에 관한 것이었다. 하나님은 출애굽한 이스라엘 백성과 언약을 맺으셨는데, 그 언약을 지키면 복을 받고 어기면 저주를 받게 되어있었다 (신 28장). 그런데 유대인들은 하나님의 말씀에 귀를 기울이지 않으면서 하나님의 언약을 뻔뻔스럽게 어겼고, 한발 더 나아가서 다른 신들을 섬겼다 (렘 11:1-10). 그 결과 위에서 언급한 것처럼, 유다는 바벨론에 의하여 철저하게 유린당했다.

그러나 언약을 깨뜨린 유대인들을 위하여 예레미야는 새 언약을 예언하였다. 옛 언약은 외적 행위를 강조한 데 반하여, 내적 변화를 강조한 새 언약을 약속했던 것이다. 그 언약에 의하면 유대인들의 생각과 마음에 하나님의 법을 기록하시겠다는 것이다 (렘 31:31-34). 물론 새 언약은 그들 마음속에 내주하실 성령에 대한 것이다 (겔 36:24-28).

넷째 *이중적 예언*은 그 당시의 유다와 미래의 유다에 관한 것이었다. 위에서 언급한 것처럼, 그 당시의 유다는 강대국에 둘러싸인 아주 작은 나라로서, 마치 사자들에게 둘러싸인 새끼 사슴과도 같이 먹히고 말았다.

그러나 그렇게 미약한 나라가 어느 날 세상에 정의와 공의를 펼치는 나라가 된다고 예레미야는 예언했다. 그 예언을 인용해보자. "…보라 때가 이르리니, 내가 다윗에게 한 의로운 가지를 일으킬 것이라 그가 왕이 되어 지혜롭게 다스리며 세상에서 정의와 공의를 행할 것이며" (렘 23:5). '다윗의 의로운 가지'는 이 세상에 천년왕국을 세우실 예수 그리스도를 가리킨다 (계 22:16). 유다가 망하는 것을 뻔히 보면서도 그 유다를 통해 세상에 정의와 공의를 행할 다윗의 의로운 가지를 예언한 예레미야는 참으로 위대한 선지자이다.

82

불행을 딛고 우뚝 솟은 *여인들은?*

　성경에서 여인의 이름으로 나온 책은 두 권뿐인데, 곧 룻기와 에스더이다. 이 두 여인은 참으로 불행했으나, 그 불행을 딛고 일어나서 이스라엘의 역사를 바꾸었다. 그뿐 아니라, 그렇게 바뀐 이스라엘을 통해 세계의 역사를 바꾸었다. 먼저 그들이 얼마나 불행했는지 알아보자.

　룻은 유대인이 증오하는 모압 여인이었다. 모압인은 영원히 여호와의 총회에 들어올 수 없을 만큼 유대인이 증오했다 (신 23:3). 이방인인 룻이 그렇게 자기 민족을 증오하는 유대인과 결혼한 것도 불행을 자초한 일이었다. 그녀의 삶은 불행의 연속이었는데, 결혼한 지 얼마 안 되어 남편이 죽었다. 시부는 이미 죽었으며, 그 가정의 유일한 남자인 시동생마저도 죽었다. 생계를 위해 남자가 반드시 있어야 하는 고대사회에서 남자란 하나도 남지 않고 모두 죽었다. 달랑 남은 세 과부는 앉아서 굶어 죽을 수밖에 없는 불행한 처지가 되었다. 시모와 함께 유대로 온 룻은 사람들로부터 손가락질을 당하는 불행한 이방인 모압 여인이었다. 시모와 자신의 연명을 위해 보리와 밀 이삭을 주워가면서 힘겨운 나날을 보낸 불행한 여인이었다.

이방 여인인 룻과는 달리 유대 여인인 에스더도 못지않게 불행했다. 그녀의 나라 유다는 바벨론에 의하여 멸망당했다. 에스더는 나라 없는 불행한 여인이 되었다. 바벨론이 망하자 유다는 메데 바사의 속국이 되었다. 연속해서 다른 나라의 지배 밑에서 살 수밖에 없었다. 에스더는 고국에서 살 수 없는 불행한 여인이었다. 그런 와중에서 그녀의 부모마저 죽어서 고아가 된 불행한 여인이었다. 그녀는 삼촌과 이역만리에서 유대인을 그토록 미워하는 이방인들 속에서 가냘픈 삶을 이어간 불행한 여인이었다.

그 여인들은 그처럼 처참할 정도로 불행한 중에도 하나님의 손을 놓지 않았다. 룻은 후대에 본이 되는 신앙고백을 한 바 있는데, 그 고백을 보자. "…어머니의 하나님이 나의 하나님이 되시리니…만일 내가 죽는 일 외에 어머니를 떠나면 여호와께서 내게 벌을 내리시고 더 내리시기를 원하나이다" (룻 1:16-17).

생명을 걸고 하나님의 손을 꼭 붙잡은 룻의 손을 하나님도 꼭 붙잡고 한 걸음씩 인도하셨다. 이삭을 줍다가 보아스를 만났고, 마침내 보아스의 아내가 되었다. 룻은 죽은 남편의 자식을 전혀 잉태하지 못했었건만, 하나님은 그녀의 태를 열어 아들을 낳게 하셨다. 그 아들이 다윗의 할아버지인 오벳인데, 오벳의 아들 이새가 다윗을 낳은 것이다. 다윗은 너무나 유명한 왕이 되어 이스라엘을 강국으로 만들었고, 그 후손이 저 유명한 '다윗의 자손' 예수 그리스도이시었다. 불행했던 룻 때문에 이스라엘의 역사는 물론 세계의 역사가 바뀐 것이다.

불행 중에서도 하나님의 손을 꼭 붙잡은 에스더를 하나님도 꼭 붙잡고 한 걸음씩 인도하셨다. 이스라엘 민족이 세상에서 사라질 위기에 처했을 때, 에스더가 올린 기도는 유대인은 물론 그리스도인에게 영원한 기도의 모델이 되었다. 그녀의 기도를 보자. "…나도 나의 시녀와 더불어 이렇게 금식한 후에 규례를 어기고 왕에게 나아가리니, 죽으면 죽으리이다!" (에 4:16).

마침내 하나님은 에스더의 그 기도를 응답하시고, 이스라엘 민족이 멸망을 모면하는 대반전이 일어났다. 만일 그때 그 민족이 멸망했더라면, 이 세상의 구주이신 예수 그리스도도 태어나지 못했을 것이다. 그분 때문에 많은 죄인들이 구원을 경험했고, 전 세계에 선한 영향을 미쳤다.

불행했던 이 두 여인에게는 공통점이 있었는데, 그것은 불행 중에도 하나님의 손을 꼭 붙잡았다는 것이다. 하나님도 그들의 손을 꼭 붙잡고 불행에서 일으키셨다. 그들을 통해 유다라는 나라가 살아남았고, 번창했고, 그리고 마침내 세상의 구주이신 예수 그리스도가 오셨다. 그분을 통해 얼마나 많은 죄인들이 성자가 되어 세상에 선한 영향력을 끼치고 있는가! 불행 중에도 하나님의 손을 꼭 잡은 이 여인들처럼 우리도 하나님의 손을 절대로 놓지 말자!

구레네의 *시몬*은 누구인가?

　구레네는 리비야의 서북쪽에 있는 큰 항구 도시이다. 예수님의 시대에는 그곳에 유대인들이 제법 많이 정착하고 있었는데, 그들의 영향으로 유대교에 입교한 사람들도 적잖았다. 절기마다 유대인은 물론 유대교에 입교한 자들이 예루살렘으로 왔는데, 누가는 오순절에 온 사람들에 대해 이렇게 기록했다. "…구레네에 가까운 리비야 여러 지방에 사는 사람들과 로마로부터 온 나그네 곧 유대인과 유대교에 들어온 사람들…"(행 2:10). 이 말씀에서 '유대인과 유대교에 들어온 사람들'은 로마와 구레네에서 온 사람들을 가리킨다.

　그들은 유월절에 예루살렘으로 갔는데, 그중에는 구레네 사람 시몬도 있었다. 절기를 지키려는 그의 결단과 헌신은 대단했는데, 1,260km나 되는 먼 곳을 한 달 이상 걸려서 왔기 때문이다. 그 여행을 위해 준비한 여비도 상당했을 것이다.

　그러나 불행하게도 시몬은 절기를 지킬 수 없게 되었다. 그 이유는 그가 억지로 십자가를 졌기 때문이다. 예수님은 십자가의 무게를 이기지 못해 골고다로 가는 길에 일곱 번씩이나 쓰러지셨다. 그래서 로마 병정들이 그 광경을 구경하던 시몬에게 그 십자가를 대신 지게 했고, 그 결과 율법적으로 저주를 받게 되어 절기를 지킬 수 없게 된 것이다. 그 율법은 신명기 21장 23절의 말씀이다. '…나무에 달린 자는 하나님께 저주를 받았음이니라.'

두말할 필요도 없이 십자가를 지신 예수님도 율법적으로 저주를 받으셨는데, 그 목적은 율법의 저주 아래 있는 죄인들을 속량하기 위함이었다. 그 사실을 말씀으로 확인하자. "그리스도께서 우리를 위하여 저주를 받은 바 되사 율법의 저주에서 우리를 속량하셨으니, 기록된 바 나무에 달린 자마다 저주 아래에 있는 자라 하였음이라"(갈 3:13).

그런데 놀라운 일이 일어났다. 구레네 사람 시몬이 유월절의 주인공이신 예수 그리스도를 그의 구주로 만난 것이다! 율법대로 절기를 지키려고 예루살렘으로 온 그는 예수님을 만났다. 하나님의 말씀대로이다. "이같이 율법이 우리를 그리스도께로 인도하는 초등교사가 되어, 우리로 하여금 믿음으로 말미암아 의롭다 함을 얻게 하려 함이라"(갈 3:24).

구레네 사람 시몬이 예수님을 구주로 믿고 의롭게 된 것을 어떻게 아는가? 바울 사도의 문안 인사를 통해 그 사실을 확인하자. "주 안에서 택하심을 입은 루포와 그의 어머니에게 문안하라; 그의 어머니는 곧 내 어머니니라!"(롬 16:13). 바울 사도 같은 엄청난 신앙인이 시몬의 아내를 영적 어머니로 여겼다면, 그녀의 신앙이 얼마나 깊은지 짐작할 수 있을 것 같다. 물론 그녀의 신앙은 유월절 어린 양인 예수 그리스도를 만난 남편의 소개로 시작되었을 것이다.

그뿐 아니라, 시몬과 그의 아내는 두 아들에게도 틀림없이 예수 그리스도를 소개했을 것이다. 그 식구들은 유대교에 입교한 사람들이었으나, 구주를 만남으로 율법의 저주에서 해방되었던 것이다. 그 두 아들, 곧 루포와 알렉산더는 제법 잘 알려진 그리스도인이 된 것 같다. 그렇지 않다면 시몬을 그 아들들의 아버지라고 소개하지 않았을 것이다. "마침 알렉산더와 루포의 아버지인 구레네 사람 시몬이 시골로부터 와서 지나가는데, 그들이 그를 억지로 같이 가게 하여 예수의 십자가를 지우고" (막 15:21).

구레네 사람 시몬은 '억지로' 십자가를 졌다. 그런데 주님은 억지로라도 십자가를 짊어진 시몬을 그처럼 큰 복으로 갚아주셨다. 율법의 저주에서 해방되다니, 얼마나 놀랍고 큰 복인가! 그뿐 아니라, 복음을 귀하게 여기는 귀한 가정으로 승화시켜주시다니 얼마나 큰 복인가! 시몬이 '억지로'라도 십자가를 짊어진 사건이 얼마나 중요한지, 공관복음에서 모두 기록하고 있다 (마 27:32, 막 15:21, 눅 23:26).

우리도 시시때때로 '억지로'라도 십자가를 짊어짐으로 이처럼 큰 복을 받자!

시몬이 돌이라고?

예수님 당시 시몬으로 불린 유대인이 많았는데, 그 이름의 근거는 야곱의 둘째 아들 시므온이었다. 그중 한 사람이 베드로였는데, 예수님은 그를 게바라고 하셨다 (요 1:42). '들으심'의 뜻인 히브리어 이름 시몬이 '돌'의 뜻인 아람어 게바로 바뀌었는데, 헬라어로는 베드로였다.

시몬은 왜 그의 이름이 '돌'로 바뀌었는지 궁금했을 것이다. 무식해서? 아니면 돌처럼 까매서? 신약성경에서 그가 시몬으로는 51번 (1번은 시므온--행 15:14), 베드로로는 178번, 게바로는 11번 불렸는데, 결국 '돌'로 189번이나 불린 셈이다.

시몬은 인간적으로 도저히 이해할 수 없는 예수님의 말씀도 들었는데, 곧 '이 돌 위에 내 교회를 세우겠다'는 것이다 (마 16:18). 그는 예수님과 돌과 교회를 번갈아 묵상하다가 놀라운 사실을 깨닫게 되었는데, 그 '돌'의 근거가 그를 '돌'이라고 하신 예수님이었다는 사실이다.

오랜 세월이 흘러서 베드로는 그렇게 깨달은 예수님을 베드로전서 2장에서 '돌'로 묘사했는데, 다음과 같이 네 가지 측면에서이다.

첫째, 그분이 '버려진 돌'이었다는 것이다. 누가 버렸는가? 먼저는 '건축자들이 버린 그 돌'이었다 (벧전 2:7). 건축자들은 하나님의 나라를 건축하도록 임무를 부여받은 유대인들이었다. 그런데 유대인들뿐 아니라 사람들도 버렸다는 것이다: '사람에게는 버린 바가 되었으나' (벧전 2:4).

그렇다! 유대인들과 사람들이 그분을 십자가에 못 박혀 죽게 했다. 물론 그들은 악의로 그렇게 했지만, 하나님은 그 악의를 바꾸어서 구원의 도구로 승화시키셨다. 그 결과 그분을 죽인 유대인들과 사람들이 십자가 앞에 나와서 용서와 구원을 받을 수 있게 하셨던 것이다.

둘째, 베드로는 그분이 죽음 후에 다시 살아나신 사실도 역시 '돌'로 묘사했다. "사람에게는 버린 바가 되었으나, 하나님께는 택하심을 입은 보배로운 산 돌이신 예수께 나아가" (벧전 2:4). 그분은 더는 사람에게 버려진 죽은 돌이 아니었다. 하나님은 그분을 죽음에서 일으키시어 영원히 살아있는 분으로 승화시키셨다. 베드로는 그처럼 부활하신 예수님을 아주 간단하게 묘사했는데, 곧 '산 돌'이었다.

그분을 '산 돌'로 삼으신 목적은 그렇게 죽음을 통해 부활하신 '예수께 나아오라'는 것이다. 누구든지 예수님께 나아오면 그도 '산 돌'이 되어 '신령한 집으로 세워지고…신령한 제사를 드릴 거룩한 제사장이 된다'는 것이다 (벧전 2:5). 다시 말해서, '산 돌'이신 그리스도께 나온 사람은 누구든지 '산 돌'이 된다는 것이다.

셋째, 베드로는 예수님이 부활 후에 이루신 놀라운 일도 역시 '돌'로 묘사했는데, 바로 그분이 '모퉁잇돌이 되셨다'는 것이다 (벧전

2:6-7). 이 '모퉁잇돌'은 교회의 주춧돌이므로, 부활하신 그리스도가 교회를 세우셨다는 것이다. 그리고 그 교회의 재료는 그분에게 나아온 사람들이라는 것이다. 그렇지 않다면 베드로는 이렇게 말하지 않았을 것이다. '너희도 산 돌 같이 신령한 집으로 세워지고…' (벧전 2:5).

교회는 성령의 강림으로 세워졌기에, 그리스도가 '모퉁잇돌'이 되었다는 묘사에는 성령의 강림도 함축되어 있다. '모퉁잇돌'이란 묘사로 교회의 머리 되신 그분을 소개하면서 동시에 성령의 강림도 함축시킨 베드로의 묘사는 놀라울 뿐이다.

넷째, 베드로는 그리스도 예수를 '부딪치는 돌과 걸려 넘어지게 하는 바위'로 묘사했는데 (벧전 2:8), 그 묘사는 그분을 거부한 사람들이 받을 심판을 가리킨다. 심판의 이유도 알려주었다. '그들이 말씀을 순종하지 아니하므로 넘어지나니…' 지금은 그들이 '모퉁잇돌'을 발로 차버릴 수 있지만, 그분이 다시 오실 때 그들은 그 '돌'에 걸려 넘어져 영원히 멸망할 것이다.

예수님의 죽음, 부활, 교회, 심판을 네 가지 '돌'로 묘사한 게바는 '돌'의 뜻을 깊이 깨달은 '돌'이다.

85

일꾼의 원의는?

　헬라어로 *디아코네오*(διακονέω)라는 동사는 한글성경에서 다음과 같이 세 가지로 번역되었다: '섬기다'(마 20;28, 막 10:45), '수종하다'(눅 12:37), '봉사하다'(딤후 1:18, 벧전 4:10, 11). 이 단어의 명사형은 더 다양하게 번역되었다: '섬김'(계2:19), '봉사'(행 1:25, 고후 9:12, 엡 4:12), '준비'(눅 10:40), '직무'(행 1:7), '사역'(행 6:4), '부조'(행 11:29), '사명'(행 20:24), '직분'(롬 11:13), '섬기는 일'(롬 12:7), '섬기기'(고전 16:15).

　한 단어를 이렇게 문맥에 따라 10가지로 번역된 한글성경의 다양성과 융통성에 감탄을 금할 수 없다. 그만큼 이 단어가 중요하다는 증거라고도 할 수 있다. 이처럼 상황에 맞게 번역하는 것을 역동적 번역이라고 하는데, 그런 번역은 하나님의 말씀을 문화에 따라 이해할 수 있는 장점이 있다. 그렇지만 그런 번역은 자칫 잘못하면 단점도 지닐 수 있다.

　단점을 알아보기 위하여 이 동사를 행위자로 바꾸어보자. 예를 들면, '섬기다'를 행위자로 바꾸면 '섬기는 자'가 된다. '섬기는 자'는 디아코노스(διάκονος)인데, '일꾼'을 이해하는데 너무나 중요하기에 헬라어를 아는 것도 도움이 될 수 있다.

디아코노스는 한글성경에서는 세 가지로 번역되었는데, 곧 '집사'와 '일꾼'과 '사역자'이다. 그러니까 이 단어는 문맥에 따라서 '집사'가 되었다가 '일꾼'이나 '사역자'도 된다는 말이다. 우선 '집사'라는 단어가 나오는 곳은 여섯 군데이다 (빌 1:1, 딤전 3:8, 10, 12, 13, 행 21:8). 그런데 헬라어 성경에 의하면 '집사'라는 단어는 세 번밖에 나오지 않는데, 곧 빌립보서 1장 1절과 디모데전서 3장 8절과 12절에서이다. 나머지 세 곳은 의역의 결과로 덧붙여졌다.

이 단어가 한글성경에서 '사역자'로 번역된 곳도 역시 세 번인데, 로마서 13장 4절에서 두 번, 그리고 고린도전서 3장 5절에서이다. '집사'와 '사역자'가 모두 헬라어에서 똑같은 단어인 디아코노스라는 사실을 이해하면 중요한 진리를 발견할 수 있다. '집사'는 '사역자'이며, '사역자'는 '집사'라는 진리이다. 일반적으로 '집사'는 봉사자로 간주하는데, 그것은 작은 부분에 지나지 않는다. '집사'는 물론 봉사와 섬기는 일에 앞장서야 한다. 그러나 바울 사도는 봉사만 하라고 '집사'를 세우지 않았다. 바로 이 점에서 오해의 소지가 있을 수 있다는 것이다. 바울 사도에 의하면, '집사'는 봉사는 물론 사역도 감당해야 한다.

그런 이유로 디아코노스가 '일꾼'으로도 번역되었을 것이다. 왜냐하면 '일꾼'은 주어진 일을 잘 해내는 사람을 가리키기 때문이다. 국어대사전에 의하면 '일꾼'은 "어떤 일이든지 능수능란하게 잘 처리하는 사람"이다. 디아코노스가 '일꾼'으로 번역된 곳은 열두 번이나 된다 (롬 16:1, 고후 3:6, 6:4, 11:15, 23, 엡 3:7, 6:21, 골

1:7, 23, 25, 4:7, 딤전 4:6).

*디아코노스*라는 단어를 사용한 사람은 바울 사도뿐이었는데, 그 이유를 찾기란 어렵지 않다. 바울 사도는 여러 곳으로 다니며 복음을 전했고, 그 결과 많은 교회들이 일구어졌다. 그러나 그는 순회 전도자이기에 한 곳에만 머물 수가 없었다. 그가 떠난 후, 누가 교회를 책임지고 이끌어갈 것인가? 그 해답이 바로 복음을 받아들인 후에 지도자로 성장한 집사들이었다. 그들은 봉사의 일만 할 수 없었다. 그들은 그들에게 주어진 은사대로 각종의 사역을 충성스럽게 감당했고, 그 결과 교회들이 든든하게 세워질 수 있었다.

현재에도 집사들이 봉사에만 전념하지 않고 여러 가지 사역에 이바지할 수 있다면, 그들은 바울 사도의 가르침에 부합하는 집사들이요 일꾼이다. 물론 그 일꾼들이 사역에 이바지할 수 있도록 목사는 그들을 훈련하고, 그리고 사역의 장을 마련해주어야 한다. 집사들은 대부분 스스로 훈련해서 사역자가 될 수 없을 뿐 아니라, 스스로 사역의 장을 마련하기란 거의 불가능하기 때문이다. 훈련받은 집사들이 봉사와 사역을 감당하는 교회는 참으로 성경적이다!

86

지도자가 되는 길이란?

영적 지도자가 되는 길은 크게 세 가지이다. 첫째는 성령에 사로 잡혀서 조건 없이 지도자가 되는 길이다. 바울과 무디는 이 범주에 들어간다. 그들은 정기적인 신학교나 어떤 사람에게도 훈련을 받은 적이 없었는데도 탁월한 영적 지도자가 되었다.

둘째는 제도를 통해서 지도자가 되는 길이다. 이런 지도자는 대개 신학교에서 교육을 받고, 그가 속한 교단에서 일련의 과정을 거쳐서 지도자가 된다. 대부분의 영적 지도자들은 이 범주에 속하는데, 바울이 주님을 만나기 전에는 그렇게 만들어진 지도자였다.

셋째는 탁월한 영적 지도자 밑에서 삶과 사역을 본받아서 지도자가 되는 길이다. 예수 그리스도는 첫째 범주에 속한 지도자였지만, 그분이 선택하신 열두 제자는 셋째 범주에 속한 지도자들이다. 그들은 3년간이나 함께 지내면서 그분의 삶과 사역을 천천히 그러나 확실하게 본받아서 탁월한 지도자가 된 사람들이다.

예수님은 베드로를 처음 부르실 때, '나를 따르라'고 하셨다 (마 4:19). 이것은 지금까지 추구하던 삶의 방식을 포기하라는 소극적인 뜻도 있으나, 그분의 삶을 본받으라는 적극적인 뜻도 있다. 그렇게 삶을 본받은 베드로에게 예수님이 그에게 마지막으로 하신 명령도 역시 '나를 따르라'였다 (요 21:19, 22).

비록 그 말씀은 똑같으나 강조점은 다르다. 베드로도 주님처럼 순교의 죽음을 각오해야 한다는 뜻일 수도 있다. 그러나 그보다 더 중요한 뜻이 있는데, 그것은 주님이 지금까지 아낌없이 삶을 나누어준 것처럼, 베드로도 다른 사람들에게 똑같이 삶을 나누어주라는 말씀이다.

베드로를 포함한 열두 제자들은 보고 들은 대로 그들의 삶과 사역을 아낌없이 나누었다. 그 결과 탁월한 영적 지도자가 된 사람이 많이 있었는데, 그중 하나가 바나바이다. 바나바는 그들의 삶과 사역을 보고, 듣고, 그리고 본받았다. 바나바가 지도자가 되기까지 적잖은 시간이 지나갔는데, 삶을 본받는 것은 결코 단숨에 이루어지지 않기 때문이다.

바나바는 영적 지도자로 탈바꿈하기 위해서 인내로 기다리지 않으면 안 되었다. 청자기가 서서히 달구어지고 다듬어져서 값으로 평가할 수 없을 정도로 귀한 그릇이 되는 것과 같은 원리이다. 그와 같이 바나바도 서서히 만들어진 영적 지도자였다.

바나비는 열두 사도를 닮은 사람이 되었고, 그들도 인정했고, 그래서 그들은 바나바를 안디옥교회로 파송했던 것이다. 안디옥교회는 최초의 이방인 교회인데, 그곳에는 많은 이방인들이 믿고 변화되어 모였다. 그러나 적절한 지도자가 없기에 좌충우돌할 수밖에 없는 처지였다. 그 교회는 영적 지도자를 절대로 필요로 했고, 열두 사도는 그 필요를 간과하지 않았다.

그들은 주저하지 않고 바나바를 택하여 그를 안디옥교회로 파송했으며, 그 결과 그는 탁월한 지도력을 통해 교회를 든든하게 세워갔다. 그뿐 아니라, 그의 지도력을 통해 세계선교의 발판을 마련했다. 참된 지도자들 밑에서 배출된 지도자였던 것이다!

이런 지도자의 연결고리는 바나바로 끝나지 않았다. 그는 한때 신앙이 흔들렸던 마가를 붙잡았다 (행 13:13, 15:39). 바나바는 마가와 함께 전도 여행을 하면서 그의 삶과 사역을 나누었다. 서서히 그러나 확실하게 마가도 탁월한 영적 지도자로 거듭나게 되었다. 그는 마침내 마가복음을 기록하였고, 그 결과 다른 복음서들도 탄생하게 되었다. 진정으로 큰 지도자가 되었던 것이다.

하나님이 찾으시는 사람은 급하게 만들어진 지도자가 아니다. 비록 시간이 걸려도 올바른 영적 지도자 밑에서 영향을 받으며 서서히 그러나 확실히 만들어져가는 지도자를 찾으신다. 미래의 지도자들이 신뢰할 수 있는 지도자 밑에서 훈련받아야 하는 이유이다.

87

신학은 누가 해야 하는가?

신학의 목적은 크게 두 가지인데, 하나는 깊은 신앙을 위함이고 또 하나는 사역자가 되기 위함이다. 우선, 신학과 신앙의 관계를 알아보자. 결론부터 말하면, 신학은 신앙생활에 많은 도움이 되지 못한다. 신학은 근본적으로 전문적인 사역자를 키워내기 위해 만들어졌지, 깊은 신앙을 위하여 만들어지지 않았기 때문이다.

그다음, 신학은 지적 개발에 치중하기 때문이다. 신앙생활에서 지적 요소도 중요하나, 그렇다고 지적 개발 때문에 신앙이 깊어지지 않는다. 바울 사도는 오히려 지식 때문에 하나님에 의하여 쓰임받을 수 없는 사람이 될 수 있다고 된다고 했다. '…우리가 다 지식이 있는 줄을 아나 지식은 교만하게 하며…'(고전 8:1). 어떻게 하나님이 교만한 사람을 쓰실 수 있겠는가?

마지막으로, 성경과 기도를 깊이 가르치지 않기 때문이다. 물론 성경도 가르치나, 성경 자체보다는 성경에 대한 것들을 가르치기에 대부분 지적 추구로 끝난다. 신학교에서 하나님의 말씀이나 기도에 몰입한다는 것은 결코 쉬운 일이 아니다.

신학의 두 번째 목적을 알아보자. 하나님을 대리하여 하나님의 형상대로 지음을 받은 사람들을 섬기는 사역만큼 귀한 직분은 없다. 사역자들은 하나님의 뜻을 성도들에게 전하며, 동시에 성도들을 하나님 앞으로 인도한다. 이처럼 가치 있는 일에 삶을 투자하기 때문에 귀하다.

사역자가 되려고 신학을 하기 위해서는 하나님의 부르심을 받아야 한다 (사 43:1). 그 부르심이 확실한 그리스도인은 신학을 해야 한다. 그 이유는 분명하다! 하나님이 부르시면 하나님은 그 그리스도인을 책임지시기 때문이다. 그뿐 아니라, 그의 등록금과 공부도 책임지신다. 그의 가정도 책임지신다. 가장 감격스러운 사실은 공부를 마치면 하나님이 그의 사역도 책임지신다는 것이다. 한 걸음씩 인도하시는 하나님의 손길에 붙잡혀서 사역에 몰입할 수 있는 특권을 누리게 하신다. 물론 그런 특권에는 거기에 걸맞는 책임도 따른다. 그러므로 두렵고 떨리는 마음으로 사역에 임해야 한다.

불행하게도 목사나 신앙의 선배가 권면하여 신학의 길로 들어선 신학생도 없잖아 있다. 그런 신학생은 인위적으로 하나님의 종이 되겠다고 결정한 셈이다. 그렇게 권면한 신앙의 선배나 목사가 그의 생애와 사역을 책임질 수 있는가? 물론 책임지지 못한다. 책임지지 못할 신앙 선배의 권면으로 신학에 뛰어든 사람들은 참으로 불행한 사람들이다.

사역의 길은 가시밭과 같을 때도 없잖아 있다. 그러나 하나님의 부르심을 따라 그 길을 가는 사역자에게는 그분이 동행하시면서 그에게 필요한 능력과 지혜를 공급해주시는 것을 경험한다. 오히려 그렇게 어려운 가시밭을 지날 때, 그는 하나님의 특별한 임재와 인도를 깊이 느낄 수 있다. 그러면서 그는 예수 그리스도의 모습을 그만큼 깊이 닮아가는 것이다. 이처럼 축복 된 인생을 살아가면서 다른 사람들에게 선한 영향력을 끼치는 영광을 누린다.

지금 대한민국에서 하나님과 동행하지 못하는 사역자들이 그렇게 많은 것을 보면, 그들 중 많은 사람들이 하나님의 부르심 없이 그 길에 뛰었는지도 모른다. 왜 그렇게 많은 사역자들이 돈과 이성의 노예가 되는지 모르겠다. 왜 그처럼 많은 사역자들이 인위적인 정치에 몰두하는가? 왜 그처럼 많은 사역자들이 하나님과 깊은 영적 교제를 나누지 못하는가?

그렇다면 하나님은 어떤 그리스도인을 부르시는가? 인간적으로는 자신의 생업에 최선을 다하는 사람을 부르신다. 영적으로는 하나님의 말씀을 깊이 대하는 그리스도인, 하나님의 일을 즐거워하는 그리스도인, 하나님의 백성을 즐겁게 만나는 그리스도인, 불신자들의 구원을 위하여 애쓰는 그리스도인--이런 그리스도인을 하나님은 부르신다. 이런 그리스도인이 하나님의 부르심을 받으면, 신학을 해야 한다.

88

목사의 핵심적 사역은?

목사는 사명이자 동시에 은사이다. 신약성경에서 목사라는 단어는 한 번밖에 나오지 않지만, 그 직책은 너무나 다양하고 중요해서 일일이 열거할 수 없다. 목사의 직분은 예수 그리스도가 지상 사역을 마치고 승천하면서 나누어주신 은사에 포함되어 있다. 그 사실을 말씀으로 확인하자. "그가 어떤 사람은 사도로, 어떤 사람은 선지자로, 어떤 사람은 복음 전하는 자로, 어떤 사람은 목사와 교사로 삼으셨으니"(엡 4:11).

바울 사도는 목사를 사도와 선지자와 전도자와 교사라는 지도자의 반열에 놓았는데, 그들이 다른 사람들에게 미치는 영향력이 대단한 위치에 있기 때문이다. 그런 지도자들의 사역과 삶은 사람들에게 많은 영향을 끼친다. 그들로 인하여 성도들이 성자도 될 수 있고, 악인도 될 수 있다. 그들로 인하여 많은 사람들이 가정과 사회에 지대한 공헌을 남길 수도 있고, 엄청난 피해를 줄 수도 있다.

바울 사도는 위의 말씀에서 이런 지도자들이 해야 할 많은 사역 가운데 한 가지만 제시하는데, 그것이 핵심적이기 때문이다. "이는 성도를 온전하게 하여, 봉사의 일을 하게하며 그리스도의 몸을 세우려 하심이라" (엡 4:12). 불행하게도 한글성경에서는 이 말씀의 구조가 분명하지 않다. 헬라어 성경을 보면 그 구조가 분명하기에 그 뜻도 명확해진다. 그 성경에 의하면, 주님이 사람들에게 지도자의 은사를 나누어주신 목적은 한 가지뿐이다. 그 목적을 드러내기 위하여 바울 사도는 프로스(πρὸς)라는 목적 표시의 전치사를 사용했다. 다시 말해서, '성도를 온전하게 하려는' 목적으로 목사를 비롯한 지도자들을 세우셨다는 것이다.

도대체 지도자들은 왜 성도를 온전하게 해야 하는가? 훈련이 가져올 엄청난 결과 때문이다. 그 결과를 드러내기 위하여 바울 사도는 에이스(εἰς)라는 전치사를 본문에서 두 번 사용했다. 다시 말해서, 훈련의 결과가 두 가지라는 것이다. 한 가지 결과는 '봉사의 일을 하게 하며'이고, 또 한 가지는 '그리스도의 몸을 세우려 하심이라'이다.

이런 구문을 의지해서 위의 구절을 정리하면 이렇게 된다. 부활하신 주님이 지도자들, 곧 사도와 선지자와 복음 전하는 자와 목사와 교사로 세우신 목적은 성도를 온전하게 하여, 그 결과 그 성도가 봉사의 일도 하고 그리스도의 몸을 세우는 일도 한다.

'온전하게 하다'는 헬라어로 *카타르티스모스*(καταρτισμός)인데, 그 의미는 '두드려서 고치다' '꿰매다' '완전하게 하다' 등이다. 이것을 지도자들에게 적용하면 '훈련하다' '무장시키다'의 뜻이 된다. 지도자들이 성도를 훈련해야 한다는 말이다. 두말할 필요도 없이 훈련자는 목사를 비롯한 지도자들이다. 그렇게 훈련받은 성도는 그 결과 두 가지 사역에 들어가게 되는데, 곧 '봉사의 일'과 '그리스도의 몸을 세우는 일'이다. '봉사'에는 봉사는 물론 사역의 뜻도 들어 있다. 결국, 훈련된 성도는 여러 가지 사역을 할 수 있게 된다는 것이다. 그뿐 아니라, 그 성도는 '그리스도의 몸', 곧 교회를 세우는 사역을 하게 된다. 물론 그런 사역의 장을 열어주는 사람은 목사를 포함한 지도자들이다.

예수 그리스도를 믿고 구원받은 성도는 백지와 같은 상태에서 신앙생활을 시작한다. 화가가 백지에 그리는 대로 그림이 그려지는 것처럼, 목사가 성도를 훈련하는 대로 변화되어 간다. 바울 사도가 목사를 비롯한 지도자들에게 성도를 훈련하라고 한 뜻에는 지도자들이 혼자 사역하지 말고 성도와 함께 하라는 깊은 뜻도 들어있다. 모든 성도를 사역에 참여시킴으로 그 성도가 행복한 것은 말할 필요도 없고, 교회가 건강하게 세워지게 하기 위해서이다.

훈련자인 목사는 훈련의 열쇠를 쥐고 있는 사람이다. 그리고 그 목사는 다른 어떤 사역보다도 핵심적인 훈련, 곧 성도를 온전하게 무장시키는 일에 매진해야 한다.

숫자와
용어해석

숫자 *1*과 *2*의 함의는?

하나님의 말씀에서 숫자는 대단히 중요하다. 실제로 숫자의 의미를 모르면 성경의 해석이 어렵다고 해도 지나친 말이 아닐 것이다. 창세기는 첫째, 둘째, 셋째⋯일곱째 날로 시작되고, 마태복음은 세 번씩 나오는 열네 대의 계보로 시작된다. 성경의 마지막 책인 요한계시록에는 일곱이란 숫자가 58번이나 나온다.

창세기로부터 요한계시록 사이에는 헤아릴 수가 없을 만큼 많은 숫자들이 나온다. 하나님의 계시에서 숫자가 그만큼 중요하다는 뜻이다. 그런 이유로 하나님의 말씀에 들어있는 숫자의 의미를 알아보는 것은 가치 있는 일일 것이다. 우선 1과 2가 함축한 의미를 알아보자.

하나. 하나는 모든 수의 근본이다. 1이 없으면, 2도 3도 있을 수 없다. 그러므로 *하나*는 다른 수와 상관없이 기본적이며 독립적인 수이다. *하나*는 더 나눌 수 없는 수이므로 일치를 함축한다. 교인들이 *하나*가 되어야 한다는 권면이 그 실례이다 (엡 4:4).

*하나*는 하나님의 특성을 나타내기도 한다. 하나님은 모든 것의

근본이시며, 다른 것들과 상관없는 독립적인 분이시다. 그런 이유로 하나님은 *하나*라고 말씀은 선언한다. "이스라엘아 들으라! 우리 하나님 여호와는 오직 *유일한* 여호와이시니" (신 6:4). 이 말씀에서 '유일한'은 *하나*를 뜻한다. 바울 사도도 같은 말을 했다. '하나님도 *한* 분이시니…' (엡 4:6).

하나님이 *유일한* 분이시기에 그분을 '마음을 다하고 뜻을 다하고 힘을 다하여' 사랑하라는 명령이다 (신 6:5). 하나님은 이런 명령을 십계명의 *첫째* 계명에서도 시사하셨다. "너는 나 외에는 다른 신들을 네게 두지 말라" (출 20:3). 나머지 아홉 계명은 그 뿌리인 *첫째* 계명의 파생이라고 할 수 있다.

그런데 '유일한 여호와'라는 칭호에서 하나님의 이름이 세 번 나온다. 한 번만 나와도 그 의미가 충분한데 말이다. 어쩌면 삼위일체의 하나님을 함축했는지도 모른다. 처음 나오는 하나님은 전능하신 창조주 하나님을 뜻한다. 여호와는 인간과의 관계를 강조하는 이름이기에, 앞에 나오는 여호와는 예수를, 그리고 뒤에 나오는 여호와는 성령을 각각 지칭할 수 있다. 그렇지만 세 분의 하나님이 아니라, *한* 분이시라는 것이다. 역시 *하나*가 강조되는 중요한 표현으로, 이런 말씀이 발전되어 삼위일체가 되었을 것이다.

둘. 둘의 기본적인 셈은 1+1=2이다. 이 셈이 보여주듯, 둘은 두 개의 독립체가 합쳐진 것이다. 하늘과 땅, 빛과 어두움, 남자와 여자. 선과 악, 천국과 지옥 등도 두 개의 독립체이다. 이것들은 상반되는 독립체들이다. 그래서 2는 '반대' 내지는 '대조'를 가리킬 수 있다.

둘을 반으로 나누면 두 개의 하나가 되기에 '나눔'과 '분리'를 상징할 수 있다. 실제로 하나님은 천지창조의 둘째 날에 위의 궁창과 아래의 궁창으로 *나누셨다* (창 1:7). 이런 나눔의 결과로 서로 다른 두 개의 궁창이 생성된 것이다. 이렇게 나누어진 둘은 각각 '다른' 것을 가리킬 수 있다. 남자와 여자가 다르듯이 말이다. 그래서 둘은 '다름'을 가리킬 수도 있다.

두 개의 다른 독립체는 서로를 미워하는 원수도 될 수도 있고, 반대로 서로를 사랑하는 가까운 사이도 될 수 있다. 남자와 여자가 한 몸을 이루어 연합할 수 있는데, 이런 연합의 실례는 그리스도와 교회에서도 찾을 수 있다. 그리스도는 머리로 그리고 교회는 몸으로 연합을 이룬다 (엡 5:23). 그러나 한 몸을 이룬 부부는 서로를 미워하는 별개의 독립체로 전락할 수 있다. 그런 이유로 둘은 상황에 따라서 '연합'을 가리킬 수도 있고 '미움'을 가리킬 수도 있다.

둘은 '증거'를 가리키기도 하는데, 그 이유는 죄인을 정죄할 때, 적어도 두 사람의 증거가 있어야 하기 때문이다 (신 19:15, 딤전 5:19, 딛 3:10). 예수님도 증인으로 제자들을 둘씩 보내셨으며 (눅 10:1), 마지막 때에도 증인 둘을 보내신다 (계 11:3).

숫자 *4, 6, 8*의 함의는?

    *4*의 셈법은 간단한데, 곧 3+1=4이다. 3은 신적 완전을 가리키는 숫자이다. 그러니까 4는 하나님+1이라고 할 수 있는데, 그 1은 다름 아닌 하나님의 창조를 가리킨다. "하나님이 태초에 천지를 창조하시니라"로 설명해보자 (창 1:1). 먼저 하나님(3)이 소개되었고, 그 후에 그 하나님이 천지를 창조하셨다(1). 그런 이유로 4는 언제나 하나님의 피조물을 가리키는 숫자이다.

    *4*가 피조물인 증거는 얼마든지 있다. 우주의 기본요소로 알려진 네 가지를 4대 요소라고 하는데, 흙, 물, 공기, 불이다. 세상의 지역도 4방인데, 동, 서, 남, 북이다. 하루를 4시간대로 나누는데, 오전, 오후, 저녁, 자정이다. 계절도 4인데, 봄, 여름, 가을, 겨울이다.

    성경에서는 3+1의 형태로 나타나는 *4*는 허다하다. 4복음서는 공관복음 3+요한복음이다. 성막의 지붕도 3동물, 곧 염소털과 수양의 가죽과 해달의 가죽으로 된 덮개를 식물로 직조된 베 위에 덮었다 (출 26장). 성막의 휘장도 3가지 색, 곧 청색, 자색, 홍색을 가늘게 꼰 베실에 수놓았다 (출 26:1). 다니엘의 환상에 나오는 동물도 사자, 곰, 표범+이름 없는 괴물이다 (단 7:4-7). 씨 뿌리는 비유에서도 3가지 토양은 씨를 받아들이지 않았으나, 한 가지 토양은 잘 받아들였다 (마 13장). 탕자의 비유에서도 3가지――양, 드라크마, 탕자――에 대해서는 모두 즐거워했으나, 큰아들은 즐거워하지 않았다 (눅 15장).

6은 4+2거나 7-1이다. 둘 다 인간의 숫자인데 차례로 알아보자. 4+2에서 4는 피조물을 가리키고, 2는 '반대' 내지는 '미움'을 가리킨다. 피조물인 인간은 그의 창조주인 하나님을 반대하거나 미워한다. 7-1에서 7은 영적 완전을 뜻하는데, 그 숫자에서 1을 제하면 영적 불완전을 가리킨다. 그러니까 6은 하나님이 없는, 따라서 그리스도가 없는 인간의 숫자이다.

인간이 6일째 되는 날 창조된 것은 우연이 아닐 것이다. 그리고 그 인간은 일주일 중 6일은 일해야 하는데, 그것도 하나님의 안식을 누릴 수 없는 노동이다.

사마리아 여인은 5명의 남편이 있었는데, 현재의 남자는 정식 남편이 아니었다. 결국, 그녀는 모두 6명의 남자 품에 있었다 (요 4장). 부자와 나사로의 비유에서 죽은 부자는 아직 살아있는 다섯 동생의 영혼에 관심이 있었다. 그 형제들의 수는 모두 6명이었다. 사마리아 여인은 그래도 그리스도 예수를 만났지만, 이 부자 형제들은 그렇지 못했다 (눅 16장).

결국, 부자와 그 형제들은 '마귀와 그 사자들을 위하여 예비된 영원한 불'로 들어갔다 (마 25:41). 그들은 하나님 없이 세상의 쾌락에 빠진 삶을 살았지만, 동시에 마귀의 미혹과 유혹도 있었을 것이다. 종말이 같은 걸 보니 말이다. 그런 이유로 6은 상황에 따라 세상적인 것이나 마귀적인 것을 함축할 때도 있다.

8은 7+1이다. 다시 말해서 영적 완전+1이다. 이것은 새로운 시작과 풍성한 삶을 가리킨다. 이 사실을 잘 나타내신 분은 예수 그리스도이시다. 그분은 나귀 새끼를 타고 예루살렘으로 들어가셨는데, 그 목적은 십자가에서 죽기 위해서였다 (마 21장). 일주일이 지난 (7) 다음 날(1) 곧 8일째 되는 날 다시 살아나셨다. 이 사건을 통해 8이 부활을 가리킨다는 것을 알 수 있다.

노아의 식구 8명은 홍수의 심판을 피하고 살아남았다. 그들은 아무도 없는 세상에서 새로운 삶과 풍성한 삶을 영위하면서 엄청난 자손들을 생산했는데, 그것이 저 유명한 70민족이다 (창 10장). 새로운 세상의 시작이었다!

저주받은 나병 환자가 고침을 받아 새로운 삶으로 들어갈 때도 역시 8일이 필요했다. 나병 환자는 옷을 빨고 모든 털을 밀고 몸을 씻은 후 7일을 기다려야 했다. 8일째 되는 날, 그 나병 환자는 제물을 드림으로써 완전히 정결하게 되어 새로운 삶을 시작할 수 있었다. 죽은 자와 방불했던 그가 다시 살아나서 '부활의 생명'을 누리게 된 것이다 (레 14장).

완전을 가리키는 숫자는?

하나님의 말씀에서 완전을 가리키는 숫자는 넷인데, 곧 3, 7, 10 및 12이다. 3은 주로 하나님과 연루되기에 신적 완전이라고 할 수 있다. 7은 주로 영적 해석과 연루되기에 영적 완전이라고 할 수 있다. 10은 십진법의 단위이므로 숫자의 완전이라고 할 수 있다. 12 는 흔히 다스림과 연루되기에 행정적 완전이라고 할 수 있다.

3이 신적 완전이라고 불리는 이유는 쉽게 알 수 있는데, 대표적인 예가 삼위일체이다. 삼위일체를 기리듯, 하나님이 임하셨을 때, 그분이 '거룩하다'고 세 번씩 묘사되었다 (사 6:3, 계 4:8). 그 하나님의 상대적 속성도 세 가지인데, 곧 전지, 전능, 전재(全在)이다.

예수 그리스도는 '이제도 계시고 전에도 계셨고 장차 오실 이'라고 3가지로 불린, 과거와 현재와 미래를 아우르는 분이셨다 (계 1:4, 4:8). 3년간의 공생애를 마치고 십자가에서 죽기 전 겟세마네 동산에서 3번이나 간절히 기도하셨다 (마 26:39-44). 그분은 제 삼 시에 십자가에 못 박히셨는데 (막 15:25), 십자가 위에 붙인 '유대인의 왕'이라는 죄패도 히브리, 로마, 헬라의 3언어로 기록되었다 (요 19:20). 그리고 죽은 지 3일 만에 부활하셨는데, 그분의 예언대로였다 (마 12:40). 특히 '제 삼 일에는 완전하여지리라'는 예언대로 완전한 몸으로 부활하셨다 (눅 13:32).

7이 영적 완전이라고 불리는 이유도 이해하기 쉽다. 7은 천지창조에서부터 시작되었는데, 하나님이 창조를 마치시고 7일째 안식하셨기 때문이다. 그런 까닭에 7은 처음부터 영적으로 완전을 뜻하는 수이다. 그런데 7은 히브리어로 *쉐바*인데, 그 어원은 '만족하다'이다. 하나님은 창조의 결과에 만족하시면서 안식을 취하셨다. 그렇지 않다면 이렇게 말씀하지 않으셨을 것이다. "하나님이 지으신 그 모든 것을 보시니 보시기에 심히 좋았더라" (창 1:31).

부활하신 그리스도 예수는 '일곱 뿔과 일곱 눈'을 가진 분으로 소개되었는데, 각각 전능과 전지를 가리킨다 (계 5:6). 그분은 7이라는 영적 완전을 활용하셔서 요한복음을 통해 '나는…이다'를 7번 말씀하셨는데, 그분이 완전한 분이라는 사실을 알리기 위해서였다. 그뿐 아니라, 그분이 행하신 기적도 7번 언급되었는데, 그분이 전능자라는 사실을 전하기 위해서였다.

그뿐 아니라 그분은 안식일에 병자를 고치셨는데, 그것도 7번이었다. 그렇게 공생애를 마치시고 십자가에서 구속적인 죽음의 터널을 통과하시면서도 7번 말씀하셨다. 비록 십자가에서 죽으셨지만, 부활과 승천을 거쳐서 다시 재림하실 것이다. 재림과 더불어 삼중적인 심판을 쏟아부으실 터인데, 그 심판도 7가지, 곧 7인 심판, 7나팔 심판, 7대접 심판이다.

*10*은 숫자의 완전을 가리킨다고 언급했는데, 숫자가 10을 단위로 전개되는 십진법을 보면 분명하다. '10'과 '손가락'의 어원이 같

기에 십진법의 기원은 손가락일 것이다 (영어 digit를 보라). 하나님의 계명도 10가지이다. 아담으로부터 노아까지 10대이며 (창 5장), 셈으로부터 아브라함까지도 역시 10대이다 (창 11장). 룻기에 기록된 족보도 역시 10대이다 (룻 4:18-23).

하나님이 애굽에 내리신 재앙도 10가지인데, 그것은 완전한 심판을 뜻한다. 출애굽한 이스라엘 백성이 광야를 지나면서 하나님에게 원망했는데, 그 원망도 역시 10번이었다 (민 14:22). 신약성경에서 10처녀의 비유와 (마 25:1) 10명의 나병환자 이야기는 너무나 유명하다 (눅 17:12). 이 비유들은 모두 철두철미한 죄성과 인간의 형편을 알알이 드러낸다.

*12*가 행정적 완전이라는 것도 쉽게 이해할 수 있다. 구약의 12지파와 신약의 12사도는 그들의 세대에서 지도자였는데, 하늘나라에서도 지도자의 역할을 감당할 것이다. 천국의 12문들에 12지파의 이름이 기록되었고 (계 21:12), 12기초석에는 12사도의 이름이 기록되어 있다 (계 21:14). 그들이 중추적인 지도자라는 사실을 위아래에 자리하는 것을 보아도 분명하다. 참고로 7은 하늘을 상징하는 3과 땅을 상징하는 4의 합이고, 그 두 숫자를 곱하면 12이다.

진리와 증언의 관계는?

증언은 보고 들은 바를 있는 그대로 말하는 것이다. 증언의 가장 중요한 내용은 그리스도 예수인데, 그분만이 죄인을 성도로 바꾸실 수 있기 때문이다. 그러나 그분을 보고 들은 자들이 증언하지 않는 다면, 그런 변화의 역사는 일어나기 어렵다. 여하튼 그분을 직접 목격하고 증언한 사람들이 벌떼 같이 일어났고, 그 결과 많은 죄인들이 성도가 되었다.

그런 놀라운 역사의 와중에서 많은 비극도 일어났는데, 무수한 증인들이 목숨을 잃었기 때문이다. 그들이 목숨을 잃은 이유가 있다면, 그것은 그들이 경험한 예수 그리스도를 증언했기 때문이었다. 그러니까 증언과 순교는 바늘과 실 같이 떼려야 뗄 수 없는 관계이다. 증언과 순교의 어원이 같다는 사실은 조금도 놀랍지 않다.

목숨을 걸면서 증언한 이유는 예수 그리스도만이 영원한 *진리*이시기 때문이다. 그 진리를 사도 요한만큼 경험적으로 증언할 수 있는 사람은 없었을 터인데, 그만큼 그분과 가까이 지낸 사람이 없었기 때문이다. 그는 예수님의 사랑을 누구보다도 많이 누린 제자였는데, 그 사랑을 친히 다음과 같이 기록했다. "예수의 제자 중 하나 곧 그가 사랑하시는 자가 예수의 품에 의지하여 누웠는지라" (요 13:23).

그는 증언이란 단어를 요한복음에서 45번이나 사용하므로 몸소 경험한 예수 그리스도를 증언한 사실을 강조했다. 그런데 흥미롭게 도 사도 요한은 요한복음 8장에서 *진리*와 *증언*을 똑같이 일곱 번씩 사용했다. 일곱이 완전을 가리키는 숫자임을 감안하면, 사도 요한 이 증언한 진리는 완전한 것이었다. *진리*이신 예수 그리스도를 목 숨을 걸고 증언했기 때문이다.

예수 그리스도가 말씀하신 진리는 이론적이거나 추상적이 아니 라 실제적이고 경험적인데, 그 진리는 삶을 바꾸기 때문이다. 그분 의 말씀을 인용해보자. "진리를 알지니, 진리가 너희를 자유롭게 하 리라" (요 8:32). 무엇으로부터 '자유롭게 한다'는 말인가?

그것은 그분과 논쟁하던 유대인들이 던진 질문이었다 (요 8:33). 그에 대한 대답은 간단하면서도 분명했다. "예수께서 대답하시되, '진실로 진실로 너희에게 이르노니 죄를 범하는 자마다 죄의 종이 라'" (요 8:34). 그렇다! 비록 유대인들이 모세의 율법을 지키며 그 들의 조상 아브라함을 의지했지만, 그것으로는 충분하지 않다는 것 이다. 그들은 여전히 죄 가운데 사는 '죄의 종'이었다. 그들에게 필 요한 것은 그 죄로부터 자유롭게 되는 경험이었다.

아직도 *진리*가 무엇인지 알지 못하는 유대인들에게 그 *진리*가 바 로 자신이라는 사실을 아무도 오해할 수 없도록 분명히 선언하셨 다. "그러므로 아들이 너희를 자유롭게 하면 너희가 참으로 자유로 우리라" (요 8:36). 앞에서는 진리가 자유롭게 한다고 하셨는데,

이번에는 '아들' 곧 당신이 자유롭게 한다고 말씀하심으로 그 '진리'가 자신임을 분명히 밝히셨다.

그렇다면 그분은 어떻게 죄인들을 자유롭게 하신단 말인가? 바로 그분이 그들을 자유롭게 하실 수 있는 이유를 세 가지로 말씀하셨는데, 첫째는 그분이 영원 전부터 계신 분이라는 것이다. 그분의 말씀이다. '아브라함이 나기 전부터 내가 있느니라' (요 8:58).

둘째는 아버지와 영원 전부터 함께 하시던 그분을 그 아버지가 세상으로 보내셨다는 것이다. '나는 스스로 온 것이 아니요, 아버지께서 나를 보내신 것이니라' (요 8:42). 이것은 그분의 성육신을 가리키는 말씀이다. 셋째는 그분이 죄인들을 위하여 십자가에서 죽으시겠다는 것이다. '너희가 인자를 든 후에 내가 그인 줄을 알리라' (요 8:28). 결국, 영원하신 분이 죽으셔야 죄인들을 자유롭게 하실 수 있다는 것이다.

이제 그들은 그분을 믿고 죽음을 넘어 영생을 얻든지 (요 8:51), 아니면 거부하고 '죄 가운데서 죽든지' 둘 중 하나를 결정해야 한다 (요 8:24). 그들뿐 아니라 모든 사람도 결정해야 한다!

포도나무 장의 가르침은?

'나는 참 포도나무요'라고 시작된 요한복음 15장은 아름답다. 그 장에는 네 단어가 반복적으로 나오는데, '열매' '거하다' '사랑' '미워하다'이다. 그 단어들이 나오는 횟수도 흥미롭다. '열매'는 8번, '거하다'와 '사랑'은 각각 10번, 그리고 '미워하다'는 7번씩 나온다.

포도나무 가지의 기능은 열매를 맺는 것이다. 만일 열매를 맺지 못하면, 그 가지는 제거되어 불쏘시개가 된다. 그러나 열매를 맺으면 전지의 과정을 통해 더 많은 열매를 맺으며, 마침내 많은 열매들을 맺게 된다 (요 15:2, 5).

'나는 포도나무요 너희는 가지라'고 하신 예수님은 그리스도인들도 역시 열매를 맺지 않으면 안 된다는 진리를 분명히 하셨다. 물론 그분이 말씀하신 열매는 전도의 열매이다. 다시 말해서, 불신자들에게 구주이신 예수님을 소개하여 그들도 믿게 해야 한다는 것이다.

복음을 전할 때에 혹자는 믿지만, 대부분은 오히려 복음을 전하는 그들을 미워한다. 그들의 미움은 갈수록 심해지는 그야말로 마귀적인 것이다. 그들의 철저한 미움을 강조하기 위해 예수님은 미움을 7번이나 사용하셨다.

그리스도인들은 불신자들로부터 때로는 두들겨 맞고, 때로는 정신적인 모욕을 받는다. 이처럼 심신이 피폐해진 그리스도인들은 어떻게 회복할 수 있는가? 이 장에서 예수님은 두 가지 방법을 제시하셨는데, 곧 '거하다'와 '사랑'이다.

'내 안에 거하라'고 하신 말씀은, 그분 안에 있으면서 조금도 흔들리지 말라는 것이다 (요 15:4). 박해를 받지만 그분 안에 *거하면서* 그분과 끊임없이 교제해야 한다는 것이다. 그리할 때 그분은 그리스도인들에게 성령의 임재와 충만으로 회복은 물론 능력도 주실 것이다.

두 번째 방법은 '너희도 서로 사랑하라'이다 (요 15:12). 그리스도인들이 복음을 전하다 미움을 받고 상처투성이가 되지만, 그것을 치료하는 것은 그리스도인들의 사랑이다. 그들을 미워하는 세상에서 돌아와 서로 사랑의 교제를 나누면서 서로를 보듬어주어야 한다는 것이다.

그러니까 그리스도인들이 지속적으로 열매를 맺을 수 있는 비결은 위로 그들의 구주이시고, 아래로는 그리스도 안에서 맺어진 형제자매들이다. 이 두 가지를 강조하기 위하여 예수님은 '거하다'와 '사랑'을 각각 10번씩 사용하셨다. 7이 영적 완전을 가리키는 숫자라면, 10은 숫자적 완전을 가리키는 숫자이기 때문이다. 헬라어 성경에서 '거하다'가 10번 나온다.

그리스도인들은 한편 세상에서 철저하게 '미움'을 받지만, 또 한편 서로를 보듬어주는 신앙공동체 안에서 치유를 경험하면서 열매를 맺는 '포도나무 가지'이다. 그런데 '열매'가 8번 나오는 것도 우연이 아닌데, 8은 부활의 생명을 가리키는 숫자이기 때문이다.

그렇다! 복음의 '열매'는 부활하신 주님이 동행하시기에 가능하다. 그런 열매를 통해 그리스도인들은 풍성한 삶을 누리게 된다. 세상의 '미움' 때문에 어떤 때는 죽음까지 이를 수 있지만, 바로 그런 삶에서 부활의 능력이 나타난다.

이런 원리에 대하여 예수님은 다른 곳에서 이렇게 말씀하신 적이 있었다. "내가 진실로 진실로 너희에게 이르노니, '한 알의 밀이 땅에 떨어져 죽지 아니하면 한 알 그대로 있고 죽으면 많은 열매를 맺느니라'" (요 12:24).

복음의 열매를 맺기 위하여 세상의 미움도 각오하지 않는다면, 예수님 안에 뿌리를 박고 굳건히 거하지 않는다면, 그리고 그리스도인들 간의 사랑을 나누지 못한다면, 그런 그리스도인은 쓸모없는 가지로 전락할 수 있다. 그렇게 전락한 가지는 '…버려져 마르나니 사람들이 그것을 모아다가 불에 던져 사르게 된다' (요 15:6).

그처럼 아름다운 포도나무의 장에 그런 경고가 들어있다니 경각심을 갖지 않을 수 없다!

94

죽음의 의미는?

성경에서 죽음에 대해 최초로 말씀하신 분은 하나님이시다. 하나님은 최초의 인간인 아담과 하와를 에덴동산에 두셨는데, 그곳에는 생명 나무를 포함해서 모든 것이 골고루 갖추어져 있었다. 하나님은 그곳에 있는 아담과 하와에게 딱 한 번 죽음에 대해서 말씀하셨다. "선악을 알게 하는 나무의 열매는 먹지 말라; 네가 먹는 날에는 *반드시 죽으리라*"(창 2:17).

그런데 한글성경에는 히브리 성경에 없는 '반드시'라는 단어가 들어있는데, 그 이유는 무엇인가? 히브리 성경에는 '반드시' 대신 '죽는다'가 나온다. 그러니까 히브리 성경에는 '죽는다'가 두 번 반복해서 나온다는 말이다. 두 번째 동사는 미래형이기에 그 하나님의 말씀을 직역하면 이렇게 될 것이다: '네가 먹는 날에는 죽으며 죽을 것이다.'

왜 히브리어로 두 번씩 나온 '죽는다'를 그대로 번역하지 않고 앞에 나오는 '죽는다'를 '반드시'로 바꾸었는가? 그 이유는 히브리어 용법 때문인데, '죽음'의 확실성을 강조하기 위해 같은 동사를 두 번 반복했다. 그런 이유로 처음의 '죽는다'를 의역해서 '반드시'로 바꾼 것이다.

사탄이 하와에게 '하나님이 참으로 너희에게 동산 모든 나무의 열매를 먹지 말라 하시더냐?'라고 묻자 (창 3:1b), 하와는 이렇게 대답했다. "동산 중앙에 있는 나무의 열매는 하나님의 말씀에 너희는 먹지도 말고 만지지도 말라; 너희가 죽을까 하노라 하셨느니라" (창 3:3). 이 응답에서 하와는 확실한 죽음을 가리키기 위하여 '죽는다'는 동사를 두 번 사용해야 하는데, 한 번만 사용했다. 죽음의 확실성을 배제하므로, 죽을 수도 있고 그렇지 않을 수도 있다고 말한 꼴이 된 것이다.

이에 대한 사탄의 응수는 오히려 분명했다. "뱀이 여자에게 이르되, '너희가 결코 죽지 아니하리라'" (창 3:4). 히브리어에는 '결코'가 아니라 '죽는다'이다. 그러니까 사탄도 하나님의 경고처럼 '죽는다'를 두 번 사용하므로, 절대로 죽지 않는다는 확실성을 강조했다. 어떤 의미에서 확실히 '죽는다'는 하나님의 경고를 하와보다 사탄이 더 잘 이해한 셈이다.

죽음의 확실성에 대해 의심하던 하와는 사탄의 반증에 넘어가고 말았다. 얼마나 불행한 일인가! 하나님의 경고대로 아담과 하와는 죽었으니 말이다. 그런데 그들은 열매를 먹는 즉시 죽지 않고 제법 오래 살았다. 하나님이 거짓말이라도 하셨던 말인가? 물론 아니다!

성경에서 '죽음'의 뜻은 *분리*이다. 아담과 하와가 불순종하여 선악을 알게 하는 나무의 열매를 먹자 영적으로 죽었는데, 그들 속에 있던 하나님의 영이 그들을 떠났기 때문이다. 그런 영적 죽음, 곧 분리를 묘사한 구절이 있다. "이같이 하나님이 그 사람을 쫓아내시고 에덴동산 동쪽에 그룹들과 두루 도는 불 칼을 두어 생명 나무의 길을 지키게 하시니라"(창 3:24).

영이 없는 아담은 마침내 육체적으로도 죽었는데, 그때 그의 영혼이 육체와 분리되었다. 아담의 육적 죽음에 대해 하나님은 이렇게 선언하셨다. "너는 흙이니 흙으로 돌아갈 것이니라"(창 3:19). 그렇다면 육체적 죽음으로 끝났는가? 물론 아니다!

육적으로 죽은 사람들도 마지막 때에 죽지 않는 몸으로 부활할 터인데, 그때 몸을 떠났던 영혼이 그 몸 안으로 들어와서 부활한다. 그리고 그들은 하나님의 흰보좌 심판대에서 두 가지에 대해 심판을 받는데, 한 가지는 예수 그리스도를 거부한 불신의 죄에 대해서이고, 또 한 가지는 그들의 행위에 대해서이다 (계 20:12). 그리고 불과 유황으로 타는 지옥으로 던져진다. 그때 하나님으로부터 영원히 분리되는데, 그 분리를 '둘째 사망'이라고 한다 (계 21:8).

아담의 불순종으로 인간은 영적으로 죽은 상태에서 살지만, 예수님을 구주로 받아들여 영적으로 거듭나면 다시 영적인 삶을 누리게 된다 (롬 8:9). 물과 성령으로 거듭나서 현재에는 영적인 삶을 누리고, 미래에는 하나님과 함께 하는 영원한 생명을 누리는 것만큼 큰 복은 없다.

팔레스타인을 진멸하라?

하나님은 이스라엘 백성에게 가나안 땅에서 팔레스타인들을 진멸하라고 명령하셨다. "네 하나님 여호와께서 너를 인도하사 네가 가서 차지할 땅으로 들이시고 네 앞에서 여러 민족…곧 너보다 많고 힘이 센 일곱 족속을 쫓아내실 때에…그 때에 너는 그들을 진멸할 것이라"(신 7:1-2).

하나님이 이스라엘 백성에게 가나안 땅을 주겠다고 약속하셨는데, 그 백성에게는 너무나 귀한 약속이었다. 그들은 지금까지 나라 없이 방랑하는 처량한 민족이었다. 그런데 그들에게 땅을 주어서 거기서 부강한 나라를 세워주시겠다니, 얼마나 감사하며 또 기대되는 약속인가? (창 15:14-21).

그러나 팔레스타인들의 입장에선 너무나 불공평하게 보이는 말씀이었다. 하나님은 그렇게 불공평하게 처리하시는 불의의 하나님이시란 말인가? 물론 하나님은 공의의 하나님이시며, 누구도 불공평하게 대하지 않는 분이시다. 그런데 왜 팔레스타인들은 그처럼 불공평하게 땅도 빼앗기고, 한 사람도 남김없이 죽어야 했던가?

학사이자 제사장인 에스라는 가나안 땅에 대하여 하신 하나님의 말씀을 기억하고 있었다. "…너희가 가서 얻으려 하는 땅은 더러운 땅이니, 이는 이방 백성들이 더럽고 가증한 일을 행하여 이 끝에서 저 끝까지 그 더러움으로 채웠음이라"(스 9:11). 그 말씀에 의하면, 가나안 땅은 속속들이 더러웠는데, 그렇게 더러워진 이유는 그곳에 거주하는 팔레스타인들이 '더럽고 가증한 일을 행했기' 때문이었다.

그들이 행한 '더럽고 가증한 일'은 크게 두 가지인데, 하나는 우상숭배이고 다른 하나는 성적 문란이었다. 그들의 우상 숭배는 자신들의 자녀들을 우상에게 제물로 바쳐서 죽이는 것도 주저하지 않을 정도였다. 특히 몰렉이라는 우상에게 자녀들을 바친 행위는 하나님의 진노를 일으키고도 남았다 (레 20:2-3).

그뿐 아니라 가나안에 거주하는 사람들은 성적으로 말할 수 없이 문란했는데, 그 문란의 정도가 너무나 지나쳤다. 그들은 형제자매는 물론 부모와 자식 간에도 성을 주고받았다. 친척들과 친구들 간에는 두말할 필요도 없을 정도였다. 한발 더 나아가서 그들은 남자끼리 동침하는가 하면, 그것도 흡족하지 않은지 동물과도 교합하였다 (레 18:22-23).

팔레스타인들의 두 가지 죄악 때문에 하나님은 그들을 내버려 두실 수 없었다. 그분의 심판을 들어보자. "…내가 너희 앞에서 쫓아내는 족속들이 이 모든 일로 말미암아 더러워졌고 그 땅도 더러워졌으므로, 내가 그 악으로 말미암아 벌하고 그 땅도 스스로 그 주민을 토하여 내느니라"(레 18:24-25).

가나안 땅은 팔레스타인들을 용납할 수 없었는데, 그런 사실을 그들의 땅이 그들을 토해낸다고 묘사한 것이다. 그런 인간 아닌 인간들이 그렇게 토해냄을 당할 것은 너무나도 당연했는데, 그렇지 않다면 그들과 똑같은 자녀들을 양산할 것이기 때문이다. 더군다나 그런 악행들은 영향력도 대단해서 주변의 사람들에게 쉽게 전염될 수 있었다.

세월이 흘러서 이스라엘 백성도 팔레스타인들처럼 우상을 섬겼고 또 성적으로 타락했다. 그 결과 하나님은 이스라엘도 심판하셨고 멸망시키셨다. 하나님은 공의의 하나님이시기 때문이다. 하나님이 팔레스타인들을 심판하셨는데, 똑같은 죄악을 범한 이스라엘 백성을 심판하지 않으신다면, 그분은 공의로운 분이 아니시다.

팔레스타인들이 진멸되는 것을 본 이스라엘은 같은 죄악을 피할 수 있었는데도 그렇게 하지 않았다. 팔레스타인들과 이스라엘 백성이 받은 심판은 그리스도인은 물론 모든 사람에게 엄중한 교훈을 준다. 우상 숭배와 성적 타락은 절대로 심판을 피할 수 없다!

삼중적 '엎드러뜨리다' 의 함의는?

　선지자 에스겔은 이스라엘의 왕에 대하여 예언하면서 이렇게 말한 적이 있다. "내가 엎드러뜨리고(עַוָּה—아와흐), 엎드러뜨리고, 엎드러뜨리려니와 이것도 다시 있지 못하리라. 마땅히 얻을 자가 이르면 그에게 주리라" (겔 21:27). '엎드러뜨리다'는 '멸망시키다', '파괴하다'를 뜻한다. 그런데 왜 에스겔 선지자는 '엎드러뜨리다'는 동사를 세 번 연거푸 사용했는가?

　북방 나라인 이스라엘이 온갖 죄악 때문에 앗수르에 의하여 멸망된 후, 남방 나라인 유다는 경각심을 가지고 하나님의 법을 지키면서 거룩함을 유지했어야 했다. 그러나 불행하게도 유다는 북방 나라처럼 주저하지 않고 여러 가지 죄를 범했다. 그들은 하나님의 법을 공개적으로 깨뜨리는 죄를 범했는데, 그 가운데 세 가지는 유다의 멸망을 가져오는 핵심적인 범죄였다. 그 범죄는 우상 숭배, 안식일의 파기 및 성적 타락이었다.

　우상 숭배는 창조주 대신 피조물을 섬기는 배역 행위였다. 어떻게 하나님의 피조물인 인간이 창조주 대신 다른 피조물을 섬길 수 있단 말인가? 안식일은 하나님이 이스라엘 백성에게 주신 언약의 표징이었다 (출 31:13-17). 안식일을 파기하는 것은 하나님이 세우신 언약의 표징을 깨뜨리는 행위였다. 성적 타락은 하나님의 형상대로 지음을 받은 존귀한 사람들을 육체적인 쾌락을 위하여 그들의 인격을 짓밟으므로 하나님을 거스르는 못된 행위였다.

이런 남방 나라를 향하여 에스겔 선지자는 경고하면서 '엎드러뜨리다'를 세 번 연거푸 사용했다. 물론 그 경고는 거룩한 하나님이 유다를 심판하여 멸망시키시겠다는 강한 의지의 표현이었으며, 실제로 유다는 역사의 현장에서 삼중적인 심판을 받았다. 바벨론의 왕 느부갓네살은 한 번만이 아니라 세 번씩이나 유다를 침공하여 에스겔의 예언을 문자적으로 성취했다.

바벨론이 처음 유다를 침공한 것은 주전 605년이었는데, 여호야김왕이 통치하던 때였다. 이때 유다는 문자 그대로 '엎드러뜨림'을 당했다. 바벨론은 성전의 기명들을 약탈했고, 왕족들과 많은 귀족들을 포로로 잡아갔다. 그때 다니엘과 그의 세 친구도 잡혀갔다. 하나님이 계셨던 성전은 무너졌고, 하나님의 백성은 아비규환의 혼란을 경험했고, 하나님의 땅은 초토화되었다 (왕하 24:1-5, 대하 36:5-7).

바벨론이 이차로 유다를 침공한 것은 주전 597년이었는데, 여호야긴왕 때였다. 그때도 역시 에스겔이 예언한 대로 유다는 두 번째로 '엎드러뜨림'을 당했다. 바벨론은 성전과 왕궁의 모든 보물을 약탈했으며, 왕과 왕의 모친과 아내들과 내시와 권세 있는 자들도 끌어갔다. 이때 용사 7,000명을 포함하여 방백과 백성 총 10,000명, 그리고 공장과 대장장이 1,000명이 끌려갔는데, 그중에는 에스겔과 모르드개와 에스더도 포함되어 있었다 (대하 36:9-10).

바벨론이 세 번째로 유다를 침공한 것은 주전 586년이었는데, 시드기야왕 때였다. 시드기야왕과 식구들은 살해되었고, 왕궁과 성전은 불타서 재만 남았다. 그리고 바벨론 군인들이 왕궁과 성전에 남은 모든 보물을 약탈했고, 예루살렘 성전도 헐어버렸다. 그때 유다는 지구상에서 완전히 '엎드러뜨려졌다' (왕하 25:1-17, 대하 36:17-21). 이스라엘은 1948년에 유엔에서 나라로 인정받을 때까지 거의 2,500년이나 나라 없는 백성으로 세상에 흩어진 불쌍한 사람들이 되었다. 목숨을 부지하려고 여기저기 찾아다니는 *디아스포라*의 삶을 살았다.

에스겔의 예언은 성취되었지만, 그것으로 끝난 것이 아니었다. 하스몬 왕조라고 불린 유다 나라는 주전 63년 폼페이우스^{Pompeius}에 의해 멸망되므로 또 '엎드러뜨림'을 당했다. 주후 70년에는 예루살렘이 무너짐으로 다시 '엎드러뜨림'을 당했다. 또 '엎드러뜨림'이 있을 터인데, 그것은 아마겟돈 전쟁에서 유다의 패망을 통해서이다 (계 16:16). 에스겔의 예언이 이처럼 삼중적으로 성취되면, '마땅히 얻을 자' 곧 메시야가 나타나서 천년왕국의 주인이 될 것이다.

선교와 전도의 차이점은?

전도^{evangelism}는 죄인들이 죄를 용서받아 하나님의 자녀가 되게 하는 것이다. 그런데 그들의 죄가 용서받기 위해서는 그들을 위하여 십자가에 죽으셨다 부활하신 예수 그리스도를 받아들여야만 한다. 그런 이유로 그분의 구속적 죽음과 부활의 메시지는 죄인들에게 복된 소식, 곧 복음^{福音}이다. 바울 사도도 복음을 정의하면서 그분의 죽음과 부활이 복음의 핵심이라고 반복적으로 강조했다 (고전 15:1-4, 롬 4:25, 10:9).

예수 그리스도가 죄인들을 위하여 십자가에서 죽기까지 많은 일들이 있었다. 그분은 동정녀 마리아에게서 태어나셨다. 공생애의 기간에는 제자들을 선택하시고, 가난한 자들을 돌보시고, 병자들을 고치시며, 귀신을 쫓아내시고, 죽은 자를 살려내시는 등 그분이 하신 일은 참으로 많다. 그뿐 아니라, 그분의 가르침은 얼마나 많은가? 산상수훈을 비롯해서, 7가지 천국의 비유, 10처녀의 비유, 탕자의 비유 등 수많은 가르침이 있었다.

이런 역사와 가르침의 사역을 한 마디로 선교^{mission}라고 한다. 그

러니까 전도는 죄인을 회개와 믿음을 통하여 거듭나게 하는 것이
나, 선교는 전도를 성공적으로 이룰 수 있도록 모든 보조적인 행위
와 사역을 가리킨다. 결국, 선교의 최종 목표는 영혼 구원, 곧 전도
이다. 그러나 전도가 잘 이루어지기 위해 많은 것들, 곧 여행, 숙
식, 구제, 가르침, 문서, 의료 행위, 건축 등도 필요하며, 그런 선
교 사역 때문에 전도의 문이 활짝 열리게 된다.

　예수님도 선교와 전도를 포함하는 간단하면서도 분명한 말씀을
제자들에게 주셨다. "또 이르시되 너희는 온 천하에 다니며 만민에
게 복음을 전파하라" (막 16:15). 이 명령은 제자들에게 남겨주신
마지막 명령이었는데, 이 명령에는 선교와 전도의 내용이 각각 들
어있다. '너희는 온 천하에 다니며'는 선교를 뜻하는데, '온 천하에
다니기' 위하여 돈도 필요하고, 비행기도 타야 하고, 잘 곳과 먹을
양식도 필요하기 때문이다.

　어떤 때는 불신자들로부터 박해를 받거나 투옥을 당할 수도 있
다. 어떤 때는 굶주림에 시달릴 수도 있으며, 어떤 때는 생명의 위
협도 받을 수 있다. 오직 잃어버린 영혼들을 그들의 구주이신 예수
그리스도에게 인도하려는 마음 때문에 겪을 수 있는 고난들이다. 그
런 모든 행위가 선교이다. 그렇다! '온 천하에 다니며'는 참으로 많
은 것들이 연루되어 있는데, 그 명령은 선교의 명령이다.

　이 선교의 명령에는 '온 천하'가 포함되어 있는데, '온 천하'는 본
국과 외국을 망라한다. 그리스도인은 '온 천하에 다니라'는 주님의
선교 명령 때문에 국내는 물론 외국에 있는 불신자를 찾아가야 한
다. 그러나 어떤 그리스도인도 '온 천하'를 다닐 수 없기에, 그들의
'온 천하'는 하나님이 그들에게 붙여주신 주위의 불신자들을 뜻한다

고 할 수 있을 것이다.

주님은 이처럼 선교의 명령으로 지상명령을 끝내지 않으셨다. 비록 제자들이 온갖 환난을 무릅쓰고 '온 천하를 다녀도' 죄인들을 예수님 앞으로 인도하여 구원에 이르게 하지 못하면, 그들의 선교에는 너무나 큰 결점이 있게 된다. 그런 결점을 보강하기 위하여 주님은 이 지상명령에 전도를 포함하셨는데, 곧 '만민에게 복음을 전파하라'이다. 이 명령은 두말할 필요도 없이 전도의 명령이다. 그리고 이 명령은 선교의 하이라이트이며, 지상명령의 핵심이다.

그리스도인은 '온 천하를 다닐 수 없는 것'처럼, '만민에게 복음을 전할 수도' 없다. 물론 주님의 인도하심에 따라 어느 곳이든 마다하지 않고 가야 한다. 마찬가지로, 주님의 인도하심에 따라 어떤 사람이든 찾아가서 복음을 전해야 한다. 그런 이유로 '만민'도 역시 주님이 그리스도인에게 맡겨주신 불신자들을 가리킨다고 할 수 있다. 이 지구상 어느 곳이든 갈 수 있고, 어떤 사람을 만나도 전도할 수 있는 영광스러운 특권이 그리스도인에게 주어진 것이다!

'절하다' 의 원의는?

마가복음 5장에 세 사람이 나오는데, 그들에게는 세 가지 공통점이 있었다. 첫째 공통점은 세 사람 다 죽은 자와 방불했다는 것이다. 둘째 공통점은 세 사람 다 예수님 앞에 엎드려 절했다는 것이다. 셋째 공통점은 세 사람 다 예수님에 의하여 새로운 생명을 얻었다는 것이다.

먼저, 첫째 공통점을 보자. 첫 번째 사람은 거라사인의 지방에 있는 무덤 사이에 있던 귀신들린 자였다. 성경에 나오는 많은 귀신들린 사람들 가운데 그 사람만큼 흉악한 몰골을 한 사람은 없었다. 그는 쇠사슬과 고랑도 깨뜨릴 만큼 힘센 귀신에 사로잡혀서, 소리를 지르면서 자기의 몸을 해치고 있었다. 그를 기다리고 있는 것은 죽음뿐이었다.

두 번째 사람은 혈루증으로 열두 해를 고생하면서 재산도 허비하고 몸도 망가진 여인이었다. 그녀를 손짓하며 부르고 있는 것도 죽음뿐이었다. 그 여인은 아직은 목숨이 붙어있었지만, 죽음을 코앞에 둔 자로서 실제로는 죽은 자나 마찬가지였다.

세 번째 사람은 야이로의 딸인데 죽음 직전에 있다가, 그 아비의 간절한 절규에도 불구하고 죽고 말았다. 야이로의 딸은 실제로 죽은 자였다.

이상의 세 사람은 문자 그대로 죽은 자나 마찬가지였다. 그런데 그 세 사람은 모두 예수님에 의하여 살아나 새로운 생명을 얻었는데, 그것은 그들의 셋째 공통점이었다.

그다음, 둘째 공통점을 살펴보자. 그 세 사람은 예수님 앞에 엎드리어 *절했다*. 귀신 들린 자는 "멀리서 예수를 보고 달려와 절했다"(막 5:6). 혈루증으로 앓던 여자도 예수님 앞에서 절했다. "여자가 자기에게 이루어진 일을 알고 두려워하여 떨며 와서 그 앞에 엎드려 모든 사실을 여쭈었다"(막 5:33). 한글성경에서 '절하다'와 '엎드리다'로 번역된 단어는 헬라어에서 같은 동사인 프로스큐네오(προσκυνέω)이다. 이 단어는 하나님께 절할 때 사용되는 동사이다.

그러니까 흉악하게 귀신들린 자도 예수님이 하나님이라는 사실을 알고 '절했고', 혈루증으로 앓던 여자도 어떤 인간도 고칠 수 없는 자기 병을 고치신 예수님을 하나님으로 여기면서 그분에게 '절했던' 것이다.

열두 살 된 죽은 여자아이의 아비인 야이로도 '예수를 보고 발아래 엎드리면서' 그의 죽어가는 딸을 구원해달라고 호소했다. 여기에서 '엎드리다'는 비록 프로스큐네오는 아니지만, 그렇게 엎드린 이유는 그분을 하나님으로 인정했기 때문이다. 하나님이 아니라면, 누가 죽어가는, 아니 죽은 아이를 살릴 수 있단 말인가?

실제로 그렇게 '엎드린' 행위는 경배로 이어지는 경우가 허다하다.

아기 예수를 찾아온 동방박사들도 그렇게 '엎드려' 경배했다 (마 2:11). 마귀도 예수님을 시험하며 '엎드려 경배하면' 만국의 영광을 주겠다고 했다 (마 4:9). 이 두 묘사에서 '엎드려'는 야이로가 예수님 앞에 '엎드린' 것과 같은 행위이며, '경배하다'라는 동사는 프로스큐네오이다. 그러니까 하나님께 경배하기 위하여 엎드렸던 것이다.

그 세 사람은 죽은 자나 마찬가지였다. 그러나 그들은 예수님을 죽음에서 생명으로 바꾸실 수 있는 하나님으로 받아들인 것이다. 그렇지 않다면 그들은 예수님 앞에 엎드려 절하지 않았을 것이다. 그런 믿음의 행위 때문에 그들은 생명을 다시 얻었던 것이다.

그들처럼 귀신들리지도 않고, 혈루증으로 죽어가지도 않으며, 야이로의 딸처럼 죽지도 않은 건강한 우리에게 주는 메시지는 무엇인가? 비록 우리가 육체적으로는 건강할지 모르지만, 죄와 허물 때문에 영적으로 죽은 자들이다. 그러나 예수 그리스도를 하나님으로 여기고 그분 앞에 무릎을 꿇고 나오면, 영적으로 살게 된다 (엡 2:2). 그렇게 영적으로 살면, 그 세 사람처럼 새로운 삶을 영위하기 시작한다. 얼마나 놀라운 복음인가!

전염병은 왜 생기는가?

　전염병은 시간과 장소를 가리지 않고 사람에게 침투한다. 14세기에 유럽에서 창궐했던 흑사병은 한 실례에 불과하다. 그 전염병으로 죽은 자들이 거의 2억 명이나 되었고, 그 결과 인구의 감소는 물론 경제와 문화를 크게 흔들어놓았다.

　도대체 이처럼 무서운 전염병이 왜 생기는가? 혹자는 자연재해라고 하고, 혹자는 인재라고도 하며, 혹자는 하나님의 섭리라고도 한다. 자연재해로 여기는 사람들은 주로 유물주의적 사고를 갖는 사람들이다. 인재라고 간주하는 사람들은 주로 인본주의적인 사고를 갖는 사람들이다. 이런 두 종류의 사람들은 인간의 지식과 경험만을 중요하게 생각한다.

　전염병을 하나님의 섭리로 보는 그리스도인들도 못지않게 많다. 그들은 유물주의자와 인본주의자와 마찬가지로 지식과 경험을 중시하지만, 동시에 초자연적이며 영적인 세계도 중요하게 여긴다.

　그리스도인들은 그들의 주장을 모두 하나님의 말씀인 성경에 근거한다. 한 구절을 인용하면서 설명해보자. "혹 내가 하늘을 닫고 비를 내리지 아니하거나, 혹 메뚜기들에게 토산을 먹게 하거나, 혹 전염병이 내 백성 가운데에 유행하게 할 때에"(대하 7:13). 이 말씀은 성전을 봉헌한 솔로몬에게 하나님이 직접 하신 말씀이다. 이 말씀에 의하면, '하나님'이 이런 세 가지 재앙, 곧 전염병이나 가뭄이나 메뚜기를 보내실 수 있다는 것이다. 이와 같은 성경 말씀들을 근거로 극단적인 근본주의자는 하나님이 전염병을 직접 내리신다고 주장한다 (민 14:12).

물론 하나님은 전능하시기에 전염병을 직접 내리실 수 있다. 그러나 하나님은 인간을 사랑하셔서 그렇게 직접 전염병을 퍼트리지 않으신다. 야고보의 확실한 말씀을 들어보자. "온갖 좋은 은사와 온전한 선물이 다 위로부터 빛들의 아버지께로부터 내려오나니, 그는 변함도 없으시고 회전하는 그림자도 없으시니라"(약 1:17).

하나님의 뜻 가운데는 '허용적인 뜻'이 있는데, 그것은 전염병을 의도적으로 막지 않으시고 내버려 두신다는 것이다. 물론 하나님은 전능하시기에 막으실 수도 있으나, 그렇게 하지 않으신다. 만일 하나님이 전염병이나 가뭄이나 메뚜기를 일일이 막으신다면, 그분의 창조질서에 반하는 행위가 된다. 다시 말해서, 그분의 주권적인 뜻에 반하여 이율배반적이 된다는 것이다.

그렇다면 왜 하나님은 전염병을 허용하시는가? 그 해답도 역시 솔로몬에게 하신 말씀에서 찾을 수 있다. "내 이름으로 일컫는 내 백성이 그들의 악한 길에서 떠나 스스로 낮추고 기도하여 내 얼굴을 찾으면, 내가 하늘에서 듣고 그들의 죄를 사하고 그들의 땅을 고칠지라"(대하 7:14).

이 말씀에 의하면 전염병이 창궐할 때, 먼저 하나님의 백성이 하나님에게로 돌아와야 한다는 것이다. 하나님이 그 백성을 허락하신 목적은 그들을 통해 하나님의 나라를 건설하시기 위해서이다. 그러나 불행하게도 그 백성이 하나님의 뜻에 반하는 삶을 살면서 이 세상의 불법도 막지 못하고 (살후 2:7), 하나님 나라의 건설도 활발하지 못한다. 그런데 하나님은 그 백성이 그분의 뜻 가운데로 돌아올 수 있는 방편을 종종 허용하시는데, 그중의 하나가 전염병이다.

하나님의 백성이 잘못된 행위에서 돌이키면서 사랑과 능력의 하나님께 기도한다면, 그들의 기도를 들으시겠다고 약속하셨다. 그뿐 아니라, 그 하나님은 그들의 죄를 용서하시겠다는 것이다. 그리고 무엇보다 중요한 것은 '그들의 땅을 고치시겠다'고 약속하신 것이다. 전염병을 통해 한편 하나님의 백성이 제자리에 돌아오게 하시고, 또 한편 그 땅을 회복시키겠다는 것이다. 그렇다! 하나님은 전염병도 역이용하시어서 당신의 나라를 세우시는 신비와 긍휼의 하나님이시다!

10

종말

신앙 난제에 답하다 110

100
낙원과 음부의 차이는?

죽음을 피할 수 있는 사람은 없다. 사람은 태어나는 순간부터 죽음을 향해 나아가는 한계 있는 존재이다. 그리고 죽으면 그의 영혼은 음부나 낙원 중 한 곳으로 간다. 예수 그리스도를 구주로 받아들이지 않은 자의 영혼이 가는 곳이 음부이다.

나사로와 부자도 죽음을 피할 수 없었다. 부자는 이 세상의 환락에 사로잡혀서 영혼의 문제를 소홀히 여기다가, 구주이신 예수님을 받아들이지 못했다. 그 부자는 직접적이든 간접적이든 나사로의 삶과 증언을 통하여 그분을 받아들일 수 있었는데도 말이다. 그 결과 죽음과 더불어 그의 영혼은 음부로 갔다 (눅 16:23).

반면, 나사로가 죽자 천사들에게 받들려 아브라함의 품에 들어갔다 (눅 16:22). 아브라함의 품은 음부와는 대조적이었다. 그곳에 있는 나사로는 헌데 때문에 고생하지 않았고, 건강하고 빛나는 모습을 하고 있었다. 그는 먹거리 걱정도 할 필요가 없었다. 그는 행복하게 쉼을 누리고 있었는데, 아브라함의 품이야말로 낙원이었다.

낙원도 역시 예수님이 언급하신 곳이다. 그분이 십자가에서 임박

한 죽음을 기다리시고 계실 때, 한 강도가 이렇게 기원했다. "예수여, 당신의 나라에 임하실 때에 나를 기억하소서!" (눅 23:42). 그 기원은 그 강도가 이 세상에서 한 마지막 말이지만, 동시에 가장 바람직한 말이었다. 그 기원 때문에 그의 영혼의 운명이 결정되었기 때문이다.

예수님의 대답도 그 기원 못지않게 분명했다. "내가 진실로 네게 이르노니, 오늘 네가 나와 함께 *낙원*에 있으리라!" (눅 24:43). 비록 그의 인생은 강도질과 같은 죄악으로 점철된 것이었지만, 마지막 순간에라도 예수 그리스도를 받아들였기에 평안의 곳인 낙원으로 인도되었다.

예수님이 부활하시기 전에 믿은 사람들의 영혼은 나사로처럼 낙원으로 갔다. 그러니까 구약시대에 앞으로 오실 구주를 믿은 사람들의 영혼도 마찬가지였다. 그들은 구주이신 예수 그리스도가 부활하실 때까지 낙원에 머물렀다.

그분이 무덤을 깨뜨리고 부활하셨을 때, 낙원에 있던 영혼들은 그곳을 나와서 그분과 함께 하나님이 계신 곳으로 갔다. 마태는 이런 사실을 정확하지는 않지만, 그래도 그리스도인들이 이해할 수 있을 만큼 묘사했다. "무덤들이 열리며 자던 성도의 몸이 많이 일어나되, 예수의 부활 후에 그들이 무덤에서 나와서 거룩한 성에 들어가 많은 사람에게 보이니라" (마 27:52-53).

그 이후 예수 그리스도를 믿어 구원받은 사람들의 영혼은 죽는 순간 낙원으로 가지 않고, 하나님이 계신 곳으로 간다. 바울 사도의 말대로이다. "우리가 담대하여 원하는 바는 차라리 몸을 떠나 주와 함께 있는 그것이라" (고후 5:8). 그러니까 낙원의 역할은 거기까지였다. 주님이 부활하신 이후 믿는 사람들이 죽으면 그들의 영혼은 낙원으로 가지 않고 곧바로 하나님께로 가기 때문이다.

그렇게 하나님과 함께 있다가 주님이 재림하실 때, 그 영혼들은 육체와 결합하여 부활의 몸을 갖게 된다. 그리고 천년왕국의 기간에 그리스도와 더불어 왕 노릇하게 될 것이다. 그렇게 천년이 지난 후에 새 하늘과 새 땅, 곧 천국으로 들어간다. 결국, 낙원은 예수 그리스도를 믿고 구원받은 영혼들이 그분이 십자가에서 죽었다가 부활하실 때까지 머물며 기다리던 곳이었다.

반면, 주님을 거부한 불신자들의 영혼은 계속 음부에서 고통을 당할 것이다. 천년왕국이 끝날 때까지 그곳에 있다가, 그들의 영혼은 육체와 결합하므로 영원한 몸을 갖게 된다. 그리고 하나님의 심판대 앞에서 심판을 받은 후, 불과 유황이 활활 타는 지옥으로 던져질 것이다. 거기에서 그들은 영원히 고통과 괴로움을 당하면서 그들의 죗값을 치를 것이다. 결국, 음부는 영혼들이 심판을 기다리는 곳이며, 그 기다림이 끝날 때 부활하여 지옥으로 던져진다.

101

천국과 지옥의 모습은?

만일 인간과 세상에 결산이 없다면, 인생이 너무 불공평하게 느껴지는 사람들이 얼마나 많겠는가? 그러나 모든 것에는 최후의 결산이 있는데, 바로 천국과 지옥이다. 만일 천국과 지옥이라는 최후의 결산이 없다면, 이 세상은 너무나 불공평할 것이다. 자신의 형과 숙부조차도 죽여 버린 김정은이 얼마나 호의호식하며 잘 사는가? 당장은 그가 잘 사는 것 같지만, 결산의 날에 하나님의 공의로운 심판을 받고, 지옥으로 던져질 때가 있다는 것을 아는지 모르겠다.

지옥은 옳게 살지 못한 사람들이 결산하는 곳이다. 마음대로 살면서 온갖 죄악을 범하며 지옥이 없다고 외친 사람들이 가는 곳이다. 하나님의 말씀을 보자. '…각 사람이 자기의 행위대로 심판을 받고' 던져지는 곳이 바로 지옥이다 (계 20:13). 바울 사도도 같은 말을 했다. "하나님께서 각 사람에게 그 행한 대로 보응하시되, 오직 당을 지어…불의를 따르는 자에게는 진노와 분노로 하시리라" (롬 2:6, 8).

지옥에 가는 사람들은 예수 그리스도를 거부한 사람들이다. 그들의 죄를 용서하기 위하여 십자가에서 죽으셨다 다시 사신 구주를 거부한 사람들이다. 그렇게 거부함으로 죄와 심판의 문제를 해결하지 못한 안타까운 사람들이다. 그 결과 그들의 죄악 된 인생에 대하여 책임을 지고 결산해야 한다. 그들은 하나님과 영원히 분리되어 사탄과 악령과 거짓 선지자들을 위하여 마련해 놓은 지옥으로 던져질 것이다 (계 19:20, 마 25:41).

지옥은 얼마나 무서운 곳인지 모른다. 그곳은 '구더기도 죽지 않는 곳'이다 (막 9:44). 지옥은 '바깥 어두운 데'라고 묘사되고 (마 8:12), '영원한 불'이라고도 묘사된다 (마 18:8). 사도 요한이 환상 중에 본 지옥은 "그 고난의 연기가 세세토록 올라가는" 곳이다 (계 14:11). 지옥에 가는 사람들의 영혼은 하나님의 얼굴을 영원히 보지 못할 것이므로, '둘째 사망'이라고 불리며 (계 20:14), '불과 유황으로 타는 못'이라고 불리기도 한다 (계 21:8).

그러나, 결산은 지옥과 같이 부정적인 면만 있는 것은 아니다. 인생을 올바르게 살면서 영원을 추구한 사람들을 위한 곳도 있는데, 곧 천국이다. 바울 사도의 말이다. "참고 선을 행하여 영광과 존귀와 썩지 아니함을 구하는 자에게는 영생으로 하시리라" (롬 2:7). 이 말씀에서 '영생'은 하나님과 더불어 영원히 산다는 뜻인데, 그렇게 사는 곳은 다름 아닌 천국이다. 한 마디로 천국은 하나님이 계신 곳이다.

하나님과 더불어 영원한 삶을 누린다는 것 자체가 얼마나 큰 복인가! 이 복이야말로 모든 복 가운데서도 가장 큰 복이다. 하나님은 천국의 중앙에 있는 보좌에 앉으셔서 천국에 들어온 모든 성도의 눈물을 손수 닦아 주신다 (계 21:4).

성도들은 그들의 못된 행위와 죄악을 위하여 십자가에서 죽으신 '어린 양'을 뵈면서, 이렇게 큰 소리로 찬양할 것이다. "그들이 새 노래를 불러 이르되 두루마리를 가지시고 그 인봉을 떼기에 합당하시도다. 일찍이 죽임을 당하사 각 족속과 방언과 백성과 나라 가운데에서 사람들을 피로 사서 하나님께 드리시고, 그들로 우리 하나님 앞에서 나라와 제사장들을 삼으셨으니 그들이 땅에서 왕 노릇 하리로다"(계 5:9-10).

그리스도인들은 천국에서 그처럼 사모하고 고대하던 주님과 단절 없는 교제를 누릴 것이다. 그들의 교제는 그것만이 아니다. 이 세상에 살면서 사랑의 교제를 나누던 부모와 형제자매들, 교회의 식구들, 선교사들과 그들을 통해 믿은 성도들, 주님의 이름을 위하여 순교를 당한 신앙의 선배들--이런 모든 성도와 더불어 영원히 끊이지 않는 교제를 누릴 것이다. 이처럼 놀라운 기대가 있기에 바울 사도는 '죽는 것도 유익함이라'고 선포했다 (빌 1:21). 그렇다! 이 세상의 짧은 인생을 주님을 위하여 산 사람들이 받을 결산이 바로 '천국'이다.

마지막 때는 어떻게 전개되는가?

　이 세상은 '마지막 때'를 향하여 움직여 나가고 있다. 인간이 만든 핵무기만 해도 그렇다. 만일 모든 핵무기가 사용이 된다면, 지구가 수백 개라도 다 소멸할 것이다. 그런 핵무기가 북한에서도 만들어지고 있는데, 북한의 핵무기는 국제사회의 통제 밖에 있기에 더욱 위험하다.

　이 세상이 '마지막 때'를 향하여 전개되는 현상은 인간의 통제 밖에 있는 기후를 보아도 알 수 있다. 얼마나 많은 곳에서 예기치 못한 사태가 일어나는가? 눈이 내려야 할 곳에 폭우가 쏟아지고, 비가 내려야 할 곳에선 폭설과 강풍이 휘몰아친다. 아무 때나 일어나는 지진으로 많은 사람들이 생명을 잃는데, 거기에다 쓰나미까지 겹치면 그만큼 많은 사람들이 목숨을 잃는다.

　그런 이상 기후 때문에 생기는 식량 문제는 또 다른 마지막 때의 징조이다. 기후 파동으로 많은 곳에서 제대로 농사를 짓지 못하니, 식량이 부족할 수밖에 없다. 그 결과 그들을 엄습해오는 빈곤과 굶주림은 말로 다 표현할 수 없다. 그런데 그런 징조들에 대하여 예수 그리스도는 2,000여 년 전에 이미 예언하셨다. "…곳곳에 기근과 지진이 있으리니, 이 모든 것은 재난의 시작이니라"(마 24:7-8).

세상이 마지막 때를 향해 거침없이 달려가고 있는 또 하나의 징조는 많은 거짓 그리스도들과 거짓 선지자들의 출현이다. 그런 자들은 교회를 교란하기 위해 존재하는 것 같다. 끊임없이 교회를 흔들고 믿는 자들의 영혼을 말살시키려고 광분하고 있다. 그것도 예수 그리스도가 예언하신 대로이다. "…너희가 사람의 미혹을 받지 않도록 주의하라. 많은 사람들이 내 이름으로 와서 이르되, '나는 그리스도라' 하여 많은 사람을 미혹하리라"(마 24:4-5).

특히 다니엘에게 보여주신 마지막 때의 묘사는 7년간의 기간인데, 예수 그리스도가 재림하시면서 시작될 것이다. 그분이 재림하실 때, 거듭난 그리스도인들은 공중에서 그분을 만나게 된다. 그런 현상을 '휴거'라고 하는데, 휴거의 출처는 데살로니가전서이다. "주께서 호령과 천사장의 소리와 하나님의 나팔 소리로 친히 하늘로부터 강림하시리니 그리스도 안에서 죽은 자들이 먼저 일어나고, 그 후에 우리 살아남은 자들도 그들과 함께 구름 속으로 끌어 올려 공중에서 주를 영접하게 하시리니, 그리하여 우리가 항상 주와 함께 있으리라"(살전 4:16-17).

이 말씀에서 '끌어 올려'를 한문으로 번역하면 휴거이다. 그리스도가 다시 오실 때, 먼저 죽은 그리스도인들이 살아나서 들림을 받고, 그 후 살아있는 그리스도인들이 몸의 변화와 더불어 들림을 받는다. 그렇게 되면 세상에는 많은 혼란이 생길 것인데, 당연히 갑자기 사라진 그리스도인들 때문이다. 거듭나지 못한 교인들은 들림받지 못하고, 여전히 주일이 되면 교회에서 예배를 드리고 있을 것이다. 그때부터 하나님이 다니엘에게 보여주신 대로 7년의 기간이 닥치는데 (단 9:27), 한 마디로 큰 환난의 기간이다 (마 24:21).

그때 공중에서 신랑이신 예수 그리스도와 신부인 그리스도인들은 혼인 예식을 거행하면서 기쁨이 충만할 것이다. 반면에 땅에서는 하나님의 엄중한 심판이 내려지며, 각종의 전쟁으로 파괴되어 굶주림과 부상과 죽음 때문에 고통스러워할 것이다. 많은 사람들이 차라리 죽기를 구해도 죽지 못하는 괴로움을 당할 것이다 (계 9:6).

그 기간에 환난을 주도할 중요한 인물이 등장하는데, 곧 적그리스도이다. 그는 마지막 7년 중에 나타나서 세상을 통치하고, 또 하나님과 그리스도를 대적한다. 마지막 때에 나타난 적그리스도는 예배와 제사도 폐기하고, 우상에게 제사를 드리라고 강요한다. 그러나 적그리스도의 통치는 7년으로 제한되었기에 결국 그는 멸망할 것이다. 7년 끝에 주님이 성도와 함께 지상으로 재림하실 것이기 때문이다. 그분은 적그리스도와 그 군대를 섬멸시키고, 새로운 나라를 세울 것인데, 바로 '천년왕국'이다. 마지막 때는 그렇게 전개될 것이다.

103
그리스도인도 심판을 받는가?

하나님의 심판에는 두 가지가 있는데, 하나는 그리스도인들을 위한 심판이고, 다른 하나는 불신자들을 위한 심판이다. 특히 그리스도인들을 위한 심판은 소극적인 면도 있지만, 동시에 적극적인 면도 있다. 소극적인 심판은 그리스도인이 하나님의 말씀에 위반하는 삶을 살았을 때 치르는 심판이다. 그렇지만 적극적인 심판은 그리스도인이 옳게 살아낸 삶에 대한 보상이다.

먼저, 소극적인 심판에 대하여 알아보자. 바울 사도에 의하면, 그리스도인이 받을 심판이 세 가지이다. 첫 번째 심판을 보자. "네가 어찌하여 네 형제를 비판하느냐? 어찌하여 네 형제를 업신여기느냐? 우리가 다 하나님의 심판대 앞에 서리라"(롬 14:10). 이 말씀에서 그리스도인들이 심판을 받는 이유는 다른 그리스도인들을 비판하고 무시한 처사 때문이다. 하나님은 그리스도인들이 불신자들에 둘러싸여 살지만, 서로 위로하고 도우면서 헤쳐 나가라고 거듭 부탁하신 것을 저버렸기 때문이다.

바울 사도가 언급한 두 번째 심판을 보자. "···우리가 다 반드시 그리스도의 심판대 앞에 나타나게 되어 각각 선악 간에 그 몸으로 행한 것을 따라 받으려 함이라"(고후 5:10). 이 말씀은 예수 그리스도의 재림으로 그리스도인들이 영원한 처소로 들어갈 때 통과해야 하는 심판이다. 이 말씀에 의하면, 그들의 행위에 대해서 심판을 받는다. 왜냐하면 '각각 선악 간에 그 몸으로 행한 것을 따라 받는다'고 했기 때문이다.

그 심판은 불 심판이다! 이러한 불 심판은 바울 사도가 심판을 언급한 세 번째 내용이다. 그의 말을 직접 들어보자. "만일 누구든지 금이나 은이나 보석이나 나무나 풀이나 짚으로 이 터 위에 세우면 각 사람의 공적이 나타날 터인데, 그 날이 공적을 밝히리니 이는 불로 나타내고 그 불이 각 사람의 공적이 어떠한 것을 시험할 것임이라"(고전 3:12-13).

그다음, 그리스도인들에게 주어지는 적극적인 심판을 보자. 주님은 그리스도인들이 잘한 일을 보상하시는데, 세 가지 영역에서 하신다. 첫째 영역은 달란트인데, 주어진 달란트를 가지고 장사를 잘 하여 각기 다섯 달란트와 두 달란트를 남긴 사람들에게 주님은 이렇게 보상하셨다. "잘하였도다. 착하고 충성된 종아! 네가 적은 일에 충성하였으매 내가 많은 것을 네게 맡기리니 네 주인의 즐거움에 참여할지어다"(마 25:21).

둘째 영역은 곤궁한 사람들에 대한 자세이다. 주님의 칭찬을 자세히 들어보자. "내가 주릴 때에 너희가 먹을 것을 주었고, 목마를 때에 마시게 하였고, 나그네 되었을 때에 영접하였고, 헐벗었을 때에 옷을 입혔고, 병들었을 때에 돌보았고, 옥에 갇혔을 때에 와서 보았느니라"(마 25:35-36). 주님은 곤궁한 형제자매들을 위한 도움이 바로 당신에게 한 것이라고 하시면서 그들을 영생으로 인도하셨다 (마 25:40, 46).

셋째 영역은 그들의 삶에 따라 주어지는 면류관이다. 하나님의 부르심이 무엇이든지 그 길을 충성스럽게 달음질한 그리스도인들에게 주어지는 것은 '썩지 아니하는 면류관'이다 (고전 9:25). 많은 사람들을 구원받게 한 그리스도인들은 '기쁨의 면류관'을 받는다 (살전 2:19-20). 신앙 때문에 시련과 어려움을 충성스럽게 이겨낸 그리스도인들이 받는 것은 '생명의 면류관'이다 (계 2:10). 주님의 재림을 사모하면서 기다린 그리스도인들이 받는 것은 '의의 면류관'이다 (딤후 4:8). 그리고 마지막으로 양 떼를 잘 돌보는 장로에게 주어지는 것은 '영광의 면류관'이다 (벧전 5:4).

그리스도인들이 그들에게 주어진 영역에서 충성을 바치며 살았을 때, 이처럼 놀라운 면류관이 주어진다. 그렇다! 그리스도인들도 마지막 때에 심판대 앞에 서서 그들의 삶에 대하여 책임 추궁을 당하고 심판을 받는가 하면, 놀라운 보상을 받기도 한다.

104
유대인은 어떻게 구원받는가?

　하나님은 유대인을 통하여 세상을 구원하기 원하셨다. 그 목적 때문에 아브라함을 불러내셨고, 또한 이스라엘을 부강한 나라로 만드셨다. 그러나 나라가 부강해지자 유대인들에게는 교만이 싹트기 시작했고, 마침내 하나님의 법을 무시하면서 여러 가지 우상을 섬겼다.

　한발 더 나아가서, 유대인들은 메시야인 예수 그리스도를 십자가에서 죽게 하였다. 유대인인 예수 그리스도를 통하여 세상을 구원하시기로 작정하셨는데도 말이다 (갈 3:14). 그러나 그들이 치른 대가는 너무나 컸다. 유대인들은 나라를 잃는 비극을 맛보았고, 그로 인해 많은 고통을 당했다. 그들은 세상 여러 곳에 흩어져서 인간 이하의 삶을 살았다. 하나님이 그들을 영원히 버리신 것 같았으나, 완전히 버리신 게 아니었다. 그들에게는 세상 사람들에게 하나님을 전파해야 하는 귀중한 사명이 주어졌기 때문이다 (출 19:4-6). 그 사명이 어떻게 실현될 것인지, 인류 역사의 마지막 때에 대한 다니엘의 예언을 통해 알아보자.

유대인들은 7년 환난에서 중요한 역할을 감당하여, 세상의 통치자인 적그리스도와 평화조약을 맺는다. 그들은 성전에서 제사와 예배를 드릴 수 있는 자유를 누리지만, 그 자유는 3년 반이 전부이다. 7년 중 반이 지나자 적그리스도가 예배와 제사를 금하기 때문이다 (단 9:27). 그때부터 그들은 말할 수 없이 큰 환난을 겪게 된다. 그들은 적그리스도를 대적하기로 작정하고, 저 유명한 아마겟돈 전쟁을 일으킨다 (계 16:16). 그러나 그들의 기대와는 반대로 철저한 패배를 맛보게 된다. 그들을 둘러싸고 덤벼드는 왕들과 군대를 당할 수 없기 때문이다. 그들은 거의 섬멸되어 낮아질 대로 낮아지며, 천해질 대로 천해진다. 그들은 그처럼 낮아져서 처참한 모습으로 하나님께 하소연을 한다.

그때 하나님은 유대인들에게 은총을 베푸셔서 깨닫는 영을 부어 주신다. 하나님은 그들을 이렇게 구원하신다. "내가 다윗의 집과 예루살렘 주민에게 은총과 간구하는 심령을 부어 주리니, 그들이 그 찌른 바 그를 바라보고 그를 위하여 애통하기를 독자를 위하여 애통하듯 하며 그를 위하여 통곡하기를 장자를 위하여 통곡하듯 하리로다" (슥 12:10).

이 말씀에서 '그 찌른 바 그를 바라보고'라는 예언은 유대인의 구원에 중요하다. 그들은 이 예언을 이루기라도 하듯 메시야인 예수 그리스도를 십자가에 '찔러서' 죽였다. 그런데 아마겟돈 전쟁의 결과, 유대인들은 '찔러' 죽인 바로 그분이 그들의 메시야요 구주이신 사실을 깨닫게 된다. 그때 그들은 독자와 장자가 죽은 것처럼 애통해하며, 민족적으로 울부짖으며 회개할 것이다 (슥 12:11-14). 그렇게 회개하자 그들은 민족적으로 구원을 받게 된다.

그렇게 유대인들이 구원받자 예수 그리스도는 성도와 더불어 지상으로 재림하신다. 그리고 제일 먼저 사탄을 무저갱에 던져 넣어서 거기서 천 년 동안 심판을 받게 하신다 (계 20:2-3). 그 기간 중 천년왕국이 이루어지는데, 그때 예수 그리스도는 '만왕의 왕이요, 만주의 주'로서 세상을 다스리신다. 물론 성도와 함께 다스리신다 (계 20:4). 유대인들은 그 천년의 기간에 세계 각처를 다니면서 복음을 열심히 전하게 된다.

마침내 유대인들은 그들에게 주어진 세계복음화에 앞장서게 되는 것이다. 유대인을 통한 세상의 구원이라는 하나님의 뜻이 이루어지게 되는 것이다. 결국, 하나님이 이루시는 구원의 역사에서 유대인은 말할 수 없이 중요하다. 그렇지 않다면, 하나님이 아브라함을 통하여 이스라엘을 일구시지도 않으셨을 터이며, 유대인으로부터 예수 그리스도가 태어나지도 않으셨을 것이다. 한발 더 나아가서 7년 환난도 없을 것이다.

결론적으로 말해서, 유대인은 아마겟돈 전쟁의 패배를 통해 구원을 받는다. 두말할 필요도 없이 본래의 목적대로 세상의 구원을 위해서이다.

마지막 날에?

요한복음에는 '마지막 날'이 일곱 번 나온다. 한 번을 제외하고는 모두 세상 끝에 오는 종말을 가리킨다. 그 한 번은 초막절의 마지막 날로 종말과 다르기에 한글성경은 '끝날'이라고 번역하였다. 그러나 헬라어로는 모두 같은 단어인 에스카토스이다.

우선, '끝날'로 번역된 말씀부터 알아보자. "명절 끝날 곧 큰 날에 예수께서 서서 외쳐 이르시되, '누구든지 목마르거든 내게로 와서 마시라'"(요 7:37).

초막절을 지키는 7일간 대제사장은 매일 실로암 못에서 물을 길어와서 번제단 옆에 있는 은그릇에 부었다. 그때 나팔을 세 번 불었고, 레위인 찬양대는 할렐, 곧 시편 113-118편을 불렀으며, 백성은 종려 가지를 흔들면서 '여호와여, 구하옵나니 이제 구원하소서!'라고 외쳤다.

그들이 그렇게 초막절의 예식을 7일간 반복했지만, 구원을 경험하지 못했다. 마침내 마지막 날의 예식이 끝났을 때, 영적으로 공허한 사람들에게 예수님은 물을 마시라고 외치셨다. 그 물을 마시면

'배에서 생수의 강이 흘러나오리라'고 하셨는데, 그 물은 성령을 가리켰다 (요 7:38-39).

성령의 강림은 말세를 가리키는데, 말세는 다른 말로 하면 마지막 때이다 (행 2:17). 그 마지막 때를 교회의 시대라고도 하는데, 그 시대는 그리스도 예수가 다시 오실 때까지 지속한다. 그러니까 명절 '끝날'은 그분이 재림하실 마지막 날과 간접적으로 연결되어 있다.

이제, 요한복음에 나오는 '마지막 날'에 대해 알아볼 터인데, 처음 나오는 말씀을 인용해보자. "나를 보내신 이의 뜻은 내게 주신 자 중에 내가 하나도 잃어버리지 아니하고 *마지막* 날에 다시 살리는 이것이니라"(요 6:39). 하나님이 맡기신 영혼을 하나도 잃지 않고 *마지막* 날에 부활의 생명을 주시겠다는 엄청난 약속이다.

그 약속을 믿은 사람들 가운데는 베다니의 마르다도 있었다. "마르다가 이르되 *마지막* 날 부활 때에는 다시 살아날 줄을 내가 아나이다"(요 11:24). 그러나 마르다의 믿음은 다분히 교리적이지 경험적이지는 않았는데, 그의 오라버니 나사로가 당장 살아날 것을 믿지 못했기 때문이다.

어떻게 믿어야 경험적인가? 예수님은 마지막 날에 다시 살리심을 받기 위해서는 하나님의 아들인 당신을 믿어야 한다고 하셨다. "내 아버지의 뜻은 아들을 보고 믿는 자마다 영생을 얻는 이것이니, *마지막* 날에 내가 이를 다시 살리리라 하시니라"(요 6:40). 어떤 사람도 예수님을 통하지 않고는 결코 영생을 얻을 수도 없고, 부활의 생명에 참여할 수도 없다는 것이다.

'아들을 보고 믿는다'는 것도 잘못하면 교리적이며 추상적일 수 있다. 구체적으로 어떻게 믿어야 되는가? 예수님의 말씀대로 믿어야 한다. "내 살을 먹고 내 피를 마시는 자는 영생을 가졌고 마지막 날에 내가 그를 다시 살리리니"(요 6:44). '내 살을 먹고 내 피를 마셔야' 한다는 것이다. 어떻게 그것이 가능한가? 예수님이 십자가에서 몸이 찢기고 피를 쏟으며 죽으신 구속적 죽음을 경험적으로 받아들여야 한다는 뜻이다. 다시 말해서 십자가의 죽음을 받아들이지 않으면, 구원받을 수 없다는 말이다.

그분의 죽음이 '나'를 위한 구속적 죽음임을 믿게 된 것도 하나님의 은혜라고 예수님은 확인하셨다. "나를 보내신 아버지께서 이끌지 아니하시면 아무도 내게 올 수 없으니, 오는 그를 내가 *마지막 날*에 다시 살리리라"(요 6:54). 그분이 이끌지 않으시면 가능하지 않다는 말씀이다.

그러나 모든 사람이 부활에 참여하는 것은 아닌데, 마지막 날에 불신자들이 심판을 받을 것이기 때문이다. "나를 저버리고 내 말을 받지 아니하는 자를 심판할 이가 있으니, 곧 내가 한 그 말이 *마지막 날*에 그를 심판하리라"(요 12:48).

요한복음에서 일곱 번 나오는 '마지막 날'은 엄청난 복음이지만, 동시에 그 복음을 거부한 자들에 대한 엄청난 경고이다. 그분의 죽음을 경험적으로 받아들여 부활의 영생에 참여하자!

복음을 듣지 못하고 죽어도 *심판*을 받는가?

　물론 심판을 받는데, 그들에게 주어진 계시 때문이다! 모든 사람에게 주어진 계시를 일반계시라고 하는데, 그 계시에는 객관적 계시인 자연과 주관적 계시인 양심이 있다. 먼저, 자연을 보자. 가장 쉬운 실례는 봄, 여름, 가을 및 겨울일 것이다. 그 계절의 변화에 따라 풀이 변화하는 모습은 인생의 사계절을 가르치는 듯하다. 생명이 태어나는 봄이 있는가 하면, 그 생명이 무럭무럭 자라며 풍성해지는 여름이 있다. 그리고 인생을 살아가면서 열매를 맺는 가을을 맞이하나, 얼마 지나지 않아서 인생을 마무리하는 겨울, 곧 죽음을 맞이한다. 다시 말해서, 자연이 주는 메시지를 통하여 사람은 그 인생을 결산해야 한다는 사실을 알 수 있다. 결국, 자연은 사람에게 간접적이긴 하나 인생의 주관자이신 하나님을 인지할 수 있게 한다.

　하나님의 말씀도 이런 사실을 확인한다: "창세로부터 그의 보이지 아니하는 것들 곧 그의 영원하신 능력과 신성이 그가 만드신 만물에 분명히 보여 알려졌나니, 그러므로 그들이 핑계하지 못할지니라"(롬 1:21). 이 말씀을 풀어보면, 자연을 통하여 사람들은 희미

하게나마 절대자의 능력--우주만물을 창조하신 능력--을 알 수 있고, 그분의 신성--절대자의 성품, 특성, 인격--도 알 수 있다. 이 때문에 그분의 정당한 심판에 대하여 핑계할 수 없다.

그다음, 양심을 보자. 모든 사람에게는 양심이 있다. 그리고 그 양심에 따라 사람들은 자신들의 잘잘못을 분별한다. 잘못을 저질렀을 때, 그 사람은 양심의 가책을 느낀다. 그 양심의 가책은 둘 중 하나를 택하는데, 하나는 양심의 소리를 무시하고 자신을 정당화한다. 또 하나는 잘못을 뉘우치고 바르게 살려고 결심한다. 어떤 사람이라도 양심의 호소에 따라 살았다면 이런 소망이 있다. "선을 행하는 각 사람에게는 영광과 존귀와 평강이 있으리니, 먼저는 유대인에게요 그리고 헬라인에게라"(롬 2:10). 이 말씀의 뜻을 풀어보면 더욱 분명해진다. 양심의 소리에 따라 한평생 '선을 행했다면 그는 심판을 거치지 않고 영광과 존귀와 평강의 자리' 곧 하나님과 함께하는 자리에 들어간다.

불신자들 가운데는 자연과 양심의 계시에 따라 살려고 애쓰는 도덕적인 사람들도 꽤 있다. 그들도 양심의 소리를 짓밟고 온갖 악을 저지른 사람들과 똑같이 심판을 받는가? 그렇지 않다! 비록 그들도 하나님의 심판을 받고 지옥에 던져지긴 해도, 그 지옥의 심판에는 경중이 있다. 예수님은 그런 심판의 경중에 대해 이렇게 말씀하셨다. "가버나움아! 네가 하늘까지 높아지겠느냐? 음부에까지 낮아지리라. 네게 행한 모든 권능을 소돔에서 행하였더라면 그 성이 오늘까지 있었으리라. 내가 너희에게 이르노니 심판 날에 소돔 땅이 너보다 견디기 쉬우리라"(마 11:23-24). 이 말씀에서 '견디기 쉬우리라'는 표현은 '견디기 어려운' 그야말로 더 가혹하고 더 처절한 심판이 있다는 사실을 함축한다.

결론적으로, 하나님의 심판은 가장 공평하다. 하나님은 죄인들을 심판하실 때, 그들이 어떤 계시에 노출되어 있는지를 따지신다. 어떤 업적을 남겼는지는 묻지 않으신다. 오로지 하나님이 허락하신 계시에 대하여 어떻게 반응했느냐를 따지신다. 그들의 반응은 하나님의 계시를 어떻게 받아들였는지에 대한 결과이며, 따라서 그들은 자신의 반응에 대한 책임을 져야 한다.

예수 그리스도도 계시와 심판의 관계를 이렇게 말씀하셨다. "선한 일을 행한 자는 생명의 부활로, 악한 일을 행한 자는 심판의 부활로 나오리라"(요 5:29). 하나님의 계시대로 사는 것이 선이고, 거부하는 것이 악이라는 말씀이다. 그렇다! 복음을 듣지 못한 사람들도 하나님의 심판을 피할 수 없다. 그런 엄연한 사실을 아는 그리스도인은 그들에게 심판의 실재를 알려주면서, 예수 그리스도를 소개해야 한다. 그렇게 할 때, 그들도 무시무시한 심판을 피하고 하나님의 용서를 경험할 수도 있기 때문이다.

107

*아이*가 죽으면 천국에 갈 수 있는가?

하나님이 좌정하신 천국에 누가 들어갈 수 있는가? 하나님을 인격적으로 만난 사람들만이 천국에 들어갈 수 있으며, 마침내 천국에서 그 하나님을 뵐 수 있다. 그렇다면 하나님을 인격적으로 만난다는 것은 구체적으로 무엇을 말하는가? 하나님은 인간을 인격적으로 창조하셨는데, 그 인격에는 지식과 감정과 의지가 포함되어 있었다. 그 결과 인간은 그에게 주어진 지정의를 구사할 수 있는 존귀한 존재가 되었다.

그러니까 인격적인 만남은 그에게 주어진 지정의를 통하여 하나님을 만나야 한다는 말이다. 지적으로 그의 잘못을 인정하고, 정적으로 그 잘못에 대하여 슬퍼하며, 의지적으로 그 잘못에서 돌이켜야 한다. 이처럼 인격적으로 회개해야 하는 것처럼, 인격적으로 믿어야 한다. 예수님의 구속적 죽음을 지적으로 알고, 정적으로 감사하면서, 그분을 의지적으로 자신의 구세주로 영접해야 한다. 그렇게 할 때, 그에게 성령이 내주하면서 인격적으로 하나님을 만나게 된다.

그런데 어린아이는 이처럼 인격적으로 예수 그리스도를 통하여 하나님께 나올 수 있는 능력이 개발되지 않았다. 어린아이는 인격적인 회개와 믿음을 구사할 수 있을 만큼 성장하지 못했기 때문에 인격적으로 하나님을 만날 수 없다. 그렇다면 어린아이가 죽으면 천국에 갈 수 없다는 말인가? 그렇지 않다! 어린아이는 확실히 천국에 간다. 그렇다면 인격적으로 하나님을 만날 수 없는 어린아이가 어떻게 천국에 갈 수 있단 말인가?

그것은 예수 그리스도의 구속적 사역이 미치는 범주 때문이다. 그분은 모든 인간의 구속을 위하여 십자가에서 죽으셨고 그리고 다시 살아나셨다. 사도 요한의 증언이다. "그는 우리 죄를 위한 화목제물이니 우리만 위할 뿐 아니요, 온 세상의 죄를 위하심이라" (요일 2:2). 그분은 인간의 죗값으로 화목제물이 되어 십자가에서 죽으셨는데, '온 세상의 죄를 위함'이었다. '온 세상'은 과거와 현재와 미래에 존재하는 모든 사람을 가리킨다.

그뿐 아니라, 인격적으로 성숙한 사람들은 물론 인격적으로 성숙하지 못한 사람들, 곧 어린아이들도 '온 세상'에 포함되어 있다. 그렇다! 예수 그리스도가 십자가에서 '다 이루었다'고 외치면서 돌아가셨는데, 그 뜻은 '온 세상'의 죗값을 모두 치루셨다는 것이다 (요 19:30). 성숙한 사람들의 죗값은 물론이고, 어린아이의 죗값도 치루셨다는 것이다.

성숙한 사람들은 그처럼 십자가에서 피를 흘리고 죽으신 예수 그리스도를 인격적으로 받아들여야 한다. 그러나 어린아이는 인격적인 결단을 할 수 없기에 어린아이가 책임을 질 수 있는 게 없다. 그런 이유로 어린아이는 예수 그리스도의 구속적 죽음 때문에 천국에 들어간다. 그리고 그곳에서 이별과 죽음이라는 아픔을 겪지 않고 영원히 하나님을 경배하며 찬양할 것이다. 다윗도 이런 사실을 아는 듯, 그의 어린 아들이 죽었을 때 이렇게 말했다. "…나는 그에게로 가려니와 그는 내게로 돌아오지 아니하리라…" (삼하 12:23).

다윗은 부활과 영생의 소망을 가진 신앙인이었다. 그렇지 않았다면 어떻게 부활과 영생에 대하여 확신이 가득한 찬양을 올렸겠는가? "이러므로 나의 마음이 기쁘고 나의 영도 즐거워하며 내 육체도 안전히 살리니, 이는 주께서 내 영혼을 스올에 버리지 아니하시며 주의 거룩한 자를 멸망시키지 않으실 것임이니이다. 주께서 생명의 길을 내게 보이시리니 주의 앞에는 충만한 기쁨이 있고 주의 오른쪽에는 영원한 즐거움이 있나이다" (시 16:9-11).

어린아이의 범주에 들어가는 사람들이 또 있는데, 그들은 정신지체아들이다. 비록 그들이 육체적으로 성장하여 어른이 되지만, 어린아이들처럼 인격적인 결단을 할 수 없다. 그런 이유로 그들도 역시 예수 그리스도가 일구신 구속의 사역을 통하여 천국으로 인도된다. 모든 사람이 구원받기를 원하시는 하나님의 마음이 이루어지는 것이다 (딤전 2:4, 벧후 3:9).

사탄이 받는 삼중적 심판이란?

    사탄은 히브리어 명칭이며 헬라어로는 마귀이다. 사탄은 하나님과 그리스도인들을 대적하는 자이다. 그의 이름들을 보면 그가 하는 짓거리를 알 수 있다: '시험하는 자' (마 4:4, 고전 7:5, 살전 3:5), '멸망의 아들' (살후 2:3), '대적하는 자' (살후 2:4), '악한 자' (마 13:19, 요일 5:18), '원수' (마 12:39, 눅 10:19), '대적 자' (벧전 5:8), '공중의 권세 잡은 자' (엡 2:2), '이 세상의 임금' (요 12:31, 16:11), '귀신의 왕' (마 9:34, 12:24, 막 2:22, 눅 11:15).

    하나님을 대적하면 심판을 받는데, 사탄도 예외가 아니다. 그는 하나님을 대적하므로 심판을 받았고, 또 받을 것이다. 사탄은 크게 세 번 심판을 받는데, 그것을 *삼중적 심판*이라고 한다. 그가 최초로 하나님을 대적하고 심판을 받은 것은 세상이 창조되기 전이었다. 어떤 사람도 알 수 없는 창조 이전의 사건을 하나님은 이사야 선지자를 통해 바벨론을 빗대어 알려주셨다. 그가 감히 하나님의 자리를 넘볼 만큼 교만해진 내용을 알아보자.

    "너 아침의 아들 계명성이여, 어찌 그리 하늘에서 떨어졌으며, 너열국을 엎은 자여, 어찌 그리 땅에 찍혔는고? 네가 네 마음에 이르기를, '내가 하늘에 올라 하나님의 뭇 별 위에 내 자리를 높이리라. 내가 북극 집회의 산 위에 앉으리라. 가장 높은 구름에 올라가 지극히 높은 이와 같아지리라' 하는도다"(사 14:12-14). 이런 교만에 대한 하나님의 심판은 다음과 같다. "그러나 이제 네가 스올 곧 구덩이 맨 밑에 떨어짐을 당하리로다"(사 14:15).

사탄이 이처럼 지옥에 떨어진 것은 첫 번째 심판이었다. 그러나 지옥에서 잠시 빠져나온 사탄은 아담과 하와를 유혹해서 넘어뜨리는 데 성공했다. 그때 다시 하나님의 심판을 받았는데, 그것이 사탄이 받은 둘째 심판이다. 그가 받은 심판을 인용해보자. "내가 너로 여자와 원수가 되게 하고 네 후손도 여자의 후손과 원수가 되게 하리니 여자의 후손은 네 머리를 상하게 할 것이요 너는 그의 발꿈치를 상하게 할 것이니라"(창 3:15).

이 말씀은 하나님이 뱀에게 직접 하신 심판이다. 이 말씀에서 '너'는 뱀을 가리키고, '여자의 후손'은 예수 그리스도를 가리킨다. '너는 그의 발꿈치를 상하게 할 것'은 뱀이 예수 그리스도의 발꿈치를 상하게 한다는 뜻이다. 그 말은 뱀이 가룟 유다를 통하여 예수 그리스도를 십자가에 못 박혀 죽게 하신 것을 뜻한다 (요 13:27). 뱀은 두말할 필요도 없이 사탄을 가리키는데, 사도 요한은 이 뱀을 '옛 뱀' 곧 마귀라고 했다 (계 12:9).

이처럼 예수 그리스도를 죽게 한 사탄의 성공은 잠시뿐이었다. 그분이 뱀의 '머리를 상하게 하셨기' 때문인데, 그것은 예수 그리스도의 부활을 뜻한다. 그분이 부활하심으로 죽음의 장벽을 깨셨기 때문이다. 그분의 부활로 인하여 죽음의 권능을 움켜쥐고 있던 사탄은 패배하였다. 바울 사도의 선포를 보자. "통치자들과 권세들을… 구경거리로 삼으시고 십자가로 그들을 이기셨느니라"(골 2:15).

그리스도 예수의 부활로 사탄이 패배했고, 따라서 그리스도인들은 승리를 누리게 되었다. 바울 사도는 그런 승리를 이렇게 외쳤다. "사망아! 너의 승리가 어디 있느냐? 사망아! 네가 쏘는 것이 어디 있느냐? 사망이 쏘는 것은 죄요 죄의 권능은 율법이라"(고전 15:55-56). 물론 죄와 사망은 사탄이 아담과 하와를 유혹함으로 쟁취한 전리품이었다. 그러나 그 전리품이 예수 그리스도의 부활로 빼앗긴 것이다.

세 번째 심판은 주님이 재림하실 때이다. "또 그들을 미혹하는 마귀가 불과 유황 못에 던져지니, 거기는 그 짐승과 거짓 선지자도 있어 세세토록 밤낮 괴로움을 받으리라"(계 20:10). 이 말씀에서 '그들'은 성도들을 가리킨다. 마지막 때에 사탄이 성도들을 박해하고 죽일 때, 하나님이 사탄과 그 졸개들을 지옥으로 던져 넣으실 것이다. 이것이 '마지막 심판'이다!

종말론적 샬롬이란?

우리는 만날 때와 헤어질 때 '안녕하세요' '안녕히 가세요'라고 인사한다. 유대인은 만날 때와 헤어질 때 인사하면서 '샬롬'이라고 한다. 그래서인지 창세기에는 샬롬이 '안녕'으로 번역된 곳이 있다 (창 43:27). 히브리 성경의 샬롬이 한글성경에서는 '안녕' 외에도 '평안' (창 15:15), '평강' (민 6:26), '평화' (레 26:6), '화평' (시 37:37), '태평' (대하 20:30), '안부' (창 43:27) 등으로 번역되었다.

이처럼 7가지로 번역된 샬롬의 가장 근본적인 뜻은 '평화'이다. 그런데 진정한 평화를 누리기 위해서는 하나님과의 관계는 물론 타인과의 관계도 완전해야 한다. 그뿐 아니라 건강과 경제도 완전해야 하고, 주변의 환경도 완전해야 한다. 그런 이유로 샬롬은 '완전'을 뜻하기도 하는데, 그와 유사한 '건전' '복지' '조화' 등의 뜻도 갖는다.

구약성경에서 237번이나 나오는 샬롬을 애굽에서 해방된 유대인들은 약속의 땅 가나안에서 누리리라고 기대했다. 실제로 하나님은 모세를 통해 평화에 대한 약속을 주신 바 있었다. "내가 그 땅에 평화를 줄 것인즉 너희가 누울 때 너희를 두렵게 할 자가 없을 것이며, 내가 사나운 짐승을 그 땅에서 제할 것이요 칼이 너희의 땅에 두루 행하지 아니할 것이며, 너희의 원수들을 쫓으리니 그들이 너희 앞에서 칼에 엎드러질 것이라"(레 26:6-7).

그러나 유대인들은 가나안에서도 샬롬을 온전히 경험하지 못했다. 평화의 상징인 다윗과 솔로몬의 시대에도 끊임없는 전쟁과 건축으로 샬롬은 멀기만 했다. 더군다나 나라가 바벨론에게 멸망 당하자 유대인들이 경험한 것은 샬롬이 아니라, 그 반대로 고난과 저주였다. 그러면서 유대인들은 하나님의 약속인 샬롬이 현재적인 것이라기보다는 종말론적이라는 것을 깨달았다.

선지자 이사야는 그 깨달음을 이렇게 표현했다. "마침내 위에서부터 영을 우리에게 부어 주시리니, 광야가 아름다운 밭이 되며 아름다운 밭을 숲으로 여기게 되리라. 그 때에 정의가 광야에 거하며 공의가 아름다운 밭에 거하리니, 공의의 열매는 *화평*이요 공의의 결과는 영원한 *평안*과 안전이라"(사 32:15-17). 이 말씀에 의하면 성령의 강림은 마지막 때의 현상이며, 그때야 비로소 화평과 평안, 곧 샬롬이 경험된다는 것이다.

그렇다면 유대인들은 언제 성령의 강림을 경험하여 샬롬을 누리게 되는가? 오순절에 성령이 임하셨지만, 대부분의 유대인들은 그 성령을 거부했다. 물론 예수 그리스도를 통해서 거듭난 그리스도인들은 성령의 내주를 통해 샬롬을 경험했지만, 그래도 그 경험은 제한적이었다. 그들은 변화하는 외적 환경과 내적 갈등 때문에 시시때때로 샬롬을 누리지 못한다. 그렇다면 언제 그리스도인들과 유대인들은 제한 없는 샬롬을 누리게 되는가? 그것은 그리스도가 '만왕의 왕이요 만주의 주'로 통치하실 천년왕국에서이다.

이스라엘 백성은 마침내 그들이 십자가에 못 박은 예수 그리스도가 그들의 메시야라는 사실을 깨닫는다. "내가 다윗의 집과 예루살렘 주민에게 은총과 간구하는 심령을 부어 주리니, 그들이 그 찌른바 그를 바라보고 그를 위하여 애통하기를 독자를 위하여 애통하듯 하며 그를 위하여 통곡하기를 장자를 위하여 통곡하듯 하리로다" (슥 12:10).

그들이 그렇게 회개하면서 메시야를 받아들이자 예수 그리스도는 '만왕의 왕이요 만주의 주'로 세상에 오신다. 그리고 세상을 통치하시는데, 그것이 천년왕국의 시작이다. 그 천년왕국의 특징 가운데 하나는 평강이다. 마침내 '평강의 도시'의 뜻인 예루살렘에 제한 없는 평강이 찾아온다. "사람이 그 가운데에 살며 다시는 저주가 있지 아니하리니 예루살렘이 평안히 서리로다" (슥 14:11). 마침내 천년왕국에서 예루살렘이 평화의 도시가 되어 샬롬이 넘칠 것이다. 그런 이유로 성경에서 약속된 *평화*는 종말론적인 샬롬이다.

110

죽으러 *나온다고*?

'나오다'라는 동사는 성경에서 가장 많이 나오는 단어 중 하나이다. 구약성경에서 935번, 신약성경에서 942번, 도합 1,877번이나 나온다. 이처럼 흔한 동사가 죽음과 연루되어 사용된 경우도 흔한데, 그중 네 곳만 살펴보면서 그것이 함축하고 있는 뜻을 알아보자.

첫째, 에스더의 고백에 들어있는 '나오다'이다. "…나도 나의 시녀와 더불어 이렇게 금식한 후에 규례를 어기고 왕에게 *나아가리니, 죽으면 죽으리이다*" (에 4:16). 에스더는 왕의 규례를 어기면서 왕에게 '나아갔는데', 그것은 죽음을 자초하는 행동이었다. 그러나 그 결단으로 이스라엘 백성은 몰살을 면했다. 만일 그때 에스더가 왕에게 나아가지 않았다면, 이스라엘은 지구상에서 없어졌을 것이며, 따라서 세상의 구주이신 예수 그리스도의 탄생도 없었을 것이다.

둘째, 예수님과 제자들의 대화 가운데서 그들의 반응에 들어있는 '나오다'이다. 제자들의 말을 인용해보자. "우리가 지금에야 주께서 모든 것을 아시고 또 사람의 물음을 기다리시지 않는 줄 아나이다. 이로써 하나님께로부터 *나오심*을 우리가 믿사옵나이다" (요 16:30). 이 말은 제자들의 엄청난 신앙고백이기도 했다.

그들의 신앙고백은 간단하지만 깊었는데, 곧 예수님이 하나님으로부터 나오셨다는 것이다. 예수님이 영원 전부터 하나님과 함께 계시다가 성육신하여 이 세상에 오셨다는 고백이었다. 만일 그분이 그렇게 세상에 오지 않으셨다면, 이 세상은 어두움과 죄악에서 벗어날 수 없었을 것이다. 인류의 역사를 바꾸기 위하여 세상에 오신 것을 '나오심'이란 흔하디 흔한 동사로 표현한 제자들의 신앙고백은 대단하다.

셋째, 저주받은 나병 환자가 예수님께 '나아온' 행동이다. 그의 행동에 대한 묘사를 보자. "한 나병 환자가 *나아와* 절하며 이르되, 주여 원하시면 저를 깨끗하게 하실 수 있나이다" (마 8:2). 이렇게 나아온 행동이 심각한 것은 그 나병 환자는 돌에 맞아 죽을 수 있었기 때문이다. 그러나 그는 죽음을 무릅쓰고 예수님께 나아왔다.

목숨을 건 이 나병 환자의 행동은 예수님이 그의 나병을 고치실 수 있는 하나님이라고 믿었기에 가능했는데, 하나님만이 나병을 고치실 수 있기 때문이다 (왕하 5:7). 그뿐 아니라 그가 절한 행동은 예수님을 하나님으로 여긴 행동이었다. 그리고 예수님은 그 병을 고치심으로 하나님이심을 증명하셨다. 그 나병 환자가 *나아와서* 절하므로 많은 사람들 앞에서는 물론 제자들 앞에서도 예수님이 하나님이시라고 증언한 최초의 사람이 되었다. 적어도 마태복음에서는 그 나병 환자의 고백적 행동은 최초의 증언이었다. 얼마나 놀라운 *나아옴*인가!

넷째, 죽은 나사로를 향해 외치신 예수님의 말씀에 들어있다. 그분은 이렇게 외치셨다. "…큰 소리로 나사로야 *나오라* 부르시니" (요 11:43). 죽은 지 나흘이나 되어 썩는 냄새가 나는 나사로는 예수님이 나오라고 부르시자. 벌떡 일어나서 나아왔다. 나사로는 다시 살아났던 것이다! 얼마나 큰 능력의 '나오라'인가!

나사로에게 '나오라'고 외치신 예수님은 마지막 때에도 믿고 죽은 그리스도인들에게 '나오라'고 외치실 것이며, 그 외침에 따라 모든 그리스도인은 나사로처럼 부활의 생명으로 나아올 것이다. 그리고 그분과 함께 영광 가운데서 왕 노릇할 것이다 (계 20:6, 22:5). 그런 소망을 알려주기 위해서 나사로에게 '나오라'고 하신 주님의 사랑은 참으로 크다.

놀랍게도 이 네 경우 모두 죽음과 연관되어 있다. 에스더는 죽음을 각오하고 나왔고, 예수님은 죽기 위하여 하나님에게서 나오셨고, 죽은 자와 같은 나병 환자는 죽음을 무릅쓰고 예수님께로 나왔고, 나사로는 죽었다가 살아나왔다. 죽어야 산다는 예수님의 가르침대로이다: "무릇 자기 목숨을 보전하고자 하는 자는 잃을 것이요, 잃는 자는 살리라!" (눅 17:33).

••• 성구 색인 •••

구약성경

신약성경

19:41-44	174	8:34	300
21:27	134	8:36	300
23:42	325	8:42	301
24:43	325	8:58	301
		10:9	163
요한복음		10:14-15	80, 163
3:2	80	10:15b	164
5:17	114, 167, 170	10:17-18	230
5:18	167	10:28-29	253
5:20	178	11:24	340
5:21	178	11:25-26	185
5:25	178	11:43	356
5:28-29	178	11:50	168
5:29	180, 344	12:24	304
5:36	170	12:48	341
5:37	170	13:20	47
5:39	171	13:23	300
6:39	340	13:34	108
6:40	340	13:37	166
6:44	341	14:6	84
6:54	341	14:9b	133
7:25	168	15:6	304
7:37	339	15:7	56
8:28	301	15:19	205
8:32	300	16:8	188